日本留学試験対策問題集

長沼式 確実シリーズ

総合科目

THE NAGANUMA SYSTEM

[監修] 曽根ひろみ　[編集] 学校法人 長沼スクール東京日本語学校
[著者] 塚原佑紀

講談社

執筆者一覧

[監修]

曽根ひろみ
（神戸大学名誉教授）

[編集]

学校法人 **長沼スクール 東京日本語学校**

松永利高
（前常務理事）

奥村 修
（元進路指導室長）

小平由美
（元進学科 主任）

升岡香代子
（元進学科 講師）

田中和佳子
（進学科 講師）

[著者]

塚原佑紀
（元長沼スクール東京日本語学校 講師, 元フジ国際語学院 教務）

〈転載収録について〉

日本留学試験問題においては，日本留学試験を主催する日本学生支援機構（JASSO）と関連する凡人社に，また図表においては各関係者の方々に，多大なるご協力をいただきました。ここに謝意を表します。
- 平成18年度第2回から平成26年度第1回までの日本留学試験問題　©日本学生支援機構（JASSO）
- 平成25年度第1回からの日本留学試験問題　©凡人社

はじめに

　この『長沼式合格確実シリーズ 日本留学試験（EJU）対策問題集 総合科目』は長沼スクール東京日本語学校の授業のなかから生まれました。
　現在多くの外国人留学生が当校で学んでおり，大学等に進学をするためには日本留学試験（EJU）においてよい成績をとることが必要です。留学生にとって日本語の学習も大切ですが，基礎科目と呼ばれる総合科目や数学などで目標とする大学等に必要な成績をとることが合格するためには非常に大切なことです。
　この本はこれまでの当校における豊富な合格実績をもとに，大学等への合格を確実にするために留学生がどのように学習を進めたらよいか，また何を学習したら合格点を獲得できるかということをつきつめて作成しました。
　基礎科目の学習には外国人留学生にとって大きな問題が2つあります。そのひとつは，まず日本語でそれぞれの科目の内容を学ばなければならないことです。多くの大学等は日本語能力試験（JLPT）におけるN2相当の日本語能力が入学後の学習にとって最低必要な語学力としていますが，実際の基礎科目の学習内容ではN2以上の語学力を必要とするものが多く含まれており，そのことに配慮した本でなければ留学生は使用できません。もうひとつは時間の制約です。実際，留学生の学習は，何といっても日本語力を習得することに注力せねばならず，基礎科目の学習に多くの時間を使うことはできません。しかもそれぞれの科目の学習範囲は相当に幅が広く，短い時間でそれらを学習することは大変難しいです。
　そこでEJU試験でよい成績を得るためには留学生に理解しやすいように構成され，記述されたものを使い，かつ必要な学習内容を選択して効率的に学習することが必要となります。この本はこうした状況を踏まえ，それらの問題を克服するために，長沼スクールでの実際の指導経験を生かして，効果的な学習ができるように作成されました。その効果を高めるために，学習範囲や内容を単に順番に学習するのではなく，学習者の理解度や習得度によって学習法を変えることや，効率的に学習していく方法を提示していますので上手に活用してください。
　この本を利用することでより多くの留学生のみなさんがEJUでよい成果を獲得し，希望する進学先への合格を確実にしていただけることを期待しています。

2016年7月

学校法人　長沼スクール東京日本語学校

この問題集を使うみなさんへ

I. 日本留学試験（EJU）「総合科目」とは

　総合科目は人文学（文学・心理学・言語学・哲学など），教育学，経済・経営学，法学などの学部や研究科（大学院）などを受験するときに必要です。どの大学で必要かは，各大学のwebサイトや日本学生支援機構（JASSO）のwebサイトで確認してください。

　「総合科目」は，高校の社会科（social studies）とだいたい同じです。EJU「総合科目」の目的は，留学生が日本の大学で勉強するときに必要と考えられる現代日本についての基本的な知識をもっているか確認すること，近現代の国際社会の基本的な問題について論理的に考えて判断する能力があるかを確認することです。

　総合科目の出題範囲（どのような問題がどこから出るか）は右の表を見てください。出題範囲はとても広いので，勉強するのがとても大変です。

　この本は，総合科目を受験するみなさんが勉強しやすいように，いろいろ考えてつくりました。総合科目をぜんぜん勉強したことがない人や，社会科があまり得意ではない人も安心して勉強できるように工夫しました。

　この問題集がみなさんの夢を実現するために役に立つことができたら，私たちはとてもうれしいです。私たちはみなさんを応援しています！

II. この本の特徴

1 ていねいでわかりやすい解説

　問題を解く（正しい答えを出す）には，まず，その問題が何を答えてほしいかを理解する必要があります。次に，その問題の解き方を考える必要があります。また，その問題を解くためにはどんな知識が必要か知っておく必要があります。

　この3つがわかるように，ていねいで，なるべく簡単でわかりやすい解説（どうしてその答えになるのかという説明）をしました。また，ひとつの文を短くしたり，図や表を使ったりして，解説を読みやすいように工夫しました。ですから，総合科目をはじめて勉強する人や，社会科があまり得意ではない人も安心して勉強できると思います。

〈総合科目の出題範囲〉

政治・経済・社会	現代の社会	情報社会，少子高齢社会，多文化理解，生命倫理，社会保障と社会福祉，地域社会の変貌，不平等の是正，食料問題，エネルギー問題，環境問題，持続可能な社会
	現代の経済	経済体制，市場経済，価格メカニズム，消費者，政府の役割と経済政策，労働問題，経済成長，国民経済，貿易，為替相場，国際収支
	現代の政治	民主主義の原理，日本国憲法，基本的人権と法の支配，国会，内閣，裁判所，議会制民主主義，地方自治，選挙と政治参加，新しい人権
	現代の国際社会	国際関係と国際法，グローバリゼーション，地域統合，国連と国際機構，南北問題，人種・エスニシティ・民族問題，地球環境問題，国際平和と国際協力，日本の国際貢献
地理	現代世界の特色と諸課題の地理的考察	地球儀と地図，距離と方位，空中写真と衛星画像，標準時と時差，地理情報，気候，地形，植生，世界の生活・文化・宗教，資源と産業，人口，都市・村落，交通と通信，自然環境と災害・防災，日本の国土と環境
歴史	近代の成立と世界の一体化	産業革命，アメリカ独立革命，フランス革命，国民国家の形成，帝国主義と植民地化，日本の近代化とアジア
	20世紀の世界と日本	第一次世界大戦とロシア革命，世界恐慌，第二次世界大戦と冷戦，アジア・アフリカ諸国の独立，日本の戦後史，石油危機，冷戦体制の崩壊

JASSO 2014「日本留学試験 基礎学力シラバス改訂版」より

2 やさしい日本語

　EJUを受験する人は，N2（日本語能力試験2級）レベルの人が多いので，なるべくN2までのことばを使って解説などを書きました。N2よりも難しいことばを使わなくてはいけない場合は，やさしい日本語で説明したり，英語の訳を付けたりしました。

　読み方が難しい漢字には，読み方を漢字の上にひらがなで書きました。ですから，漢字があまり得意ではない人も読みやすいと思います。実際のEJUの試験問題では漢字の読み方は書いてありませんので，この本で勉強して過去問題の読み方を学んでください。

3 実戦的な問題

　この本は，EJU総合科目の平成18年（2006年）度から平成26年（2014年）度の試験問題に加えて，大学入試センター試験の平成20年（2008年）度から平成28年（2016年）度の試験問題から問題を選びました。問題はたくさんありましたが，よく出る問題を選びました。実際に試験に出た問題ですから，EJUの試験にはどんな問題が出るのかがわかって，よい練習になると思います。

III．この本の使い方

1 この本の構成

　この問題集は，「現代社会」「政治」「経済」「国際社会」「地理」「歴史」から31テーマ選びました。1つのテーマは，基本的な知識をわかりやすく簡単にまとめた「これだけはわかってね！」，次に「例題」が1つと「類題」が3〜8つ，そして「類題の答えと解説」から構成されています。例題と類題には，難易度（その問題がどれくらい難しいか）がわかるように★をつけました。★の問題は基本的な知識がわかっていれば答えられます。★★の問題は基本的な知識を少し応用すれば解ける問題です。★★★の問題は深い知識や思考力で，基本的な知識を知っているだけでは答えを出すのが難しい問題です。

〈「これだけはわかってね！」の例〉

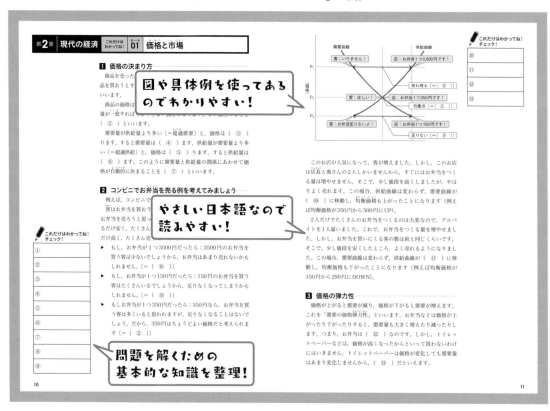

〈例題・類題の例〉

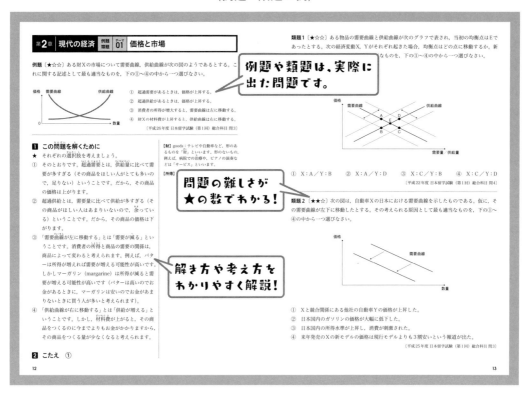

〈解答・解説の例〉

vii

2 この本の使い方

　総合科目を全体的に勉強したことがある人は，まず例題を解きましょう（下に答えや解説が書いてありますが，見ないで解いてください）。例題を解いて，答えがまちがっていたら解説を読みます。解説を読んでもわからないときは，「これだけはわかってね！」のページで，基本的な知識を復習しましょう。

　次に，類題を解きましょう。類題は少し難しいことばも使われていますが，まず自分の力だけで（辞書を使ったり参考書や教科書を読んだりせずに）やってみましょう。問題を解いたら，答えを確認します。まちがえたときは，解説を読む前に，どうしてその答えなのか考えましょう。そのあと解説を読んで，解き方を確認しましょう。

　総合科目を初めて勉強する人は，まず「これだけはわかってね！」のページで基本的な知識を勉強しましょう。基本的な用語は何度も確認して覚えましょう。用語を覚えて基本的な知識がだいたい身についたら，例題を解いてみましょう。

　次に，類題を解きます。類題も，まず自分の力だけで解いてみてください。答えがあっていてもまちがっていても，解説をしっかり読んでください。解説を読むと，考え方や解き方を確認したり，新しい知識が身についたりして，勉強になると思います。

2.1 授業でお使いになる先生方へ

　この問題集は日本語学校やボランティア教室などの授業でもお使いいただけるように工夫しました。週1回90分の授業であれば，毎回2テーマずつとり上げると，約半年でEJU総合科目の範囲はおおむね網羅できます。

　授業では当該テーマの基本的知識の導入・確認を行って（「これだけはわかってね！」をベースにして導入・確認していただくと，例題や類題にスムーズに移行できると思います），例題を扱い，類題を宿題にする（類題の答え合わせや解説は次回に行う）という方法が考えられます。

総合科目 ● 目次

はじめに iii

この問題集を使うみなさんへ iv

I. 政治・経済・社会

第1章　現代の社会 2
- テーマ01　少子高齢社会 2
- テーマ02　多文化理解 6

第2章　現代の経済 10
- テーマ01　価格と市場 10
- テーマ02　独占と寡占 16
- テーマ03　市場の失敗 20
- テーマ04　政府と経済政策 24
- テーマ05　日本銀行と金融政策 28
- テーマ06　経済変動と経済成長 32
- テーマ07　国民経済 36

第3章　現代の政治 40
- テーマ01　民主主義の原理 40
- テーマ02　議会と政府 44
- テーマ03　選挙と政治参加 50
- テーマ04　日本国憲法の制定とその原理 54
- テーマ05　基本的人権 58
- テーマ06　中央と地方 64

第4章　国際社会 68
- テーマ01　国際経済 68
- テーマ02　円高と円安 74
- テーマ03　地域経済統合 80
- テーマ04　国連と国際機構 84
- テーマ05　地球環境問題 90

II. 地理

第5章 | 世界と日本の地理 ... 96

- テーマ01 地理的技能——時差 ... 96
- テーマ02 地形 ... 100
- テーマ03 世界の気候 ... 106
- テーマ04 資源と産業 ... 114
- テーマ05 日本と世界の人口 ... 126

III. 歴史

第6章 | 近代から20世紀の世界と日本 ... 134

- テーマ01 アメリカ独立革命 ... 134
- テーマ02 国民国家の形成 ... 140
- テーマ03 帝国主義と植民地化 ... 146
- テーマ04 日本の近代化とアジア ... 152
- テーマ05 第一次世界大戦 ... 158
- テーマ06 冷戦体制の崩壊 ... 166

対訳付き索引 ... 172

長沼式 合格確実シリーズ 総合科目

I. 政治・経済・社会

- 第1章 現代の社会
- 第2章 現代の経済
- 第3章 現代の政治
- 第4章 現代の国際社会

第1章 現代の社会

これだけはわかってね！ テーマ01 少子高齢化

1 少子高齢化とは

日本は少子高齢化がすすんでいます。つまり，生まれてくる子どもの数が少なくなって，高齢者が多くなっているのです。高齢者とは，（ ① ）歳以上の人のことです。

2 日本人の平均寿命

平均寿命とは，いま0歳の子どもが平均何歳まで生きるかという年齢のことです。日本の平均寿命は現在，男性が約78.8歳，女性が約85.8歳です。このように平均寿命が長くなり，生まれてくる子どもの数が少なくなって，少子高齢化がすすみました。

3 高齢化社会から超高齢社会へ

高齢者が国全体の人口の（ ② ）％以上になると「（ ③ ）社会」といわれます。14％以上になると「（ ④ ）社会」といわれます。21％以上になると「超高齢社会」といわれます。日本は1970年には（ ③ ）社会になり，1994年には（ ④ ）社会になり，2007年に超高齢社会になりました。日本は急激に高齢化がすすみました。

4 合計特殊出生率と少子化

一人の女性が死ぬまでにうむ子どもの数の平均を（ ⑤ ）といいます。これが（ ⑥ ）よりも少なくなると，人口が減ります。人口が増えるには（ ⑥ ）よりも多くなければなりません。日本は現在1.4くらいです。

5 少子高齢化の影響

高齢者が増えて，現役世代は少なくなっています。現役世代とは，現在，会社などで働いている人たちのことです。高齢者がもらう年金は，現役世代が払った（ ⑦ ）から出しています。だから，年金や医療にかかるお金は増えていますが，政府に入ってくるお金〔＝（ ⑦ ）や税金など〕は少なくなっています。だから政府は，高齢者への福祉については（ ⑧ ）〔＝年金や医療費の割引など〕を減らして負担を増やそうとしています。

これだけはわかってね！チェック！

①
②
③
④
⑤
⑥
⑦
⑧

6 世界における少子高齢化

　世界全体では人口は増えています。2011年には世界の人口は70億人になり，2024年には80億人を超えるといわれています。先進国では「少産少死」〔＝生まれてくる子どもの数が少なくて，死ぬ人も少ない〕のですが，発展途上国では「多産多死」〔＝生まれてくる子どもの数も多いが，死ぬ人も多い〕または「多産少死」だからです。

　先進国では少子高齢化がすすんでいます。ヨーロッパの国々は全体的に少子化がすすんでいます。とくにドイツやイタリアの出生率はとても低いです。しかし，（　⑨　）など少子化が改善されている国もあります。また，（　⑩　）は少子化がすすんでいなくて，全体の人口も減っていません。

　少子化は日本以外のアジアでもすすんでいます。とくに中国は1979年から（　⑪　）〔＝生んでもよい子どもの数を基本的に一人だけにする〕が実施され，子どもの数が急激に減っています。2050年には高齢者人口が4億人を超えるといわれています。

これだけはわかってね！チェック！

⑨
⑩
⑪

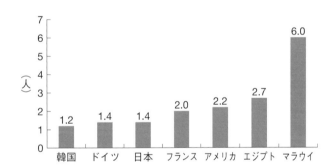

主な国の合計特殊出生率（『地理統計要覧2014年度版』より作成）

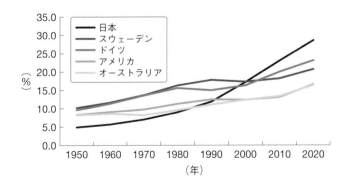

主な先進国の65歳以上人口の割合（『地理統計要覧2014年度版』より作成）

第1章 現代の社会　例題類題　テーマ01　少子高齢化

例題〔★☆☆〕次のグラフは，4か国A～Dの高齢化率（65歳以上人口の総人口に対する割合）の推移と将来推計を示したものである。グラフ中のA～Dに当てはまる国名の組み合わせとして正しいものを，次の①～④の中から一つ選びなさい。

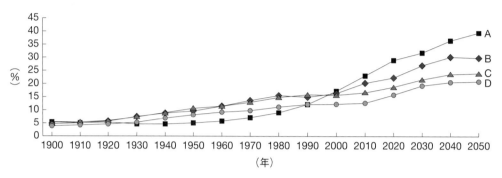

国立社会保障・人口問題研究所ウェブサイトより作成
注）2010年以降は推計値である。

① A日本　Bドイツ　Cイギリス　Dアメリカ　　② Aドイツ　B日本　Cアメリカ　Dイギリス
③ A日本　Bドイツ　Cアメリカ　Dイギリス　　④ Aドイツ　B日本　Cイギリス　Dアメリカ

〔平成22年度 日本留学試験（第2回）総合科目 問11〕

1 この問題を解くために

(1) このグラフは何を表していますか。
このグラフは人口の何％が65歳以上の高齢者なのかを表しています。2010年からは予想です。

(2) A～Dのそれぞれのグラフを見てみましょう。

(i) Aのグラフは，1990年ごろから急に65歳以上の高齢者が増えています。2000年には高齢化がいちばんすすんだ国になりました。だから，このグラフは日本です。日本は世界でいちばん高齢化がすすんでいます。

(ii) ヨーロッパは高齢化がすすんでいますが，アメリカは先進国の中では高齢化率が低いです（メキシコなどまわりの国からの移民が多いからだと考えられます）。だからDはアメリカだと考えられます。

【高齢化】aging

【先進国】advanced nation：科学技術が発展していて，工業がさかんな国。

【移民】immigrant：自分が生まれた国とはちがう国に長い期間，住む人たち。

2 こたえ　①

類題1〔★★☆〕次の表は，3か国A～Cの人口の推移とその予測を示したものである。A～Cに当てはまる国名の組み合わせとして最も適当なものを，下の①～④の中から一つ選びなさい。

総人口　　　　　　　　　　　　　　　　　　　　　　　　　　単位：1,000人

国名	1960年	1980年	2000年	2020年	2040年
A	10,276	14,638	19,071	23,317	26,706
B	36,940	68,046	100,088	124,652	138,160
C	72,815	78,289	82,344	82,283	80,159

総務省統計局『世界の統計 2007年版』より作成

① A サウジアラビア　B マレーシア　C ドイツ
② A サウジアラビア　B メキシコ　C フランス
③ A オーストラリア　B マレーシア　C フランス
④ A オーストラリア　B メキシコ　C ドイツ

〔平成20年度 日本留学試験（第1回）総合科目 問16〕

類題2〔★★☆〕日本では近年，人口の高齢化が進んでいるが，これに関連する日本の現状についての記述として最も適当なものを，次の①～④のうちから一つ選べ。

① 高齢者医療はすべて公的扶助で行っている。
② 65歳以上の者のいる世帯全体の中で，公的扶助年金受給者のいる世帯は，半数を超えている。
③ 高齢社会からさらにすすんだ高齢化社会へ移行している。
④ 65歳以上の者は原則として，介護保険に基づくサービスを利用する際の費用を，自己負担することはない。

〔平成21年度 センター試験 政経 追試験8〕

類題3〔★★★〕先進国では高齢化問題が心配されているが，そうした問題に対する政策として有効ではないものを，次の①～④の中から一つ選びなさい。

① 定年退職者に学習の機会を与えるよう，大学に高齢者向けの特別入学枠を設ける。
② 高齢者の再雇用政策を促進し，同時に年金制度の見直しを図る。
③ 高齢者が自発的な健康管理をおこなえるよう，医療保険への加入を本人の意思に任せる。
④ 体の自由が利かなくなった高齢者の生活に適したバリア・フリーの公営住宅を増設する。

〔平成19年度 日本留学試験（第2回）総合科目 問27〕

第1章 現代の社会 これだけはわかってね！ テーマ02 多文化理解

1 異文化に対する考え方

自分とはちがう文化〔異文化〕と出会うと驚くことがあります。これが（ ① ）です。

自分の文化を中心に考えて，ほかのいろいろな文化が（自分の文化よりも）優れている，あるいは劣っていると思うことを（ ② ）といいます。

しかし，それぞれの文化は，それぞれの地域の自然や社会環境をとおしてできたものですから，どの文化が優れている／劣っている，良い／悪いと評価することはできません。このような考え方を（ ③ ）といいます。

そして，自分とはちがう文化の人であっても積極的に認めて，いっしょに生きていこうという考え方を，（ ④ ）といいます。

2 各国における多文化理解の状況

アメリカにはいろいろな人種や民族の人が住んでいます。以前は，そのいろいろな人種や民族の文化が混ざってひとつになる＝「（ ⑤ ）」という考え方でした。しかし現在は，いろいろな人種や民族の文化をそれぞれもちながら，いっしょに生きていく＝「（ ⑥ ）」という考え方になっています。

カナダは（ ⑦ ）の植民地だったので，とくに（ ⑧ ）州では，（ ⑦ ）語を話す人たちが州全体の80％もいます。だから，英語も（ ⑦ ）語も公用語にしています。

スイスも多言語・多民族の国です。スイス（Switzerland）の公用語は，（ ⑨ ）語・（ ⑦ ）語・イタリア語です。

オーストラリア（Australia）も移民が多く，多民族の国ですが，1970年代までは「白人だけのオーストラリア」をめざしていました〔＝（ ⑩ ）〕。しかし，1970年代以降は（ ④ ）となっています。

3 世界の宗教とその分布

自分とは異なる文化を理解するには，その人の宗教について理解しておくことも必要です。

世界にはいろいろな宗教があります。とくに，仏教・キリス

これだけはわかってね！チェック！

①
②
③
④
⑤
⑥
⑦
⑧
⑨
⑩

ト教・イスラム教は国や民族をこえて信じられています。

仏教は紀元前5世紀ごろ，インドの釈迦（Śākya）つまりガウタマ＝シッダールタ（Gautama Siddhārtha）が始めました。釈迦は「世界のすべてのものは必ず変わるもので，ずっと同じものはないのに，自分だけはずっと変わりたくないと思うから苦しいのだ」といいました〔＝諸行無常〕。釈迦が亡くなってから，仏教は修行が大切だと考える上座部仏教と，人々を救うことが大切だと考える大乗仏教に分かれて発展しました。上座部仏教は（ ⑪ ）など東南アジアで，大乗仏教は中国や日本で広がりました。

キリスト教は1世紀のはじめ，イエス（Jesus Christ）が始めました。キリスト教の神は一人で，イエスは人間が神に愛されていること〔＝神の愛〕，そして人間も，たとえ敵どうしであっても，お互いに愛さなければならない〔＝隣人愛〕といいました。キリスト教はローマ帝国の宗教になり，そのあとヨーロッパ（Europe）を中心に広がりました。また，17世紀になると（ ⑫ ）やポルトガル（Portugal）が南アメリカに，そして（ ⑦ ）やイギリスが北アメリカに植民地をつくったため，アメリカでもキリスト教が広がりました。

イスラム教は7世紀のはじめ，ムハンマド（Mohammed）が始めました。イスラム教はユダヤ教やキリスト教から大きな影響を受けました。イスラム教の神は一人です。また，神のことばとされる（ ⑬ ）では，神の前ではすべての人間は平等であること，神を絵に描いたりなどして拝んではならないこと〔＝偶像崇拝の禁止〕，イスラム教を信じる人たちがしなければならないことなどが具体的に書かれています。イスラム教はアラビア半島（Arabian Peninsula）のほか，西アジアや北アフリカ，また（ ⑭ ）など東南アジアにも広がりました。

これだけはわかってね！チェック！

| ⑪ |
| ⑫ |
| ⑬ |
| ⑭ |

第1章 現代の社会　例題類題 テーマ02 多文化理解

例題〔★★★〕カナダ（Canada）の歴史の説明として最も適当なものを，次の①〜④の中から一つ選びなさい。

① 近代化に成功し，19世紀末にはイギリスに次ぐ工業国となった。
② 英語系住民が多い州と，フランス語系住民が多い州が存在する。
③ アメリカ南北戦争で敗れた北軍が中心となって建国した。
④ 第一次世界大戦（WWⅠ）後，永世中立国となったため国際機関の本部が多数置かれている。

〔平成18年度 日本留学試験（第2回）総合科目 問24〕

1 この問題を解くために

★ それぞれの選択肢が何をいいたいか，考えてみましょう。

① 19世紀後半にイギリスの次に工業がさかんになったのは，フランスです。イギリスで起こった産業革命は，ベルギーやフランス，次にドイツやアメリカに広がっていきました。

② そのとおりです。カナダはイギリスとフランスの植民地でした。とくにケベック（Quebec）州は今も公用語はフランス語です。

③ アメリカ南北戦争で負けたのは南軍です。

④ カナダは永世中立国ではありません。永世中立国は戦争になったとき，ほかのどんな国やグループとも仲間になってはいけません。しかし，自分の国の領土はほかの国から侵略されることはありません。

【英語系住民】ふだん英語を話す人たち。

【アメリカ南北戦争】The Civil War

【永世中立国】permanently neutralized state

【産業革命】industrial revolution

【植民地】colony

【公用語】official language：国や州などで，公的な場所でその言語を使うことが公式に決まっている言語。例えば，中国にはいろいろな民族がいて，北京語（Mandarin Chinese）や広東語（Cantonese）のほかにウイグル語（Uighur）やチベット語（Tibetan）などたくさんの言語が使われている。しかし公用語は北京語（普通話）で，法律などは北京語で書かれている。

2 こたえ　②

類題1〔★★☆〕次の表は，いくつかの地域におけるイスラーム（イスラム教），カトリック，プロテスタント，ヒンドゥー教の人口割合を示したものであり，①～④はアジア，アフリカ，北アメリカ，ヨーロッパのいずれかである。アフリカに該当するものを，表中の①～④のうちから一つ選べ。

(単位%)

宗教・宗派名	①	②	③	④
イスラーム	41.6	26.2	5.7	1.5
カトリック	17.8	3.3	37.6	25.6
プロテスタント	13.5	2.1	9.1	16.9
ヒンドゥー教	0.3	22.6	0.2	0.5

＊カトリック：Catholic，プロテスタント：Protestant，ヒンドゥー教：Hinduism
TIME Almanac 2013により作成

〔平成27年度 センター試験 地理A 本試験7〕

類題2〔★★★〕次の文章を読み，文章中の空欄　a　，　b　に当てはまる語の組み合わせとして最も適当なものを，下の①～④の中から一つ選びなさい。

ラテンアメリカ（Latin America）は，一般的に　a　およびその南に位置する中央アメリカ，南アメリカの総称である。これらの地域に含まれる国々の多くは，かつての植民地統治の影響で，　b　を公用語としている。

① aメキシコ，bスペイン語　　② aメキシコ，bフランス語
③ aパナマ，bスペイン語　　　④ aパナマ，bフランス語

〔平成25年度 日本留学試験（第1回）総合科目 問17〕

類題3〔★★★〕次の表は，3か国A～Cの言語別人口の割合を示したものである。A～Cに当てはまる国名の組み合わせとして最も適当なものを，次の①～④の中から一つ選びなさい。

A（2001年）		B（2000年）		C（1996年）	
英語	64.0%	英語	82.1%	英語	81.2%
フランス語	24.7%	スペイン語	10.7%	イタリア語	2.2%
中国語	3.1%	中国語	0.8%	中国語	1.9%
イタリア語	1.7%	フランス語	0.6%	ギリシャ語	1.6%

注）英語：English　フランス語：French　中国語：Chinese　イタリア語：Italian　スペイン語：Spanish　ギリシャ語：Greek
総務省統計局『世界の統計2007年度版』より作成

① Aアイルランド　Bアメリカ　Cイギリス　　② Aアイルランド　Bオーストラリア　Cニュージーランド
③ Aカナダ　Bアメリカ　Cオーストラリア　　④ Aカナダ　Bオーストラリア　Cイギリス

注）ニュージーランド（New Zealand），カナダ（Canada）

〔平成20年度 日本留学試験（第1回）総合科目 問17(1)を改変〕

第2章 現代の経済

これだけはわかってね！　テーマ01　価格と市場

1 価格の決まり方

商品を売ったり買ったりする場所を（ ① ）といいます。商品を買おうとする量を需要量，商品を売ろうとする量を供給量といいます。

商品の価格は需要量と供給量の関係で決まります。この2つの量が一致すればちょうどよい価格になります。この価格のことを（ ② ）といいます。

需要量が供給量より多い〔＝超過需要〕と，価格は（ ③ ）ります。すると需要量は（ ④ ）ます。供給量が需要量より多い〔＝超過供給〕と，価格は（ ⑤ ）ります。すると供給量は（ ⑥ ）ます。このように需要量と供給量の関係にあわせて価格が自動的に決まることを（ ⑦ ）といいます。

2 コンビニでお弁当を売る例を考えてみましょう

例えば，コンビニでお弁当を買うときを考えてみましょう。

客はお弁当を買おうと思っています〔＝需要量〕。コンビニはお弁当を売ろうと思っています〔＝供給量〕。客はお弁当をできるだけ安く，たくさん買いたいです。コンビニはお弁当をできるだけ高く，たくさん売りたいです。

▶ もし，お弁当が1つ3500円だったら：3500円のお弁当を買う客は少ないでしょうから，お弁当はあまり売れないかもしれません。〔＝（ ⑧ ）〕

▶ もし，お弁当が1つ150円だったら：150円のお弁当を買う客はたくさんいるでしょうから，足りなくなってしまうかもしれません。〔＝（ ⑨ ）〕

▶ もしお弁当が1つ350円だったら：350円なら，お弁当を買う客は多くいると思われますが，足りなくなることはないでしょう。だから，350円はちょうどよい価格だと考えられます〔＝（ ② ）〕

これだけはわかってね！チェック！

①	
②	
③	
④	
⑤	
⑥	
⑦	
⑧	
⑨	

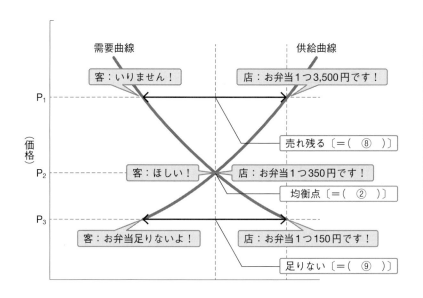

| ⑩ |
| ⑪ |
| ⑫ |
| ⑬ |

　このお店が人気になって，客が増えました。しかし，このお店は店長と奥さんの2人しかいませんから，すぐにはお弁当をつくる量は増やせません。そこで，少し値段を高くしましたが，やはりよく売れます。この場合，供給曲線は変わらず，需要曲線が（　⑩　）に移動し，均衡価格も上がったことになります（例えば均衡価格が350円から500円にUP）。

　2人だけでたくさんのお弁当をつくるのは大変なので，アルバイトを1人雇いました。これで，お弁当をつくる量を増やせました。しかし，お弁当を買いにくる客の数は前と同じくらいです。そこで，少し値段を安くしたところ，よく売れるようになりました。この場合，需要曲線は変わらず，供給曲線が（　⑪　）に移動し，均衡価格も下がったことになります（例えば均衡価格が350円から290円にDOWN）。

3 価格の弾力性

　価格が上がると需要が減り，価格が下がると需要が増えます。これを「需要の価格弾力性」といいます。お弁当などは価格が上がったり下がったりすると，需要量も大きく増えたり減ったりします。つまり，お弁当は（　⑫　）なのです。しかし，トイレットペーパーなどは，価格が高くなったからといって買わないわけにはいきません。トイレットペーパーは価格が変化しても需要量はあまり変化しませんから，（　⑬　）だといえます。

第2章 現代の経済　例題類題　テーマ01　価格と市場

例題〔★☆☆〕ある財Xの市場について需要曲線，供給曲線が次の図のようであるとする。これに関する記述として最も適当なものを，下の①〜④の中から一つ選びなさい。

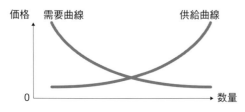

① 超過需要があるときは，価格が上昇する。
② 超過供給があるときは，価格が上昇する。
③ 消費者の所得が増大すると，需要曲線は左に移動する。
④ 財Xの材料費が上昇すると，供給曲線は右に移動する。

〔平成26年度 日本留学試験（第1回）総合科目 問3〕

1 この問題を解くために

★ それぞれの選択肢を考えましょう。
① そのとおりです。超過需要とは，供給量に比べて需要が多すぎる（その商品をほしい人がとても多いので，足りない）ということです。だから，その商品の価格は上がります。
② 超過供給とは，需要量に比べて供給が多すぎる（その商品がほしい人はあまりいないので，余っている）ということです。だから，その商品の価格は下がります。
③ 「需要曲線が左に移動する」とは「需要が減る」ということです。消費者の所得と商品の需要の関係は，商品によって変わると考えられます。例えば，バターは所得が増えれば需要が増える可能性が高いです。しかしマーガリン（margarine）は所得が減ると需要が増える可能性が高いです（バターは高いのでお金があるときに，マーガリンは安いのでお金があまりないときに買う人が多いと考えられます）。
④ 「供給曲線が右に移動する」とは「供給が増える」ということです。しかし，材料費が上がると，その商品をつくるのに今までよりもお金がかかりますから，その商品をつくる量が少なくなると考えられます。

【財】goods：テレビや自動車など，形のあるものを「財」といいます。形のないもの，例えば，病院での治療や，ピアノの演奏などは「サービス」といいます。

【所得】income

2 こたえ　①

類題1〔★☆☆〕次の図はガソリンの需要曲線と供給曲線を表したもので，当初の均衡点がAであることを示している。出荷に際しガソリンに炭素税を課す場合，消費者の事情に変化がないとすれば，課税後の新たな均衡点はどこになるか。最も適当なものを，図中の①～⑥のうちから一つ選べ。

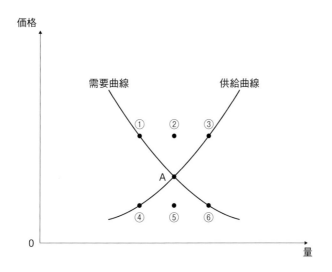

〔平成22年度 センター試験 政経 本試験35〕

類題2〔★★☆〕次の図は，自動車Xの日本における需要曲線を示したものである。仮に，その需要曲線が左下に移動したとする。その考えられる原因として最も適当なものを，下の①～④の中から一つ選びなさい。

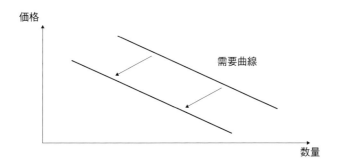

① Xと競合関係にある他社の自動車Yの価格が上昇した。
② 日本国内のガソリンの価格が大幅に低下した。
③ 日本国内の所得水準が上昇し，消費が刺激された。
④ 来年発売のXの新モデルの価格は現行モデルよりも3割安いという報道が出た。

〔平成25年度 日本留学試験（第1回）総合科目 問3〕

類題3〔★★★〕次のグラフに関して，下の問い(1)(2)に答えなさい。

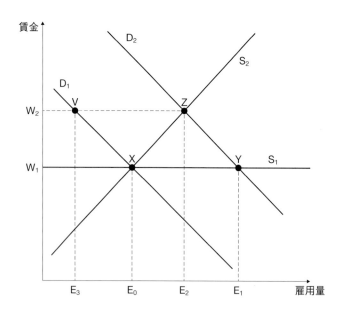

(1) 次の文章中のa～cに当てはまる記号の組み合わせとして最も適当なものを，下の①～④の中から一つ選びなさい。

上のグラフは，賃金と雇用量に関する需要曲線（D_1, D_2）と供給曲線（S_1, S_2）を示している。当初，賃金と雇用量の均衡点がXにあったとする。供給曲線が賃金に対して完全に弾力的な場合，需要曲線のD_1からD_2への移動によって，均衡点Xは（ a ）へ移動し，雇用量は（ b ）に，賃金は（ c ）になる。

① a：V／b：E_3／c：W_2　　② a：Y／b：E_1／c：W_1
③ a：Z／b：E_1／c：W_2　　④ a：Z／b：E_2／c：W_1

(2) 次の文章中の空欄（ d ），（ e ）に当てはまるものの組み合わせとして最も適当なものを，下の①～④の中から一つ選びなさい。

上のグラフにおいて，需要曲線と供給曲線がそれぞれ，D_1, S_2にあり，賃金がW_2にあるとする。賃金が下がらない場合，（ d ）が発生し，その量は（ e ）に等しくなる。

① d：失業／e：E_2-E_0　　② d：労働力不足／e：E_2-E_3
③ d：失業／e：E_2-E_3　　④ d：労働力不足／e：E_2-E_0

〔平成21年度 日本留学試験（第2回）総合科目 問5〕

類題4〔★★★〕ある財の取引が社会的に好ましくないとの判断から，政府がその財の供給に対して制限を課した場合，政府の意図に反して，取引量はほとんど，もしくはまったく変化せず，その価格が上がったのみであったとする。そのような財の需要曲線の形状として最も適当なグラフを，次の①〜④の中から一つ選びなさい。ただし，縦軸は価格を，横軸は需要量を表すものとする。

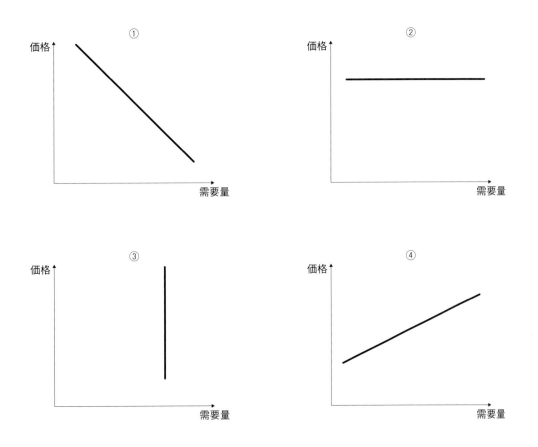

〔平成25年度 日本留学試験（第2回）総合科目 問5を改変〕

第2章 現代の経済 これだけはわかってね！ テーマ02 独占と寡占

1 独占（寡占）市場

何かある商品を売りたい人〔売り手〕がその商品〔物やサービス〕を売り，買いたい人〔買い手〕がその商品を買う場所のことを（ ① ）といいます。たくさんの売り手と買い手がいる市場は（ ② ）といいます。

ある商品をつくっている企業がひとつしかないとき（その市場にその商品を売る売り手が一人だけのとき）は独占といいます。いくつかしかないときは寡占といいます。例えば，携帯電話市場は日本ではNTT（docomo）・KDDI（au）・softbankの3社による寡占です。

このような状態では，競争がないので価格は（ ③ ）にくいです〔＝（ ④ ）〕。また，いちばん力が強い企業〔＝（ ⑤ ）〕がその商品の価格を決めると，ほかの企業も同じ価格にします。これを（ ⑥ ）といいます。

2 独占禁止法

同じような商品をつくっている企業が話し合って，商品の価格を決めてしまうこともあります〔＝（ ⑦ ）〕。（ ⑦ ）は独占禁止法という法律で禁止されています。

また，同じような商品をつくっている企業がいくつか集まってひとつの企業になること〔＝（ ⑧ ）〕も，あまり企業が大きくなりすぎないように，独占禁止法で制限されています。大きな企業になりすぎると，独占または寡占市場になってしまうからです。2003年，カメラやコピー機などをつくっていたコニカ〔東京〕とミノルタ〔大阪〕がひとつの企業になりました〔コニカミノルタ：KONICA MINOLTA, INC.〕。これが（ ⑧ ）の例です。

ある大きな企業が，ほかの企業の株をたくさん持って，その企業を自分の企業のように支配すること〔＝（ ⑨ ）〕も独占禁止法で制限されています。この方法でも企業が大きくなりますが，大きな企業になりすぎると，独占または寡占市場になってしまうからです。（ ⑨ ）には，例えば，三菱UFJフィナンシャルグループ：Mitsubishi UFJ Financial Group, Inc.があります。

これだけはわかってね！チェック！

| ① |
| ② |
| ③ |
| ④ |
| ⑤ |
| ⑥ |
| ⑦ |
| ⑧ |
| ⑨ |

3 公正取引委員会

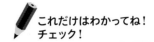

⑩

　このように企業が（　⑦　）を行ったり，（　⑧　）や（　⑨　）によって企業が大きくなりすぎたりして自由競争のじゃまをすることがないように監視しているのが公正取引委員会です。

　公正取引委員会は（　⑩　）の中にあります。公正取引委員会は独占禁止法に違反した企業に対して，（　⑦　）をやめるように命令したり，罰金を払うように命令したりします。

　また，企業が合併を行うときには，〔行う前に〕合併したあと企業が大きくなりすぎて競争がなくなってしまわないかどうかをチェックしています。

　公正取引委員会の決定に不満がある企業は不服申し立てを行うことができます。企業から不服申し立てがあった場合は，もう一度チェックをします。だから，公正取引委員会は準司法的だといえます〔＝裁判所と同じような働きをもっている〕。

第2章 現代の経済　例題類題　テーマ02　独占・寡占

例題〔★☆☆〕寡占市場に関する説明として<u>誤っているもの</u>を，次の①～④の中から一つ選びなさい。

① 技術進歩によって生産コストが低下しても，価格は下がりにくくなる。
② 企業間で協定を結んで価格を決定し，生産量を調整する傾向がある。
③ 価格支配力をもつ少数の大企業が価格を決定し，他の企業がそれに追随する傾向がある。
④ 技術競争やサービス競争を促進し，企業の新規参入を容易にする。

〔平成18年度 日本留学試験（第2回）総合科目 問4〕

1 この問題を解くために

(1) まちがっているものを選んでください。
(2) それぞれの選択肢が何をいいたいのか，考えましょう。
① 技術が進歩してその商品をつくるためにかかるお金が安くなりました。でも，商品の価格（物のねだん＝物価）はなかなか安くなりません。⇒ふつうは，商品をつくるためにかかるお金が安くなると，商品の価格は安くなります。しかし今回は，商品をつくるためにかかるお金が安くなったのに，商品の価格がなかなか安くなりません。同じような商品をつくっている企業がほかにない＝独占（少ない＝寡占）からです。
② 同じような商品をつくっている会社が話し合って，その商品の価格を決めます。そして，商品をどれぐらいつくるかを決めることが多いです。⇒価格カルテルといいます。寡占だとよく起こります。
③ ある商品をつくっている大きな企業がその商品の価格を決めると，ほかの企業も同じ価格で売ることが多いです。⇒商品の価格を最初に決める大きな企業はプライス・リーダーといいます。寡占だとよく起こります。
④ 新しい商品やサービスの開発がさかんに行われるようにしたり，同じような商品やサービスをつくったり提供したりする会社が新しく入ってきたりしやすくします⇒これは寡占市場ではなく，完全競争市場の特徴です。

【寡占】oligopoly
【協定】agreement
【新規参入】new entry
【独占】monopoly
【カルテル】a cartel
【プライス・リーダー】price leader
【完全競争市場】perfectly competitive market

2 こたえ　④

類題1〔★☆☆〕完全競争市場と比較した場合の寡占市場の特徴として適切でないものを，次の①～④のうちから一つ選べ。

① カルテルが形成されやすい。
② 価格が下方硬直性をもちやすい。
③ 資源が効率的に配分されやすい。
④ プライス・リーダー（価格先導者）が登場しやすい。

〔平成22年度 センター試験 政経 本試験29〕

類題2〔★★★〕独占禁止法上の規制や公正取引委員会についての記述として最も適当なものを，次の①～④のうちから一つ選べ。

① 公正取引委員会は，準司法的権限を有していない。
② 独占禁止法は，「持株会社」を認めていない。
③ 公正取引委員会は，大臣を長とする合議体で意思決定を行う行政機関である。
④ 独占禁止法がカルテルを規制する目的は，公正で自由な競争を促すことにある。

〔平成22年度 センター試験 政経 追試験29〕

類題3〔★★★〕日本における公正取引委員会の役割の説明として最も適当なものを，次の①～④の中から一つ選びなさい。

① 自由で公正な競争の確保を目的として，独占禁止法を運用する。
② 金融機関の破綻の抑止を目的として，金融再生法を運用する。
③ 公正な貿易の促進のために，輸出品の価格を監視する。
④ 金融機能の強化のために，証券取引所での不正な取引を監視する。

〔平成22年度 日本留学試験（第1回）総合科目 問6〕

類題4〔★★☆〕最初の反トラスト法は19世紀末に成立した。これは，建国以来，自由放任主義をとってきたアメリカにおいて，独占企業が出現し，様々な弊害があらわれたからである。これらの弊害に関する説明として最も適当なものを，次の①～④の中から一つ選びなさい。

① 低賃金の移民労働力のみを活用し，白人労働者の失業増を招いた。
② 海外に工場を移し，産業の空洞化を招いた。
③ 市場原理によらず価格を設定し，不当な利益をあげることができた。
④ 納税の義務がなく，すべての利益を自分のものとすることができた。

〔平成21年度 日本留学試験（第1回）総合科目 問1(3)〕

第2章 現代の経済 これだけはわかってね！ テーマ03 市場の失敗

1 市場の失敗

ある商品の市場が完全競争市場ではなかったり，その市場で何か問題が起きたりすることがあります。これを市場の失敗といいます。

(1) 完全競争市場が成立しない場合
- ▶ 独占・寡占市場：売り手がひとつ（またはいくつか）なので（　①　）が働きません。
- ▶ （　②　）：水道・ガスなど（　③　）が高い財やサービス〔＝商品〕は，（　④　）が価格を管理します。価格が（　⑤　）なりすぎないようにするためです。

(2) 完全競争市場では解決できない問題が起こる場合
- ▶ 国防・警察・消防など（　⑥　）や，水道や道路，図書館などの（　⑦　）〔＝公共資本〕は，みんなが使います。しかし，それをつくったり，それを維持したりするのにはお金がかかりますし，あまりもうかりません。だから，ふつうの企業〔民間の企業〕は提供しません。
- ▶ 完全競争市場では必ず（　⑧　）が起こります。つまり，お金をたくさん持っている人と，お金を持っていない人の差＝貧富の差が出てくるということです。

(3) 市場外の第三者〔その市場の外にいる，売り手でも買い手でもない人〕に経済的影響を及ぼしてしまう場合
- ▶ 市場外の第三者によい影響（利益）を与える場合

例えば，駅ができると，そこに住んでいた人は〔駅ができる前と比べて〕便利になります。電車が使えるようになりますし，新しくお店や会社，アパートなどができて，町がにぎやかになるかもしれません〔＝利益〕。

しかし，駅を建てたのは建設会社〔＝売り手〕で，お金を払ったのは鉄道会社です〔＝買い手〕。ですから，駅の周辺に住んでいる人は市場外の第三者です。したがって，（　⑨　）といえます。

これだけはわかってね！チェック！

①
②
③
④
⑤
⑥
⑦
⑧
⑨

▶ 市場外の第三者に，悪い影響〔不利益〕を与える場合

　例えば，川のそばに化学薬品をつくる工場があるとします。その工場は，薬品をつくったあとに出る廃水をそのまま川に流します。すると，川が汚染されてしまいます〔＝不利益〕。困るのはその川を利用している人たちです。

　売り手は工場で，買い手はその薬品を買う別の企業ですが，川を利用している人たちは市場外の第三者です。したがって，（　⑩　）といえます。

これだけはわかってね！チェック！

⑩

第2章 現代の経済　例題類題 テーマ03 市場の失敗

例題〔★☆☆〕外部不経済の例として最も適当なものを，次の①〜④のうちから一つ選べ。

① 強引な売り込みによって，消費者が不当に高額な商品を買わされる。
② 企業が熟練労働者を必要数確保できず，製品の品質が低下する。
③ 近隣のビル建設工事の騒音によって，勉強が妨げられる。
④ 石油価格が高騰したため，物価水準が上昇する。

〔平成20年度 センター試験 政経 追試験5〕

1 この問題を解くために

(1)「外部不経済」とは何かをまず確認しましょう。
　外部不経済＝市場外の第三者（売る人でも買う人でもない人たち）に不利益を与える（迷惑をかける）こと。

(2) それぞれの選択肢が何をいいたいのか，考えましょう。

① 無理に高い商品を買わされます。→商品を買う側（消費者）と売る側の問題なので，外部経済ではありません。
② ベテランの労働者が足りないので，まえよりも商品の質が悪くなった。→売る側（企業）の問題なので，外部経済ではありません。
③ 近くでビルを建てていてうるさいので，勉強できません。→勉強できなくて迷惑しているのは，ビルとはまったく関係ない人＝市場外の第三者（つまり外部不経済）。
④ 石油の価格がすごく高くなったので，物価（物のねだん）が全体的に上がる。→商品を買う側と売る側（いまの場合は石油を使って商品をつくる企業）の問題なので，外部経済ではありません。

【外部不経済】external diseconomies
【熟練労働者】skilled worker

2 こたえ　③

類題1〔★☆☆〕ある経済主体の活動が，他の経済主体に悪い影響を及ぼすことを「負の外部効果（外部不経済）」と呼ぶ。負の外部効果（外部不経済）への対処として当局がおこなう政策の例として最も適当なものを，次の①〜④の中から一つ選びなさい。

① 物価安定のために中央銀行が通貨および金融の調節をする。
② 大気汚染を減らすためにガソリン税を増税する。
③ 高齢者向け医療保険を拡充する。
④ 働いている世代から徴収した保険料によって年金を支払う。

〔平成20年度 日本留学試験（第1回）総合科目 問6〕

類題2〔★☆☆〕公共財を民間企業ではなく政府が提供する理由として最も適当なものを，次の①〜④の中から一つ選びなさい。

① 民間企業の間で過当な競争が生じるため
② 民間企業にまかせると雇用の確保ができないため
③ 民間企業だけでは適切な供給がおこなわれないため
④ 民間企業にまかせると一つの企業が独占してしまうため

〔平成20年度 日本留学試験（第1回）総合科目 問7⑴〕

類題3〔★★☆〕市場メカニズムが適切に働かないと考えられる場合の例A〜Cと，それらに対応するための政府の施策の例ア〜ウとの組合せとして最も適当なものを，下の①〜⑥のうちから一つ選べ。

A 市場が寡占状態にある場合
B 財の生産に外部不経済が伴う場合
C 財が公共財の性質をもつ場合

ア 生産の制限
イ 政府による供給
ウ 新規参入の促進

① A−ア　B−イ　C−ウ　　②A−ア　B−ウ　C−イ　　③A−イ　B−ア　C−ウ
④ A−イ　B−ウ　C−ア　　⑤A−ウ　B−ア　C−イ　　⑥A−ウ　B−イ　C−ア

〔平成21年度 センター試験 政経 本試験37〕

第2章 現代の経済

これだけはわかってね！　テーマ04　政府と経済政策

1 小さな国家から大きな国家へ

19世紀から20世紀のはじめまでは，国家が行うのは国防や警察だけでよく〔＝夜警国家〕，「小さな政府」がよいとされていました。

しかし1929年に世界恐慌が始まると，たくさんの人たちが仕事を失いました。そこで経済学者の（ ① ）は『雇用・利子および貨幣の一般理論』(*The General Theory of Employment, Interest and Money*) という本の中で，政府がもっとお金を出して失業をなくすことが必要だと主張しました。政府が国民の生活を守るために失業対策や景気対策をしなければならないという考え方〔＝福祉国家〕です。「大きな政府」ともいいます。

2 財政の機能

政府が国民から集めたお金〔税金〕を使って，いろいろな経済政策を行うことを財政といいます。財政の機能は3つあります。

(1) （ ② ）機能：国防・警察・消防などの公共サービスや道路・水道・図書館など公共財を提供します。お金がもうからないのでふつうの企業〔＝民間企業〕は提供しません。

(2) （ ③ ）機能：高所得者〔お金をたくさんかせいでいる人。お金をたくさん持っている人〕と低所得者〔あまりかせいでいない人。お金をあまり持っていない人〕の差をなくすことが目的です。

高所得者から多く税金をとる（ ④ ）制度や，低所得者に失業保険や生活保護などの（ ⑤ ）を行います。

(3) （ ⑥ ）機能：国全体で流通しているお金の量〔＝流通通貨量〕を調整して，景気が悪くなりすぎたりよくなりすぎたりするのをふせぎます。

これだけはわかってね！チェック！

①
②
③
④
⑤
⑥

3 財政政策の種類

▶ 伸縮的財政政策：fiscal policy

(1) 景気が悪いとき（不況）

　流通通貨量を増やして，国民にお金を積極的に使ってもらうようにします〔＝消費の拡大〕。だから，税金を（　⑦　）たり，高速道路をつくるなど公共投資をたくさん行ったりします〔（　⑧　）を増やす〕。（　⑨　）を発行して国民からお金を借りて公共投資を行うこともあります。

(2) 景気が良いとき（好況）

　流通通貨量が多くて物価が高くなっているので減らします。だから税金を（　⑩　）たり，（　⑧　）を減らしたりします。

▶ 景気の自動安定化装置：built-in stabilizer

　（　④　）制度と（　⑤　）制度〔とくに失業保険〕が景気を自動的に調整します。

(1) 景気が悪いとき（不況）

　国民はあまりお金をもっていないので税金もあまり払いません〔（　④　）ではお金をあまり持っていない人からはあまり税金をとりません〕。仕事がない人はたくさんいるので，（　⑤　）〔とくに失業保険〕を受ける人は増えます。結果として，流通通貨量が増えて景気が回復します。

(2) 景気が良いとき（好況）

　お金をたくさんかせいでいる人が多いので，高い税金を払う人が多くなります〔（　④　）制度では，お金をたくさん持っている人からたくさん税金をとります〕。仕事がない人はあまりいないので，（　⑤　）〔とくに失業保険〕を受ける人は減ります。結果として，流通通貨量が減り，景気がよくなりすぎるのをふせぎます。

これだけはわかってね！チェック！

| ⑦ |
| ⑧ |
| ⑨ |
| ⑩ |

第2章 現代の経済　例題類題　テーマ04　政府と経済政策

例題〔★☆☆〕景気と財政政策に関する記述として最も適当なものを，次の①〜④の中から一つ選びなさい。

① 景気が良い時には，貯蓄意欲が減退して税収が減るので減税する。
② 景気が良い時には，消費支出が増えて税収が減るので増税する。
③ 景気が悪い時には，減税して消費の拡大を図る。
④ 景気が悪い時には，公共事業を減らして財政の均衡を図る。

〔平成23年度 日本留学試験（第1回）総合科目 問4〕

1 この問題を解くために

(1) 景気と財政政策でいちばん大事なこと

▶ 景気が**良い**＝みんながお金をたくさん持っている（流通通貨量が多い）→インフレ⇒税金を増やして，財政支出（政府が使うお金）を減らします。つまり，景気がよくなりすぎるのをふせぎます。

▶ 景気が**悪い**＝みんながお金を持っていない（流通通貨量が少ない）→デフレ⇒税金を減らして，財政支出を増やす。つまり，景気をよくするために，政府がお金を使います。

(2) それぞれの選択肢が何をいいたいのか，確認しましょう。

① 景気が良いとき，みんな貯金をしなくなって，税収が減ります。だから税金を減らします×。
→景気が良いときは税収が増えます。

② 景気が良いとき，みんなたくさんお金を使って，税収が減ります×。だから税金を増やします。
→景気が良いときは税収が増えます。

③ 景気が悪いとき，税金を減らして，みんなにたくさんお金を使ってもらいます。
→そのとおりです！　みんながお金を使わないと，景気はよくなりません。

④ 景気が悪いとき，公共事業（新幹線や高速道路の整備など）を減らして×，財政をよくします。
→景気が悪いときは公共事業（財政支出）を増やします。

【財政政策】fiscal policy
【税収】tax revenue
【公共事業】a public undertaking [enterprise]; a public utility; public work
【流通通貨量】currency in circulation
【インフレ】inflation
【デフレ】deflation

2 こたえ　③

類題1〔★☆☆〕財政の役割の一つに資源の配分機能がある。この説明として最も適当なものを，次の①〜④の中から一つ選びなさい。

① 社会保障制度によって，失業者や高齢者に給付金を支給する。
② 所得税に累進課税制度を導入し，所得の再分配を実施する。
③ 財政赤字の自治体に対して，国から補助金を支出する。
④ 社会的に必要であるが，私企業による供給が難しい財・サービスを供給する。

〔平成22年度 日本留学試験（第2回）総合科目 問3〕

類題2〔★★☆〕日本の財政の仕組みや財政政策に関する記述として最も適当なものを，次の①〜④の中から一つ選びなさい。

① 予算は国会の審議を経ることなく内閣の責任で執行できる。
② 租税は中央政府が徴収する直接税と，地方自治体が徴収する間接税に分かれる。
③ 財政政策とは，市場を通じて供給されないが，生活にとって不可欠な財を提供することである。
④ 所得分配の不平等を是正するために，収入面では所得税に累進課税制度が採用され，支出面では社会保障制度が整えられている。

〔平成26年度 日本留学試験（第1回）総合科目 問4〕

類題3〔★★☆〕現在の日本の税制において所得の再分配をもたらす租税の組み合わせとして最も適当なものを，次の①〜④の中から一つ選びなさい。

① 所得税と相続税
② 相続税と関税
③ 関税と消費税
④ 消費税と所得税

〔平成21年度 日本留学試験（第2回）総合科目 問8(1)〕

類題4〔★★☆〕日本の財政の状況に関する記述として最も適当なものを，次の①〜④のうちから一つ選べ。

① 公共事業などの費用の不足を賄うために，赤字国債を発行することが義務付けられている。
② 財政を通じた低所得者への所得再分配が行われており，ポリシー・ミックスと呼ばれている。
③ 財政支出に占める国債費の割合が増大し，財政が硬直化していると言われている。
④ 一律の税率で課税される消費税は，低所得者ほど所得に占める税負担が軽くなる。

*ポリシー・ミックス：policy mix

〔平成25年度 センター試験 現代社会 本試験10〕

第2章 現代の経済　これだけはわかってね！　テーマ05　日本銀行と金融政策

1 日本銀行

日本銀行は，日本の（ ① ）です。日本銀行はふつうの銀行〔＝市中銀行〕とはちがいます。日本銀行は，企業や個人からお金を預かったり，企業や個人にお金を貸したりはしません。日本銀行の役割は3つあります。

▶ （ ② ）銀行：1000円札・2000円札・5000円札・10000円札など紙幣を発行します。ですから紙幣は「（ ③ ）」とも呼ばれます。

▶ （ ④ ）の銀行：政府が国民から集めた税金を預かったり，国債を買ったときの代金を預かったりします。また，政府が公共投資を行うときのお金を出したり，公務員に給料を払うためのお金を出したりします。

▶ （ ⑤ ）の銀行：市中銀行から預金の一部を預かったり，市中銀行にお金を貸したりする。

2 日本銀行の金融政策

日本銀行は，景気が良くなりすぎたり，悪くなりすぎたりしないように金融政策を行います。日本銀行が行う金融政策には3つあります。

▶ 金利政策：日本銀行が市中銀行に資金を貸すときの金利を（ ⑥ ）といいます。この金利を上げたり下げたりするのが金利政策です。

景気が良すぎるときは（ ⑥ ）を上げます。（ ⑥ ）が上がると，市中銀行が企業にお金を貸すときの金利も上がります。だから企業は銀行からお金を借りるのが難しくなります。すると（ ⑦ ）が減ります。景気が悪いときは（ ⑥ ）を下げて，企業が市中銀行からお金を借りやすくします。すると（ ⑦ ）が増えます。

▶ （ ⑧ ）操作：市中銀行は個人や企業から預かったお金〔＝預金〕の一部を必ず日本銀行に預金しなければなりません。個人や企業の預金の何％を日本銀行に預けなければならないか，その割合を（ ⑧ ）といいます。

市中銀行は個人や企業から預かったお金をほかの個人や企

これだけはわかってね！チェック！

①
②
③
④
⑤
⑥
⑦
⑧

業に貸します。（ ⑧ ）が低ければ資金をたくさん貸すことができますが，（ ⑧ ）が高ければお金をたくさん貸すことが難しくなります。

　だから，景気が良すぎるときは（ ⑧ ）を上げてお金を貸しにくくし，景気が悪いときは（ ⑧ ）を下げてお金を貸しやすくします。

▶（ ⑨ ）：日本銀行が市中銀行に（ ⑩ ）などの有価証券を売ったり〔＝売りオペレーション（selling operation）〕，市中銀行が持っている有価証券を買ったり〔＝買いオペレーション〕すること。

　景気が良すぎるとき，日本銀行は市中銀行に有価証券を売ります。市中銀行は買わなければなりません。有価証券を買うと，代金を日本銀行に払うので市中銀行が持っている資金が減ります。すると，企業や個人にお金を貸しにくくなります。

　景気が悪いときは，市中銀行から有価証券を買います。すると，日本銀行が代金を払うので，市中銀行の資金が増えます。市中銀行のお金が増えると，個人や企業にお金を貸しやすくなります。

これだけはわかってね！チェック！

⑨
⑩

第2章 現代の経済　例題類題　テーマ05　日本銀行と金融政策

例題〔★☆☆〕中央銀行の機能として正しくないものを，次の①〜④の中から一つ選びなさい。

① 政府資金に関する業務をおこなう「政府の銀行」である。
② 民間企業への融資をおこなう「企業の銀行」である。
③ 現金通貨である銀行券を発行する「発券銀行」である。
④ 市中銀行との間の預金・貸出をおこなう「銀行の銀行」である。

〔平成23年度 日本留学試験（第2回）総合科目 問6〕

1 この問題を解くために

(1) まちがっているものを選びましょう。
(2) 日本の中央銀行は「日本銀行」です。
(3) それぞれの選択肢が何をいいたいか，考えてみましょう。

① 政府が使うお金についての仕事をする「政府の銀行」です。
　→そのとおりです。
② 民間企業にお金を貸す「企業の銀行」×です。
　→中央銀行は民間企業や個人にお金を貸したり，お金を預かったりすることはありません。
③ お金をつくる「発券銀行」です。
　→そのとおりです。日本のお金（紙幣）は「日本銀行券」ともいいます。
④ ふつうの銀行（中央銀行以外の銀行）にお金を貸したり，お金を預かったりする「銀行の銀行」です。
　→そのとおりです。

【民間企業】private enterprise
【発券銀行】issue bank
【市中銀行】a city [commercial] bank
【預金】a deposit, savings
【中央銀行】a central bank

2 こたえ　②

類題1〔★☆☆〕日本の中央銀行である日本銀行に関する記述として誤っているものを，次の①～④の中から一つ選びなさい。

① 唯一の発券銀行であり，民間の金融機関に資金を供給する「銀行の銀行」である。
② 政府活動に伴って生じる国庫金の出し入れや管理については関与しない。
③ 国内経済が過熱局面のとき，預金準備率を引き上げ，民間の金融機関の支払準備金を増やすことによって，金融を引き締める。
④ 国内経済が停滞局面のとき，国債を購入し，市場に資金を供給することによって，金融を緩和させる。

〔平成20年度 日本留学試験（第2回）総合科目 問6〕

類題2〔★☆☆〕中央銀行がおこなう金融政策に関する記述として最も適当なものを，次の①～④の中から一つ選びなさい。

① 好況期に預金準備率を下げ，通貨の総量を増加させる。
② 好況期に増税をおこない，景気の過熱を抑止する。
③ 不況期に減税をおこない，消費や投資を促す。
④ 不況期に買いオペレーションをおこない，市場に資金を供給する。

〔平成22年度 日本留学試験（第2回）総合科目 問6〕

類題3〔★★☆〕現代の先進国の経済政策に関する記述として適当でないものを，次の①～④の中から一つ選びなさい。

① グローバル化が進んだ経済状況に対応して変動相場制度を採用し，外国為替相場への介入政策は一切行わない。
② 寡占化や独占化の動きに対しては，独占禁止政策を通じて，競争を促進し，価格が伸縮的に変化するよう努める。
③ 景気変動を安定化させるために，不況期には減税や公共投資を行い，好況期には増税を行うなどの財政政策が用いられる。
④ 金融政策では物価や金融システムの安定を目的として，主に中央銀行が通貨供給量や金利の調整などを行う。

〔平成24年度 日本留学試験（第1回）総合科目 問5〕

第2章 現代の経済

これだけはわかってね！　テーマ06　経済変動と経済成長

1 インフレーション

物価が上がっていく状態が続くことをインフレーション〔インフレ〕といいます。

景気が良くなって物価が上がるのは、お金を持っている人が多いということだと考えられますから、悪いことではありません。でも、物価が上がりすぎると、お金をあまり持っていない人はとても困ります。

インフレをおさえるには、（　①　）したり、（　②　）を減らしたり、市中銀行に国債などを売る（　③　）などを行って、流通通貨量を減らす必要があります。

インフレの要因は大きく分けると2つあります。

▶ 需要インフレ（demand-pull inflation）：流通通貨量が（　④　）と、通貨の価値が（　⑤　）なります。だから物価が高くなります。例えば、給料が増えたり、景気が良くなったり、輸出が増えて日本に入ってくるお金の量が増えると、流通通貨量も増えます。

▶ 費用インフレ（cost-push inflation）：商品の生産にかかるお金〔＝コスト〕が増えて、物価が高くなります。例えば、（　⑥　）の価格が高くなったり、働いている人に払う給料が増えたりすると、商品の価格が高くなります。とくに、石油などは輸入しなければならないので価格が高くなりやすいです。

2 デフレーション

物価が下がっていく状態が続くことをデフレーション〔デフレ〕といいます。要因は大きく分けて2つあります。

▶ 需要デフレ（demand deflation）：景気が悪くなると商品が売れなくなる〔＝需要が減る〕ので、流通通貨量が減ります。流通通貨量が（　⑦　）と、通貨の価値が（　⑧　）なります。だから物価が安くなります。

▶ 費用デフレ（cost deflation）：商品の生産コストが減って物価が安くなります。（　⑥　）が安くなったり、働いている人の給料を安くしたりして、商品の生産コストが安くなると、商品の価格が下がります。

これだけはわかってね！チェック！

①
②
③
④
⑤
⑥
⑦
⑧

3 景気の循環

景気は好景気（好況）→後退→不景気（不況）→回復をくりかえします。

(1) 好況：物がたくさん売れるので（　⑨　）が増えて〔例えば，新しく工場をつくる〕商品がたくさん生産されます。すると，給料も増えて，消費も増えます。需要が増えるので物価が高くなります〔インフレが起きる〕。

(2) 後退：商品が売れずに余るようになります。（　⑨　）や生産が減り，給料も減ります。だから消費も減ります。

(3) 不況：売れずに余った商品の（　⑩　）が行われるので，投資や生産がとても少ないです。仕事がない人も多いです〔失業率が高い〕。給料も安いので，消費も少ないです。だから物価が安くなります〔デフレが起きる〕。

(4) 回復：（　⑩　）が終わると，商品の生産が増えてきます。

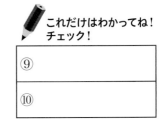

これだけはわかってね！チェック！

| ⑨ |
| ⑩ |

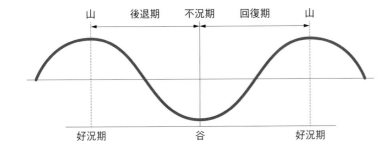

第2章 現代の経済　例題類題 06 経済変動と経済成長

例題〔★☆☆〕景気の波や物価の変動をめぐる記述として正しいものを，次の①〜④のうち一つ選べ。

① 短期間に急激に物価水準が上昇する現象は，デフレスパイラルと呼ばれる。
② 生産コストの上昇分が製品価格に転嫁されたために生じる物価水準の上昇は，コスト・プッシュ・インフレーションと呼ばれる。
③ 景気停滞と物価水準の持続的な下落が同時に起こる現象は，スタグフレーションと呼ばれる。
④ 景気循環において好況期から後退期への変わる局面は，景気の谷と呼ばれる。

〔平成21年度 センター試験 政経 追試験26〕

1 この問題を解くために

★ それぞれの選択肢が何をいいたいか，考えましょう。

① 短い間に急に物のねだん（物価＝価格）が上がることを「デフレスパイラル」×といいます。
   →物のねだんが上がるのは「インフレーション」です。
② 物をつくるためにかかるお金が増えて，物のねだんが上がることを「コスト・プッシュ・インフレーション（cost-push inflation）」といいます。
   →そのとおりです。
③ 景気があまりよくない状態で，物のねだんがだんだん下がっていくことを「スタグフレーション」×といいます。
   →景気がよくない状態で物のねだんが下がるのは「デフレ」です。
④ 景気が良いとき（好況期）から，だんだん景気が悪くなっていくとき（後退期）に変わるところを「景気の谷」×といいます。
   →好況期から後退期に変わるところは「景気の山」です。

【景気の波】economic wave
【デフレスパイラル】deflationary spiral
【コスト】cost
【スタグフレーション】stagflation
【景気循環】business cycle

2 こたえ　②

類題1 〔★☆☆〕次の文章中の空欄a～cに当てはまる語の組み合わせとして最も適当なものを，下の①～④の中から一つ選びなさい。

インフレーションとは，貨幣の価値が　a　，物価の上昇が続く現象をいう。一方，デフレーションとは，貨幣の価値が　b　，物価の下落が続く現象をいう。また，　c　下で，物価の上昇が続く現象をスタグフレーションという。

① a 上がり，b 下がり，c 好況　　② a 上がり，b 下がり，c 不況
③ a 下がり，b 上がり，c 好況　　④ a 下がり，b 上がり，c 不況

〔平成20年度 日本留学試験（第2回）総合科目 問3〕

類題2 〔★★☆〕景気変動を促す要因として次のA～Dがあげられる。これらを短期的な変動を促す要因から長期的な変動を促す要因へ並べ替えた場合の順序として最も適当なものを，下の①～④の中から一つ選びなさい。

A 技術革新や資源開発　　B 設備投資　　C 在庫調整　　D 住宅の建て替え

① A＜B＜D＜C　　② B＜D＜A＜C　　③ C＜B＜D＜A　　④ C＜D＜A＜B

〔平成21年度 日本留学試験（第1回）総合科目 問5〕

類題3 〔★★☆〕日本の高度経済成長期に関する記述として最も適当なものを，次の①～④のうちから一つ選べ。

① 政府は，経済成長を実現する政策として，所得倍増計画を推進した。
② 家電製品や乗用車等の耐久消費財が購入されるなど，消費が活発に行われたため，貯蓄は減少した。
③ 変動為替相場制が採用されていたため，そのことが輸出製品の国際競争力を維持する効果をもち，輸出産業に有利に働いた。
④ この期間の経済成長率は，平均して15%を超えた。

〔平成25年度 センター試験 現代社会 本試験22〕

第2章 現代の経済　これだけはわかってね！　テーマ07　国民経済

1 国民所得

政府が経済政策を行うためには，いま国にお金や物がどれだけあるか〔＝（ ① ）〕を知っておくことが必要です。

また，一年間にどれだけもうけたか〔＝国民所得〕を知っておく必要があります。

国民所得は，（ ② ）・（ ③ ）・（ ④ ）の3つに分けることができます。（ ② ）も，（ ③ ）も，（ ④ ）も金額はそれぞれ同じです〔＝（ ⑤ ）〕。

▶「そのもうけはどんな仕事をして得られたか」〔（ ② ）〕：生産された物やサービスが農業や漁業などの第一次産業，工業や建設業などの第二次産業，商業やサービス業などの第三次産業のどれなのかを表す。

▶「得られたもうけは誰がもらったか」〔＝（ ③ ）〕：働いた人の給料になったのか〔＝賃金〕，その商品をつくった企業のもうけになったのか〔＝利潤〕を表す。

▶「得られたもうけは何に使ったか」〔＝（ ④ ）〕：ほかの物やサービスを買うために使ったのか〔＝消費〕，よりたくさんの物やサービスを生産するために機械などを買ったのか〔＝投資〕を表す。

2 国民所得の表し方

国民所得を表すにはいくつか方法があります。

▶（ ⑥ ）：その国で生産された物やサービスの価格と，物やサービスをつくるときに新しく加わった価値〔＝（ ⑦ ）〕の合計です。その国で働く外国人が生産した物やサービスの分も含みます。

▶（ ⑧ ）：その国の国民が生産した物やサービスの（ ⑦ ）の合計。外国で働くその国の国民が生産した分も含みます。

第一次産業より第二次産業でつくられる商品のほうが，第二次産業より第三次産業でつくられる商品のほうが（ ⑦ ）が高いです。次の図は，白菜の漬物の例です。

これだけはわかってね！チェック！

①
②
③
④
⑤
⑥
⑦
⑧

第一次産業			利潤	賃金	←白菜をつくって売る。
第二次産業		利潤	賃金	中間生産物	←白菜を漬物にして売る。(中間生産物は白菜)
第三次産業	利潤	賃金	中間生産物		←白菜の漬物を居酒屋で提供。(中間生産物は白菜の漬物)

これだけはわかってね！チェック！

⑨
⑩

3 経済成長率

（ ⑥ ）を今年と去年で比べて，どれだけ増えたか計算すると，その国の経済活動の大きさがどのくらい大きくなったかがわかります。

これを（ ⑨ ）といいます。（ ⑨ ）を正確に計算するには，物価が上がったり下がったりすることを考えなければなりません（物価は毎年変化するからです）。

物価の変化はデフレーター（deflator）で表します。デフレーターは，基準となる年の物価を100（または1）として，どれぐらい物価が上がったか（または下がったか）を表すものです。デフレーターが100より大きかったら物価が上がっている（つまりインフレ）ことになります。小さかったら物価が下がっている（つまりデフレ）ことになります。

このようにデフレーターを使って，物価の変化を考えて（物価の影響を取り除いて）計算するGDPは（ ⑩ ）といいます。

第2章 現代の経済　例題類題 07　経済変動と経済成長

例題〔★☆☆〕次の文章を読み，X国の一人あたりのGNPの値として最も適当なものを，下の①～④の中から一つ選びなさい。

ある年のX国のGDPは4兆ドルであった。その中の5,000億ドルはX国に住む外国人が生み出したものであった。また，その年にX国の国民が外国で生み出した付加価値の合計は1兆5,000億ドルであった。なお，X国の人口は1億人とする。

① 4.0万ドル　　② 4.5万ドル　　③ 5.0万ドル　　④ 5.5万ドル

〔平成22年度 日本留学試験（第1回）総合科目 問4〕

1 この問題を解くために

- GDP（国内総生産）は国内で一年間に生産された商品やサービスの合計です。GDPはX国で生産された分なので，X国に住む外国人が生み出した分が含まれます。しかし，X国の国民が外国で生み出した分は含まれません。
- GNP（国民総生産）は<u>国民</u>が一年間に生産した商品やサービスの合計です。ですから，その国の国民が外国で生産した商品やサービスの分も含まれます。
- X国のGNPを求めるには，X国のGDPからX国に住む外国人が生み出した分を引いて，X国の国民が外国で生み出した分を足せばよいです。
- だから，
GDP(4) － X国に住む外国人の生産額(0.5) ＋ X国民の外国での生産額(1.5) ＝ 5.0

2 こたえ　③

【付加価値】added value
【GDP】Gross Domestic Product
【GNP】Gross National Product

類題1 〔★☆☆〕次の文章を読み，文章中の空欄a～cに当てはまるものの組み合わせとして最も適当なものを，下の①～④の中から一つ選びなさい。

GDP（国内総生産）とは一年間に国内で生み出された　a　の合計である。GDPに　b　を加えるとGNI（国民総所得）となる。また，GDPから　c　を差し引くとNDP（国内純生産）となる。

① a 付加価値　　　b 貯蓄　　c 直接税
② a 中間生産物　　b 貯蓄　　c 固定資本減耗
③ a 中間生産物　　b 海外からの純所得受け取り　　c 直接税
④ a 付加価値　　　b 海外からの純所得受け取り　　c 固定資本減耗

〔平成23年度 日本留学試験（第1回）総合科目 問3〕

類題2 〔★★☆〕X国の名目GDP（国内総生産）は昨年1兆ドルであったが，今年は2兆ドルに増加した。また，X国の物価水準は昨年から今年にかけて25％上昇した。X国の今年の実質GDPの成長率として正しい値を，次の①～④の中から一つ選びなさい。

① 60％　　② 75％　　③ 100％　　④ 125％

〔平成25年度 日本留学試験（第2回）総合科目 問7〕

類題3 〔★★★〕次の表は，2008年における4か国A～Dの貿易品目に関して，貿易額をもとに構成比（％）を示したものである。貿易構造から判断して，これらの国を一人当たりGNI（国民総所得）の高い順に並べたものとして正しいものを，下の①～④の中から一つ選びなさい。

A国

輸出品	%	輸入品	%
茶	18.6	機械類	21.7
装飾用切花等	10.5	石油製品	16.2
野菜・果実	9.0	原油	10.6
衣類	5.1	自動車	7.4
無機化合物	4.4	鉄鋼	4.6
その他	52.3	その他	42.9
計	100.0	計	100.0

B国

輸出品	%	輸入品	%
機械類	28.7	機械類	23.9
自動車	8.2	原油	16.8
航空機	5.5	自動車	9.0
石油製品	4.5	石油製品	4.3
精密機械	4.3	衣類	3.8
その他	48.9	その他	42.2
計	100.0	計	100.0

C国

輸出品	%	輸入品	%
機械類	27.9	機械類	21.7
自動車	15.5	自動車	7.5
医薬品	4.6	原油	6.6
プラスチック	3.3	医薬品	3.9
精密機械	3.2	鉄鋼	3.6
その他	45.5	その他	56.7
計	100.0	計	100.0

D国

輸出品	%	輸入品	%
衣類	19.5	機械類	20.7
機械類	18.6	石油製品	9.6
原油	13.6	原油	8.5
化学肥料	7.9	自動車	5.9
無機化合物	5.7	鉄鋼	5.9
その他	34.7	その他	49.5
計	100.0	計	100.0

『世界国勢図会 2010／11年版』より作成

① A→B→C→D　　② A→C→B→D　　③ B→A→C→D　　④ B→C→D→A

〔平成23年度 日本留学試験（第1回）総合科目 問13〕

第3章 現代の政治

これだけはわかってね！　テーマ01　民主主義の原理

1 民主主義とは

　民主主義国家では，国民が中心となって政治を行います。民主主義は，国民主権〔国民が政治の主役であること〕・基本的人権の尊重〔人間が人間として生きていくために必要な権利が保障されていること〕・権力の分立〔政治を行うための権力がひとつの機関や一人に集中していないこと〕・（　①　）〔権力が法で制限されていること〕で実現されます。

2 絶対王政から民主主義へ

　16～18世紀のヨーロッパなどでは，政治を行うための権力はすべて国王が持っていました〔＝絶対王政〕。当時は，国王が持っている権力は神から与えられたものだと考えられていました〔＝（　②　）〕。国王の力は神の力なので，何をしても国王の自由だと考えられ，わがままな政治が行われることもありました。

　しかし，17世紀になると，ちがう考え方が出てきました。それが（　③　）です。（　③　）は，「社会〔または国〕は人たちの契約〔約束〕でできている」という考え方です。国は人々の約束でできているので，以下の3点の考え方ができます。

▶ 国王や大統領は，約束で決められた範囲でだけ権力を持つことができます〔＝（　①　）〕。

▶ そこに住む人たちとの約束でできた国なので，政治はそこに住む人たちの意思に基づいて行わなければなりません〔＝国民主権〕。

▶ 約束をした人たちは，当然大切にされなければなりません〔＝基本的人権の尊重〕。

　これらの考え方は，イギリスで起きた清教徒革命：Puritan Revolution〈1642～1649年〉・名誉革命：Glorious Revolution〈1688年〉，アメリカ独立戦争：American War of Independence〈1775～1783年〉，フランス革命〈1789年〉などの市民革命を通して，民主主義の原理になりました。

これだけはわかってね！チェック！

| ① |
| ② |
| ③ |

3 民主主義の原理を主張した思想家

（ ③ ）は，人間が生まれた瞬間から持っている権利〔＝自然権〕をどのように守るか，から始まりました。自然権は現代でも重要な考え方で，基本的人権の尊重にもつながっています。

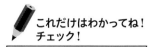
これだけはわかってね！
チェック！

④
⑤
⑥
⑦
⑧
⑨
⑩

	著書	主張と影響
ロック John Locke イギリス 1632～1704年	『市民政府二論』 Two Treatises of Government （1690年）	ロックは自然権を生命権・（ ④ ）権・財産権であるとしました。自然権をより確実に守るために議会と政府をつくるとしました。 また，もし議会や政府が国民を裏切ったときは，国民には（ ⑤ ）があるので，議会や政府を変えることができる，と主張しました。 ロックの考えは，アメリカ独立革命に大きな影響を与えました。
ルソー Jean-Jacques Rousseau フランス 1712～1778年	『社会契約論』 Of The Social Contract, Or Principles of Political Right （1762年）	ルソーは自然権を（ ④ ）権と（ ⑥ ）権であるとしました。 しかし，土地の私有〔土地を買って自分のものにすること〕が行われるようになると，貧富〔お金を持っている人と持っていない人〕の差が生まれ，（ ④ ）や（ ⑥ ）ではなくなってしまいます。（ ④ ）や（ ⑥ ）をもう一度手に入れるために政府〔＝「共同体」〕をつくるとしました。 ルソーの考えは，フランス革命に大きな影響を与えました。
モンテスキュー Charles-Louis de Montesquieu フランス 1689～1755年	『法の精神』 spirit of the law （1748年）	政治的な権力を分けることを最初に主張したのはロックですが，モンテスキューは『法の精神』のなかで，（ ⑦ ）を主張しました。 権力を国王〔＝（ ⑧ ）〕・議会〔＝（ ⑨ ）〕・裁判所〔＝（ ⑩ ）〕に分け，3つの権力が監視しあい，バランスをとることで，国民の（ ④ ）を実現することができると考えました。 モンテスキューの考えは，アメリカ合衆国憲法（Constitution of the United States）やフランス革命中につくられた1791年憲法にも大きな影響を与えました。

第3章 現代の政治　例題類題　テーマ01　民主主義の原理

例題〔★☆☆〕モンテスキュー（Charles de Montesquieu）の述べた三権分立制に関して最も適当なものを，次の①～④の中から一つ選びなさい。

① 国家の権力を立法権・執行権・裁判権に分け，これらの三権が異なった人間や機関によって行使されなければ暴政をまねくとした。
② 国家の権力である立法権・執行権・裁判権が，バラバラに行使される危険性が指摘された。
③ 権力が内閣と二つの議院によって分け持たれていることをいう。
④ アメリカの大統領制は，彼の提唱した三権分立制の問題点を解決するための政治制度である。

〔平成18年度 日本留学試験（第2回）総合科目 問22〕

1 この問題を解くために

(1) 「三権分立」とは何ですか？
　三権は国が持つ3つの権力です。立法権（法をつくる権利），執行権（つくった法を使って政治を行う権利），裁判権です。この3つを一人またはひとつの機関に集中させると，国民の人権が無視されてしまう可能性があります（一人またはひとつの機関に集中させると，昔のヨーロッパの国王や，中国の皇帝のようになってしまいます）。だから，この3つは別々の機関が持つ必要があるのです。

(2) それぞれの選択肢の内容を考えましょう。
① そのとおりです。
② 「三権を別々の機関が持つことが危険」といっていますが，ここがちがいます。むしろ，別々の機関が持たなければなりません。
③ 内閣は執行権，議院は立法権を持ちます。しかし，裁判権は裁判所が持ちます。だからちがいます。
④ アメリカの場合は，大統領が執行権を持ちます。そして，議院が立法権，裁判所が裁判権を持ちます。大統領制も三権分立です。

【三権分立】separation of powers
【執行権】imperium
【人権】human rights
【皇帝】emperor
【裁判所】courthouse

2 こたえ　①

類題1〔★☆☆〕ロック（John Locke）の社会契約説や，モンテスキュー（Charles de Montesquieu）の三権分立論の影響を受けた，世界で最初の近代的成文憲法として，最も適当なものを，次の①〜④の中から一つ選びなさい。

① ドイツ基本法　② 大日本帝国憲法　③ アメリカ合衆国憲法　④ フランス（France）共和国憲法

〔平成22年度 日本留学試験（第2回）総合科目 問19〕

類題2〔★☆☆〕フランス革命（French Revolution）について説明した内容として最も適当なものを次の①〜④の中から一つ選びなさい。

① 議会の同意なく課税をおこなうことを禁じる「権利章典」が発布された。
② 労働者が選挙権の拡大を求めて大規模な請願運動をおこなった。
③ 立法権を議会が持ち，行政権を君主が持つ立憲君主制が確立された。
④ 自由・平等・博愛をスローガンとして王政が打倒され，共和政が樹立された。

〔平成25年度 日本留学試験（第1回）総合科目 問19〕

類題3〔★★☆〕次の一節は，アメリカ独立宣言の一部を抜粋したものである。文章中の空欄　a　に当てはまる語として最も適当なものを，下の①〜④の中から一つ選びなさい。

われわれは，自明の真理として，すべての人は平等に造られ，造物主によって，一定の奪いがたい天賦の権利を付与され，そのなかに生命，自由，および幸福の追求の含まれることを信ずる。また，これらの権利を確保するために人類のあいだに政府が組織されたこと，そしてその正当な権力は　a　に由来するものであることを信ずる。

（出典：高木八尺・末延三次・宮沢俊義編『人権宣言集』岩波文庫）

① 統治者の同意　② 被治者の同意　③ 統治者の権威　④ 被治者の権威

〔平成26年度 日本留学試験（第1回）総合科目 問20〕

類題4〔★★★〕「法の支配」の説明として最も適当なものを，次の①〜④の中から一つ選びなさい。

① 治める者も治められる者も法によって拘束されなければならないという考え方であり，イギリスの立憲政治の中で発達した。
② 治める者も従来の統治の伝統に従わなければならないという考え方であり，ドイツの法治政治の中で発達した。
③ 議会が定める法律はコーラン（Qur'an）に従わなければならないという考え方であり，イスラム教（Islam）諸国の政治の中で発達した。
④ 国王の支配権は，すべての法に優越する自然法に由来するという考え方であり，フランスの絶対王政の歴史の中で発達した。

〔平成19年度 日本留学試験（第2回）総合科目 問21〕

第3章 現代の政治 — これだけはわかってね！ テーマ02 議会と政府

1 民主主義の実現

民主主義には，直接民主主義と間接民主主義があります。

直接民主主義は，国民が直接，国の政治に参加する〔国としての意思の決定に参加する〕ものです。例えば，古代ギリシャの民会（ecclesia）や，イギリスの植民地だったころのアメリカにおけるタウン・ミーティング（town meeting）がそうでした。

間接民主主義は，国民から選ばれた代表者〔＝代議員〕が議会をつくり，その議会が国としての意思決定を行います。国民は代議員を選ぶことを通して間接的に政治に参加します。

2 代議制

間接民主主義では，議会が国の意思を決定するための，もっとも重要な機関です。これを代議制といいます。代議制には議院内閣制と大統領制があります。

▶ 議院内閣制：イギリスで発達しました。特徴は，下の3点です。

(1) 議会でいちばん人が多い政党が中心になって内閣がつくられます。内閣は議会に責任をもちます。

(2) 内閣が議会の意思に従わない場合，議会は（ ① ）を出して，内閣を辞めさせることができます。

(3) 内閣は議会を解散することができます。

大統領制を世界で初めてとりいれたのはアメリカです。大統領制は，立法府と行政府がはっきり分かれていて，それぞれ独立しています。行政の長である大統領は，議会を構成する議員とは別に選挙で選ばれます。ですから大統領制は国民の意思が直接行政に反映されます。

これだけはわかってね！チェック！

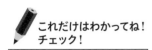

①

3 アメリカの政治制度

▶ 大統領について

　大統領の任期は4年間です。国民はまず選挙人〔大統領を誰にするかを選挙する人〕を選び，選挙人が投票して大統領を選びます〔＝間接選挙〕。大統領は基本的に，任期中〔4年間〕は辞めさせられることはありません。大統領は，法律を実際に行ったり〔＝執行〕，条約を結んだりすることはできますが，新しい法のアイデアを出す権利〔＝法案提出権〕はありません。そのかわりに，（　②　）で議会に法律をつくるように求めることができます。また，議会がつくった法案を認めないという権利〔＝（　③　）〕も持っています。

　このように，大統領は強い権力を持っていますが，（　④　）府である連邦最高裁判所（Supreme Court of the United States；SCOTUS）は（　⑤　）〔法案が憲法に合っているかどうかを確かめる〕を持っていて，大統領と議会を監視して制限しています。

▶ 議会について

　アメリカの議会は（　⑥　）と（　⑦　）に分かれています。議会は大統領を辞めさせることはできませんし，大統領は議会を解散することはできません。

　（　⑥　）議員はそれぞれの州から2人ずつ選ばれます（全部で100人）。任期は6年間です。（　⑥　）は州を代表しています。

　（　⑦　）議員は，人口によってそれぞれの州で何人議員になれるか〔＝議員定数〕が決まっています（全部で435名）。任期は2年間です。議員定数が多い州は，選挙区がつくられ，その選挙区でいちばんたくさん票をもらった人が議員になります〔＝小選挙区制〕。

これだけはわかってね！
チェック！

②
③
④
⑤
⑥
⑦

4 日本の政治制度

▶ 国会〔議会〕

　日本は議院内閣制です。国会は，日本でただひとつの立法機関です。国会は（　⑧　）と（　⑨　）に分かれています。

　国会は法律をつくったり，予算を決めたり，条約を認めたり，憲法を直したり加えたりする提案を行ったり，内閣総理大臣を誰にするか決めたりするほか，裁判官を辞めさせることができる（　⑩　）を置いたりできます。

　（　⑧　）と（　⑨　）で話し合いの結果がちがう場合，（　⑪　）〔（　⑧　）と（　⑨　）の代表者が話し合う場〕を開いて話し合いをします。しかし，予算や条約を認めることや，内閣総理大臣を誰にするかについては（　⑧　）の話し合いの結果が国会全体の結論とされます。このことを「（　⑫　）」といいます。

　法案が出されると，まず（　⑬　）で話し合いが行われ，そのあと議員全員が集まる本会議でその法案をどうするかが決定されます。（　⑬　）と本会議での話し合いは（　⑧　）と（　⑨　）の両方にあります。議員は必ずどこかの（　⑬　）に参加します。

▶ 内閣

　内閣は行政を担当します。内閣の首長は内閣総理大臣です。内閣総理大臣は国会議員の中から選ばれます。内閣の話し合いは（　⑭　）で行われています。内閣において，内閣総理大臣以外の大臣〔＝（　⑮　）〕の人数は基本的に14人以内ですが，半数以上は国会議員から選ばなければなりません。

　内閣は，条約を結んだり，予算を考えたり，（　⑯　）〔法律を実施するための命令〕をつくるなどできます。

　ただし，（　⑧　）が内閣不信任〔今の内閣に政治をまかせることができない〕を決めた場合は，10日以内に（　⑧　）を解散するか，内閣を総辞職〔内閣が全員辞めること〕しなければなりません。

これだけはわかってね！チェック！

⑧
⑨
⑩
⑪
⑫
⑬
⑭
⑮
⑯

アメリカと日本の三権分立の比較

〈アメリカの三権分立〉

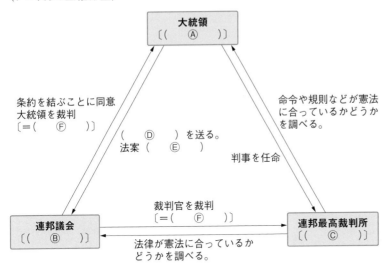

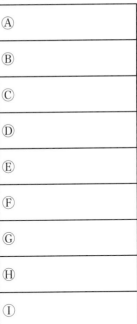

これだけはわかってね！チェック！

Ⓐ	
Ⓑ	
Ⓒ	
Ⓓ	
Ⓔ	
Ⓕ	
Ⓖ	
Ⓗ	
Ⓘ	

〈日本の三権分立〉

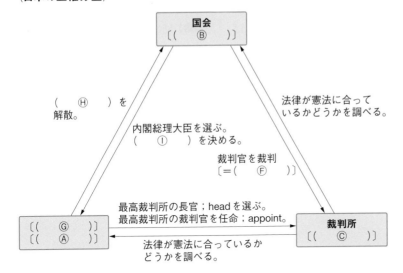

第3章 現代の政治　例題類題 テーマ02　議会と政府

例題〔★☆☆〕議院内閣制に関する記述として最も適当なものを，次の①～④の中から一つ選びなさい。

① 首相は国民の直接選挙によって選ばれる。
② 内閣は議会の信任に基づいて存立する。
③ 内閣は議会への法案提出権を持たない。
④ 閣僚は議会に議席を持たないのが一般的である。

〔平成22年度 日本留学試験（第2回）総合科目 問20〕

1 この問題を解くために

(1) 議院内閣制の，議会と内閣の関係

日本の例で考えます。内閣は国会（議会）から信任されて成立します。だから，内閣が国会から信頼されなくなってしまうと，内閣は全員辞めなければなりません。内閣は，内閣総理大臣と国務大臣から構成されます。内閣総理大臣も，国務大臣（の過半数）も国会議員の中から選ばれます。

(2) それぞれの選択肢を考えましょう。

① 首相（日本の場合は内閣総理大臣）は議員（日本の場合は国会議員）の中から指名されます。議員を選挙することはできますが，首相を選挙することはできません。
② そのとおりです。
③ 首相（日本の場合は内閣総理大臣）や，国務大臣（議員から選ばれた大臣）は議員ですから，法律の提案を行うことができます。
④ 閣僚は首相や大臣のことです。首相や大臣（議員から選ばれた大臣）は議員ですから，もちろん議会に議席があります。

【議院内閣制】parliamentary cabinet system
【信任】credence
【内閣総理大臣】prime minister
【国務大臣】minister of state
【指名】nomination
【議席】legislative seat

2 こたえ　②

類題1 〔★☆☆〕現在の日本の議院内閣制に関する記述として最も適当なものを，次の①～④の中から一つ選びなさい。

① 内閣は，内閣総理大臣と国務大臣によって構成され，閣議の決定は全員一致による。
② 内閣総理大臣は衆議院議長を兼ねることで，行政権と立法権の融合を図り行政効率を高めている。
③ 内閣総理大臣は，国会開会中には日本を離れることが法律で禁止されており，そのことは外交をおこなう上で大きな制約となっている。
④ 内閣総理大臣は，衆議院を解散する権限を持っているが，対立を避ける政治文化のために実際に行使されたことはない。

〔平成21年度 日本留学試験（第1回）総合科目 問21〕

類題2 〔政経★☆☆〕日本の国会は委員会制を採用しており，委員会での審議と採決の後に本会議で採決がおこなわれる。委員会制についての記述として最も適当なものを，次の①～④の中から一つ選びなさい。

① 日本の国会では，法案は委員会で否決された場合，廃案となるため新しい法律の制定が難しい。
② 委員会は政策領域ごとに設けられており，委員は自らの委員会に関する政策についての専門家となる傾向がある。
③ 委員会では，少人数の議員で審議をおこなうため，専門的な知識を持つ議員がいないことが多く，適切な審議をおこなえないことが多い。
④ 本会議に先立ち委員会で法案の審議と採決がおこなわれるので，本会議では法案の審議は省略される。

〔平成20年度 日本留学試験（第1回）総合科目 問21〕

類題3 〔★★☆〕アメリカの政治制度に関する記述として最も適当なものを，次の①～④の中から一つ選びなさい。

① 連邦制を採用しているが，各州の権限は弱く中央集権的な国家である。
② 司法の力が非常に弱く，違憲立法審査権を持たない。
③ 上院議員は選挙によらず，各州政府からの推薦によって選出される。
④ 大統領は法案に対する拒否権を持っているが，議会の解散権は持っていない。

〔平成21年度 日本留学試験（第1回）総合科目 問20〕

類題4 〔★★☆〕半大統領制（semi-presidential system）とは，議院内閣制と大統領制の混合形態をとる政治制度である。半大統領制を採用している国として最も適当なものを，次の①～④の中から一つ選びなさい。

① 日本　② フランス　③ イギリス　④ アメリカ

〔平成24年度 日本留学試験（第1回）総合科目 問18〕

第3章 現代の政治

テーマ03 選挙と政治参加

1 日本における選挙制度

民主主義の政治では，国民が自分の意思を政治に反映させるために選挙が行われます。

日本で最初に行われた選挙は1889年ですが，このころは，（ ① ）で，しかも国にたくさん税金を払っている人しか選挙に行けませんでした〔＝制限選挙〕。

そして，1925年に税金による制限がなくなり，（ ① ）のすべてに選挙権が与えられました〔＝（ ② ）の実現〕。1945年には（ ③ ）すべてに選挙権が与えられました。

2 衆議院・参議院の選挙制度

▶ 衆議院の選挙制度

衆議院議員は（ ④ ）で選ばれます。衆議院の議席は全部で475ですが〔＝定数〕，小選挙区制で295人選び，（ ⑤ ）制で180人選びます。選挙権を持っている人〔＝（ ⑥ ）〕は，小選挙区制と（ ⑤ ）制それぞれに投票します。

小選挙区制では，全国47都道府県を295に分け〔＝小選挙区〕，それぞれの小選挙区でいちばん多く票を得た人が選ばれます〔＝当選〕。（ ⑥ ）は投票用紙に候補者の名前を書いて投票します。

（ ⑤ ）制では，全国を11のブロックに分け，各ブロックで投票を行います。（ ⑥ ）は投票用紙に政党の名前を書いて投票します。（ ⑤ ）制は（ ⑦ ）式なので，各政党が選挙の前に提出した候補者の名簿の順位にしたがって当選が決まります〔名簿のいちばん上に名前が書いてある人から順に当選〕。各政党で何人当選するかは，各政党が得た票の数に応じて決まります。例えば，A党が900票，B党が600票，C票が300党で全部で6人当選するとした場合，A党が3人，B党が2人，C党が1人当選することになります。

また，小選挙区と（ ⑤ ）の両方の候補者になることが可能です〔＝重複立候補〕。このとき，小選挙区で当選した場合，（ ⑤ ）の候補者名簿から名前が消されます。小選

これだけはわかってね！チェック！

①
②
③
④
⑤
⑥
⑦

挙区で当選しなかった場合, (⑤) で当選するかしないかが決まります。

▶ 参議院の選挙制度

参議院の定数は全部で242ですが, 任期は6年です。参議院は解散がありませんが, 3年ごとにその半数の121人を(⑧) します。

小選挙区制で73人選び, (⑤) 制で48人選びます。(⑥) は, 小選挙区制と (⑤) 制それぞれに投票します。

小選挙区制では, 全国47都道府県〔各都道府県1〜5人ずつ〕から, それぞれの (⑨) でいちばん多く票を得た人が当選します。

(⑤) 制では, 全国1ブロックとして投票を行います。(⑥) は投票用紙に政党または候補者の名前を書いて投票します。

参議院議員選挙の (⑤) 制は (⑩) 式です〔名簿の順番は決まっていません〕。だから, 政党の名前と候補者の名前両方での票の数の合計で, その政党が何人当選するか決まります。いちばん多く票を得た候補者から当選者が決まります。候補者は小選挙区制と (⑤) 制の両方に重複立候補することはできません。

これだけはわかってね！チェック！

⑧
⑨
⑩

第3章 現代の政治　例題類題 03　選挙と政治参加

例題〔★★☆〕現在，日本の衆議院議員選挙で採用されている小選挙区制と比例代表制を組み合わせた制度に関する説明として最も適当なものを，次の①～④の中から一つ選びなさい。

① 大都市部では小選挙区制でおこなわれ，農村部では比例代表制でおこなわれる。
② 内閣不信任案可決による総選挙は，小選挙区制でおこなわれ，それ以外のときは比例代表制でおこなわれる。
③ 比例代表制によって各政党の議席数を確定させ，小選挙区での得票の多い順に各政党の当選者を決定する。
④ 小選挙区制と比例代表制で選出される議員数がそれぞれ決められており，各政党の獲得議席数はそれぞれの制度で獲得した議席数の合計となる。

〔平成21年度 日本留学試験（第1回）総合科目 問22(2)〕

1 この問題を解くために

(1) 小選挙区制と比例代表制について
　小選挙区制は，候補者に投票を行って，いちばんたくさん票を得た候補者（1名）が当選します。比例代表制は，政党に投票を行って，各政党が得た票の数に応じて議席を分けます。小選挙区制・比例代表制それぞれに長所と短所があるので，小選挙区制と比例代表制を組み合わせて選挙が行われます（小選挙区比例代表並立制）。

(2) それぞれの選択肢の内容を考えましょう。
① 選挙は都市や農村に関係なく，小選挙区制と比例代表制を組み合わせて選挙が行われます。
② どんな選挙でも，国会議員を選ぶ選挙では小選挙区制と比例代表制を組み合わせて選挙が行われます。
③ 選挙は小選挙区制と比例代表制を組み合わせて選挙が行われます。議席数は選挙が終わって結果がわかるまで決まりません。
④ そのとおりです。現在，議員定数は全体で475人。小選挙区制で295人，比例代表制で180人選びます。

【小選挙区制】single-seat constituency system
【比例代表制】proportional representation
【議席】legislative seat
【得票】the number of votes obtained
【小選挙区比例代表並立制】小選挙区制と比例代表制を組み合わせて選挙を行うこと。

2 こたえ　④

類題1〔★★☆〕選挙の原則や選挙制度の特徴に関する記述として最も適当なものを，次の①～④のうちから一つ選べ。

① 投票の内容などを他人に知られずに済むことを有権者に保障している選挙は，秘密選挙と呼ばれる。
② 財産や納税額などにかかわりなく，一定の年齢に達した者が選挙権を得られる選挙は，平等選挙と呼ばれる。
③ 比例代表制の特徴として，小選挙区制に比べて，死票が多くなりがちであると言われる。
④ 小選挙区制の特徴として，大選挙区制に比べて，多党制になりやすいと言われる。

〔平成26年度 センター試験 現代社会 本試験33〕

類題2〔★★☆〕次の表は，議会選挙で各政党が得た議席数を示している。過半数の議席を獲得した政党はないので，各政党は連立政権を形成する交渉をおこない，20名の大臣ポストを獲得議席に応じて配分するとする。各政党が自党議員の大臣数を最大にしようと行動する場合の連立政権の組み合わせとして最も適当なものを，次の①～④の中から一つ選びなさい。

政党	議席数
A党	200
B党	140
C党	110
D党	30
E党	20

① A党，B党の連立
② B党，C党の連立
③ B党，C党，D党，E党の連立
④ B党，C党，E党の連立

〔平成20年度 日本留学試験（第2回）総合科目 問18〕

類題3〔★★☆〕日本の国会議員選挙における問題点の対策として最も適当なものを，次の①～④の中から一つ選びなさい。

① 無責任な投票が増えているので，記名投票が進められている。
② 政府の選挙への介入がなかなか改まらないので，選挙の民営化が進められている。
③ 政治問題が複雑化し，投票率が下がる傾向が見られるので，投票の義務化が進められている。
④ 都市化の進展によって，都市と地方との間の一票の価値が不平等になりつつあるので，選挙区の定数増減はおこなわれている。

〔平成19年度 日本留学試験（第2回）総合科目 問22〕

第3章 現代の政治　これだけはわかってね！　テーマ04　日本国憲法の制定とその原理

1 大日本帝国憲法（明治憲法）

　日本で最初につくられた憲法は，1889年につくられた大日本帝国憲法（明治憲法）です。大日本帝国憲法は（ ① ）によってつくられました。（ ① ）は国王の権力が強い（ ② ）の憲法を参考にして大日本帝国憲法をつくりました。

　大日本帝国憲法では天皇に主権があります。大日本帝国憲法でも政治権力は議会〔＝立法〕・内閣〔＝行政〕・裁判所〔＝司法〕に分かれていましたが，それらはすべて天皇が指揮，監督することになっていました。

　国民には（ ③ ）権や請求権も「（ ④ ）」〔つまり，法律によって権利の範囲を狭くすれば，どれだけでも人権を制限できる〕で認められていましたが，それは自然権〔人間が生まれた瞬間から持っている権利〕としてではなく，天皇から与えられた権利とされていました。なお，義務として（ ⑤ ）〔軍隊に入ること〕と（ ⑥ ）〔税金を払うこと〕が決められていました。

　このように，大日本帝国憲法は民主主義としては不十分なところがありました。

2 日本国憲法ができるまで

　第二次世界大戦に負けた日本は，（ ⑦ ）を受け入れました。（ ⑦ ）は日本を民主主義の国にすること，人権を保障することを求めるものでした。だから新しい憲法をつくる必要があったのです。

　（ ⑦ ）を受け入れた日本は，連合国軍総司令部（GHQ；General Headquarters）に占領されました。GHQは大日本帝国憲法のかわりに新しい憲法をつくるように日本政府に指示しました。そこで政府は憲法問題調査委員会をつくり，新しい憲法を考えました〔＝松本案〕。

　しかし，松本案は大日本帝国憲法とあまり変わらなかったので，GHQは松本案を認めませんでした。GHQは最高司令官であるマッカーサー（Douglas MacArthur）の意見を反映したマッカーサー草案をつくって，日本政府に提示しました。

これだけはわかってね！チェック！

①
②
③
④
⑤
⑥
⑦

日本政府はこのマッカーサー草案をもとにして新しい憲法の案をつくりなおしました。この案を帝国議会で話し合い，不十分なところをなおして，日本国憲法が完成しました。日本国憲法は1946年11月3日に公布され〔新しい憲法が国民に知らされた〕，1947年5月3日から施行されました〔この日から実際にその憲法が使われた〕。

これだけはわかってね！チェック！

⑧
⑨
⑩

3 日本国憲法の特徴

　日本国憲法では，主権は国民にあります。天皇は日本や日本国民がひとつにまとまっていること〔＝統合〕の（　⑧　）となり，政治に関係することはできなくなりました。〔⇒国民主権〕

　また，日本国憲法では，人権について「（　⑨　）」〔生まれた瞬間から持っている権利〕として社会権を含め，基本的人権を保障しています〔⇒基本的人権の尊重〕。

　そして日本国憲法では，戦争をしないこと，戦争をするための軍隊や武器を持たないこと，日本とほかの国が戦争をする権利〔＝（　⑩　）〕を認めないことを約束しています〔⇒平和主義〕。

第3章 現代の政治　例題類題　テーマ04　日本国憲法の制定とその原理

例題〔★★☆〕日本国憲法に関する記述として最も適当なものを，次の①～④の中から一つ選びなさい。

① 日本国憲法のおよそ3分の1の条文は，大日本帝国憲法から引き継がれている。
② 日本国憲法の三大基本原理は，国民主権，基本的人権の尊重，平和主義である。
③ 日本国憲法の改正には，衆参両院の総議員の過半数の賛成と，国民による有効投票のうち3分の2以上の賛成が必要とされている。
④ 日本国憲法は，国の義務および国民の権利を定めたもので，国民の義務についての条文はない。

〔平成23年度 日本留学試験（第1回）総合科目 問21〕

1 この問題を解くために

★ それぞれの選択肢の内容を考えましょう。

① 日本国憲法は大日本帝国憲法を改正するというかたちがとられましたが，実際は大日本帝国憲法を捨てました。大日本帝国憲法は天皇に主権があります。しかし日本国憲法は国民に主権があります。だから2つはまったくちがう内容の憲法です。
② そのとおりです。三大基本原理は，日本国憲法をつくるときに，最も基本的で重要な3つの方針になります。
③ 日本国憲法を改正するためには，衆議院・参議院それぞれのすべての議員のうち，3分の2以上の賛成（改正することに賛成）が必要です。そのあと，国民投票を行って，過半数以上の賛成が得られれば改正できます。
④ 日本国憲法には国民の義務について書かれています。日本国民の義務は，教育（普通教育を受けさせる）の義務，勤労（働く）の義務，納税（税金を払う）の義務の3つです。

【大日本帝国憲法】Meiji Constitution (Constitution of the Empire of Japan)

【国民主権】popular sovereignty

2 こたえ　②

類題1〔★☆☆〕1889年に発布された大日本帝国憲法は，プロイセン（Prussia）の憲法理論を参考とした。その理由として最も適当なものを，次の①〜④の中から一つ選びなさい。

① 厳格な権力分離を規定した憲法だったから。
② 君主の権限が強い憲法だったから。
③ 二院制を規定していた憲法だったから。
④ 世界で初めて社会権を認めた憲法だったから。

〔平成20年度 日本留学試験（第2回）総合科目 問25〕

類題2〔★★☆〕日本国憲法に関する記述として最も適当なものを，次の①〜④の中から一つ選びなさい。

① 日本国憲法は，天皇や公務員に憲法を尊重し擁護する義務を課している。
② 日本国憲法は，改正が容易な軟性憲法とされている。
③ 日本国憲法は，戦争の放棄を定めた条文から始まる。
④ 日本国憲法に抵触する法律を制定するためには，国会で3分の2以上による賛成を必要とする。

〔平成24年度 日本留学試験（第1回）総合科目 問21〕

類題3〔★★☆〕大日本帝国憲法の下での国家機構に関する記述として最も適当なものを，次の①〜④の中から一つ選びなさい。

① 地方分権が徹底されており，中央政府は国防と治安維持，外交のみをおこなうことになっていた。
② 予算編成権は内閣に属しており，議会の議決によらず政府は自由に予算の編成，執行ができた。
③ 貴族院が最高司法機関として位置づけられており，司法権の独立がなされていなかった。
④ 貴族院と衆議院からなる二院制が採用され，衆議院議員は選挙によって選出された。

〔平成25年度 日本留学試験（第1回）総合科目 問29〕

第3章 現代の政治　これだけはわかってね！　テーマ05　基本的人権

1 基本的人権とは？

日本国憲法では，基本的人権が保障されています。基本的人権とは生まれながらに持っている固有の権利〔＝人間が生まれた瞬間から持っている権利〕で，「（ ① ）」〔だから，ほかの人や政府などが国民の権利を制限することができない〕です。ただし（ ② ）〔社会全体が幸せ，社会全体の利益〕のために人権が制限されるときがあります。基本的人権には，自由権・平等権・社会権・参政権・請求権の5つがあります。このほかに，日本国憲法には書いてありませんが，社会の変化にともなってできた新しい人権があります。

(1) 自由権

- （ ③ ）の自由：考えたり，考えたことを表現する自由。
  - 思想・良心の自由：自由に考えたり，自分の良心〔自分なりに正しいか正しくないか，良いか悪いかを考え，判断して，正しくないことや悪いことをやめること〕にしたがう自由。
  - 信教の自由：どのような宗教を信じてもよい。
  - 表現の自由：集会〔同じ考えを持つ人たちが集まること〕・結社〔同じ考えを持つ人たちが集まって，グループをつくること〕・言論〔自分の意見や考えを話したり書いたりすること〕・出版〔自分の意見や考えを本などにして出すこと〕を自由にしてよい。
  - 学問の自由：どのような研究や学問をしてもよい。
- （ ④ ）の自由：理由もなく逮捕されたりするのをふせぐために，憲法で保障されている。
  - 法定手続きの保障：法律で決められた手続きをしないと，逮捕されたり刑罰を受けたりすることはない。また，逮捕したり，刑罰を与えたりするまえに，どのような犯罪にどのような罰を与えるかが決められていることが必要〔＝（ ⑤ ）〕。
  - 裁判所が出す（ ⑥ ）がないと逮捕できない。
  - 拷問や残虐な刑罰の禁止。また（ ⑦ ）〔自分にとって都合が悪くなるようなことはいわなくてもよい〕が認められている。

これだけはわかってね！チェック！

①
②
③
④
⑤
⑥
⑦

- 裁判を受ける権利。また，被疑者／被告人〔＝逮捕された人，裁判を受ける人〕は弁護人を頼むことができる。
- （ ⑧ ）の自由：ただし（ ② ）によって制限されている。
  - 居住〔場所を決めて住むこと〕・移転〔ひっこすこと〕，
- （ ⑨ ）の保証：自分の物やお金〔＝私有財産〕を持つことができ，ほかの人や政府が勝手にとることはできない。

(2) 平等権
- （ ⑩ ）：人種・性別・身分・出身地などで差別されない。また，政治的にも経済的にも差別されることはない。
- 選挙権の平等：18歳以上であれば，誰にでも選挙権が与えられる。

これだけはわかってね！チェック！

⑧
⑨
⑩

(3) 社会権
- （ ⑪ ）：「（ ⑫ ）で（ ⑬ ）な最低限度の生活」をする権利。この権利に基づいて，生活保護などの社会保障政策が行われている。
- 教育を受ける権利。また，子どもを持つ親など保護者には（ ⑭ ）義務がある。小学校・中学校の9年間〔＝義務教育〕は無料で教育を受けることができる。
- 労働基本権
  ▶ （ ⑮ ）：人間らしく生きるためには，働いてお金を得る必要がある。国は（ ⑮ ）を実現するために，失業対策などを行わなくてはならない。
  ▶ 労働三権：働く場所を守ったり，働く条件をよりよくするために，3つの権利が保障されている。（ ⑯ ）〔会社の経営者など雇用主と交渉するためにグループをつくったり，そのグループに参加することができる〕・団体交渉権〔そのグループは労働条件などについて雇用主と交渉できる〕・団体行動権〔そのグループは雇用主に対していろいろな行動ができる。例えば，ストライキなど〕。

(4) 参政権
- 公務員選定・罷免権：公務員を選挙で選んだり，辞めさせたりすることができる権利。
- 最高裁判所の裁判官の（ ⑰ ）〔最高裁判所の裁判官のなかで，辞めさせたい裁判官を選ぶ〕。
- （ ⑱ ）：地方自治体〔＝都道府県や区市町村〕で，その地域に住む人たちに投票してもらって重要なことを決める。
- 国民投票：日本国憲法を変えるには，日本国民の半分以上が憲法を変えることに賛成しなければならない。

これだけはわかってね！チェック！

⑪
⑫
⑬
⑭
⑮
⑯
⑰
⑱

(5) 請求権
- 請求権：国や地方自治体に対して，法律をつくったり，なおしたり，やめたりすることを求めることができる。
- 国家賠償請求権：公務員が犯罪や事件などを起こしたときに，国や地方自治体に対して損害賠償〔お金を払うこと〕を求めることができる。
- 裁判を受ける権利。
- 刑事補償請求権：逮捕されたあと，裁判で無罪になったときに，国に補償〔お金を払うこと〕を求めることができる。

2 新しい人権

日本国憲法で決められているわけではありませんが，社会の変化にともなって新しく認められた人権があります。
- （ ⑲ ）：国にじゃまされずに，自由に情報を得ることができる。また，国や地方自治体が持っている情報をみせるように求めることができる。また，この権利に応えるために，地方自治体では情報公開条例がつくられ，政府でも情報公開法がつくられた（1999年）。
- （ ⑳ ）の権利：自分に関する情報は自分で管理する。2003年には個人情報保護法ができて，政府や地方自治体のほか民間の企業でも，個人の情報をしっかり管理しなければならないとされた。
- 環境権：よい環境で生活する権利。

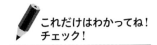

これだけはわかってね！
チェック！

| ⑲ |
| ⑳ |

| 第3章 | 現代の政治 | 例題類題 05 | 基本的人権 |

例題〔★★☆〕日本における基本的人権や国民の権利に関する記述として最も適当なものを，次の①～④の中から一つ選びなさい。

① 思想や言論の自由は自由権に，財産権や職業選択の自由は社会権に属する。
② 環境権やプライバシー権，知る権利など，憲法に規定されていない諸権利は，新しい人権と呼ばれる。
③ 日本国憲法では，団結権・団体交渉権は認められているが，団体行動権は認められていない。
④ 日本国憲法は，子どもに教育を受けさせることを国民の義務としているが，教育を受ける権利については規定していない。

〔平成23年度 日本留学試験（第2回）総合科目 問21〕

1 この問題を解くために

★ それぞれの選択肢の内容を確認しましょう。
① 財産権（財産を持つ権利）や職業選択の自由は「経済の自由」に含まれますので，自由権です。
② そのとおりです。「知る権利」は（国にじゃまされることなく）自由に情報を得る権利です。「プライバシー権」は自分についての情報を自分で管理する権利です。「環境権」はよい環境で生活する権利です。
③ 団結権（働く人たちが団結して，グループをつくる権利）・団体交渉権（そのグループが要求を通すために企業と交渉を行う権利）・団体行動権（企業との交渉がうまくいかなかった場合，ストライキなどの行動を行う権利）は「労働三権」と呼ばれ，社会権として日本国憲法で認められています。
④ 教育を受ける権利は社会権に属しています。もちろん日本国憲法に書かれています。

【自由権】civil liberties
【財産権】the right to own property; property rights
【社会権】social right (legal); economic right
【環境権】environment right
【プライバシー権】right of privacy
【知る権利】the 《public's》right to know; the right to free access to information
【団結権】the right to organize
【団体交渉権】the right to collective bargaining
【団体行動権】collective action rights

2 こたえ ②

類題1 〔★★☆〕社会権に関する説明として最も適当なものを，次の①〜④の中から一つ選びなさい。

① 黙秘権の保障や財産権の不可侵が含まれる。
② 生存権や教育を受ける権利が含まれる。
③ 社会契約説を基に確立された。
④ フランス革命後のフランスで最初に確立された。

〔平成21年度 日本留学試験（第1回）総合科目 問23〕

類題2 〔★★☆〕日本国憲法では，基本的人権の一つとして，国家が個人の生存の維持・発展に必要な諸条件の確保に責任を負う社会権が保障されている。社会権の例として最も適当なものを，次の①〜④の中から一つ選びなさい。

① 政治に参加する権利　　② 労働者の団体交渉権
③ 集会・結社の自由　　　④ 拷問・残虐な刑罰の禁止

〔平成23年度 日本留学試験（第1回）総合科目 問22〕

類題3 〔★★☆〕参政権に関する記述として誤っているものを，次の①〜④の中から一つ選びなさい。

① 日本の場合，若い世代の投票率のほうが低い。
② 参政権には選挙権だけでなく，被選挙権，公務就任権，罷免権などが含まれる。
③ 世界で最初に国政レベルでの女性参政権を認めたのはニュージーランド（New Zealand）である。
④ 選挙権も含む参政権はあくまでも権利であって，それを国民の義務と規定している国は存在しない。

〔平成21年度 日本留学試験（第2回）総合科目 問20〕

類題4 〔★★☆〕日本における「新しい人権」に関する記述として最も適当なものを，次の①〜④の中から一つ選びなさい。

① 国際条約によって保障されるようになった人権のことである。
② 1980年代以降，憲法に新しく明記された人権のことである。
③ 健康で文化的な最低限度の生活を営む権利は，新しい人権に含まれる。
④ 知る権利は新しい人権に含まれ，情報公開法がこの権利を支えている。

〔平成22年度 日本留学試験（第2回）総合科目 問23〕

第3章 現代の政治

これだけはわかってね！　テーマ06　中央と地方

1 地方自治の基本的な考え方

「地方自治は（　①　）」です〔ブライス（James Bryce）のことば。ブライスはイギリスの政治学者〕。民主主義とはどのようなことかを，地方自治〔自分たちの住む地域の政治を，自分たちが行うこと〕を通して学んでいくからです。

地方自治には，（　②　）と（　③　）があります。

（　②　）の「団体」とは，（中央の）政府から独立した（　④　）〔＝都道府県・市町村〕のことです。この（　④　）が自治を行うことを（　②　）といいます。

（　③　）は，（　⑤　）に基づいて自治を行うことです。（　⑥　）〔都道府県知事・市町村長〕や地方議会の議員は住民〔＝その地域に住んでいる人たち〕の選挙で選ばれます。また，住民は（　⑦　）〔＝（　④　）がつくった法〕をつくることを求めたり，（　⑥　）や議員を辞めさせるように求めるなどの（　⑧　）を持っています。

2 地方自治のしくみ

（　④　）には，地方議会〔都道府県議会・市町村議会〕と（　⑥　）があります。

地方議会は一院制です。議員は一度選ばれると4年間できます。（　⑦　）をつくったり，なおしたり，やめたりできます。また，予算を決めることもできます。そして，（　⑥　）に対して（　⑨　）〔（　⑥　）に政治を任せることができない，という意志を表す。（　⑥　）が（　⑨　）を受けた場合，（　⑩　）以内に議会を解散するか，自分が（　⑥　）を辞めなければいけない〕をすることができます。

3 直接請求権

（　⑧　）は，住民が地方の政治に直接参加する権利です。（　⑦　）をつくることを求めたり，（　⑥　）や議員を辞めさせるように求めることができます〔右の表をみてください〕。

これだけはわかってね！チェック！

①
②
③
④
⑤
⑥
⑦
⑧
⑨
⑩

	請求の種類	必要な署名数	請求先	
イニシアティブ〔住民発案〕	（ ⑦ ）の制定・改正・廃止〔つくったり，なおしたり，やめたりすること〕	有権者〔18歳以上の人々〕の50分の1以上	（ ⑥ ）	議会で半数以上の賛成があれば決定。
	事務の監査〔お金が正しく使われているかどうかを確かめる〕		（ ⑫ ）	監査の結果を公表。
（ ⑪ ）〔解職請求〕	議会の解散	有権者の3分の1以上	（ ⑬ ）	（ ⑭ ）を行って，住民の半数以上の賛成があれば，議会の解散または（ ⑥ ）の解職
	議員・（ ⑥ ）の解職〔辞めさせること〕			

4 地方分権

日本の地方自治は（ ⑮ ）と呼ばれています。自治体のお金や仕事は全体の3割程度しかなく，残りは政府からもらったお金や仕事だからです。地方自治体が使えるお金は，自分で集めたお金〔＝自主財源〕である（ ⑯ ）は全体の約40％です。ほかは国から与えられるもの〔＝依存財源〕で，（ ⑰ ）〔自治体によってお金がどれだけ集まるかに差が出るため，その差をできるだけ小さくするために国から与えられるお金〕と（ ⑱ ）〔地方が行う事業のために国が出すお金〕があります。また，地方自治体による借金〔＝（ ⑲ ）〕もあります。

この（ ⑮ ）の状態をなくすために，1995年に地方分権推進法，1999年には地方分権一括法がつくられました。2004年には「（ ⑳ ）」〔（ ⑰ ）や（ ⑱ ）を減らし，国税を減らして（ ⑯ ）を増やす〕が提案されました。

この結果，国と地方の関係も，国が地方に仕事を与え，命令するというような上下関係ではなく，対等な関係になってきました。また，地方自治体も使えるお金を増やすために（ ㉑ ）をすすめています〔いくつかあった市町村がひとつになると，職員などが減って，コストが減ります〕。

これだけはわかってね！チェック！

⑪
⑫
⑬
⑭
⑮
⑯
⑰
⑱
⑲
⑳
㉑

第3章 現代の政治　例題類題　テーマ06　中央と地方

例題〔★★☆〕日本における地方自治に関する記述として最も適当なものを，次の①〜④の中から一つ選びなさい。

① 都道府県知事，市町村長は独自の判断で条例を制定し，執行することができる。
② 都道府県知事，市町村長はともに，住民による選挙で選ばれる。
③ 内閣総理大臣は，市町村長を解職できるが，都道府県知事は解職できない。
④ 住民の求めに応じて，裁判所が地方議会選挙や首長選挙を無効にすることをリコールという。

〔平成22年度 日本留学試験（第1回）総合科目 問24〕

1 この問題を解くために

★ それぞれの選択肢の内容を考えましょう。
① 「条例」は，それぞれの都道府県や市町村が自主的につくる法です（ただし，法律の範囲内でつくります）。条例はその都道府県や市町村だけで行われます。知事や市町村長は，条例の執行（その条例を実施すること）はできますが，条例を制定する（条例をつくる）ことはできません。条例を制定することができるのは議会です。
② そのとおりです。
③ 市町村長や都道府県知事の解職（辞めさせること）ができるのは，その都道府県や市町村に住んでいる住民です（住民がリコールを行うことができます）。
④ リコールは首長（都道府県知事や市町村長）や議員の解職（辞めさせること）を要求することです。でも，選挙を無効（なかったことにする）ことはできません。

【条例】ordinance
【解職】dismissal
【リコール】recall

2 こたえ　②

類題1 〔★☆☆〕日本の地方自治制度においては，重要事項に関して住民の意思を地方自治に反映させるために，直接請求権が認められている。直接請求権によって要求できないものを，次の①～④の中から一つ選びなさい。

① 地方議会の解散　　② 所得税の減免　　③ 事務の監査　　④ 条例の制定・改廃

〔平成25年度 日本留学試験（第1回）総合科目 問22〕

類題2 〔★☆☆〕日本において地方自治体が制定する条例に関する説明として最も適当なものを，次の①～④の中から一つ選びなさい。

① 条例は地域の教育と福祉の分野に関してのみ制定できる。
② 条例の制定には，国会の承認が必要である。
③ 条例は法律の範囲内で制定されなければならない。
④ 条例の制定には，住民投票での過半数の同意が必要である。

〔平成22年度 日本留学試験（第1回）総合科目 問22〕

類題3 〔★★☆〕日本の地方自治に関する記述として最も適当なものを，次の①～④の中から一つ選びなさい。

① 日本の地方自治体では，自治体の長は地方議会での間接選挙によって選ばれる。
② 日本国憲法は，国民が住んでいる地域によって差が生じないように，内閣総理大臣が都道府県知事を任命し，国の政策を忠実に実行することを求めている。
③ 一定数の住民の賛成があれば住民投票にかけて地方自治体の長を解職することができるが，議員の解職はできない。
④ 国が一つの地方自治体にのみ適用する特別法を制定する場合には，その自治体における住民投票で過半数の同意が必要とされている。

〔平成18年度 日本留学試験（第2回）総合科目 問23〕

類題4 〔★★☆〕各国の地方自治に関する記述として最も適当なものを，次の①～④の中から一つ選びなさい。

① アメリカでは，独立当初，連邦政府に徴税権や様々な経済規制権限を与えた集権的な体制をとったが，南北戦争後分権的な連邦制を採用した。
② イタリアでは，第二次世界大戦（WWⅡ）後一貫して南北の経済格差が大きかったため，1970年代以降中央政府の権限を強める集権化をおこなってきた。
③ ドイツでは，中世のハンザ同盟（the Hanseatic League）以来多くの自治都市が存在したが，これらの都市は現在でも国家から独立した強い自治権を有している。
④ 日本では，1990年代以降，政府は市町村合併によって地方自治体の力を強めようとしている。

〔平成19年度 日本留学試験（第2回）総合科目 問28〕

第4章 国際社会 これだけはわかってね！ テーマ01 国際経済

1 貿易のかたち

貿易には，国から制限されたり守られたりすることがない自由貿易と，ほかの国から輸入した商品に高い税金〔＝関税〕をかけて，自分の国の商品を守ったり，輸入する商品にいろいろな制限をかける保護貿易があります。

先進国は貿易でたくさんのお金をやりとりしています〔＝貿易額が大きい〕。しかし，最近は（ ① ）が輸出額〔ほかの国に商品を輸出して得たお金〕も輸入額〔ほかの国から商品を輸入して払ったお金〕もかなり大きくなってきました。（ ② ）も日本も，（ ① ）がいちばん大きな貿易の相手です。

2 国際収支

国際収支とは，国が一年間に行う外国との間のお金のやりとり〔受け取りと支払い〕です。理由に関係なく，お金が日本に入ってくればプラス（＋）〔＝「受け取り」〕，お金が日本から出ていけばマイナス（－）〔＝「支払い」〕で表します。最終的に受け取りと支払いの合計がプラスになれば黒字，マイナスになれば赤字です。

国際収支は，大きく分けて，物やサービスの取引〔物やサービスを売ったり買ったりして起こるお金の動き〕である（ ③ ）と，資産や債務〔借金〕の動きを表す（ ④ ）があります。

一般的に，（ ③ ）が黒字になるとその分を海外に投資したり貸したりして資本が日本から出ていくため（ ④ ）は赤字になります。（ ③ ）が赤字になると，その分を外国から借りるので（ ④ ）は黒字になります。だから，国際収支の合計は必ず0になります。

これだけはわかってね！チェック！

①
②
③
④

3 国際収支表の項目

(1) 経常収支
- 貿易収支：（ ⑤ ）を輸出したり輸入したりして起こる，お金の受け取りや支払い。例えば自動車。
- サービス収支：商品などの輸送，（ ⑥ ），通信，保険などサービスを輸出したり輸入したりして起こる，お金の受け取りや支払い。
- 所得収支：外国で働いてもらう給料など〔＝雇用者報酬〕や，海外へ投資して得られた利子や配当など〔＝投資収益〕。
- 経常移転収支：食料や医薬品などを，お金をもらわないで相手国にあげる（ ⑦ ）や国際機関への拠出金。

(2) 資本収支
- 投資収支
  ▶ （ ⑧ ）：海外に工場を建てたりするなど。
  ▶ 間接投資（証券投資）：外国の企業の株を，（ ⑨ ）をもらうことを目的に買ったりすることなど。外国企業の経営に参加することが目的の場合は（ ⑧ ）になる。
  ▶ 金融派生商品：先物取引など，将来，商品を売ったり買ったりすることを約束するもの。
  ▶ その他投資
- その他資本収支：資本（道路やダムなど）をつくるための（ ⑦ ）など。

(3) 外貨準備増減

　　貿易では，お金のやりとりは，ふつう外国のお金〔＝外貨〕で行われる。お金をやりとりして黒字なら日本に外貨が残る。

(4) 誤差脱漏：計算が合わない，記録が抜けているなど。

これだけはわかってね！チェック！

⑤
⑥
⑦
⑧
⑨

4 日本の国際収支

- 日本の国際収支の特徴〔右表〕

▶ 日本は，長い間，（ ⑩ ）は黒字でした。しかし2011年は東日本大震災（regarding the Great East Japan Earthquake）の影響で赤字になっています。まず，東北の工場や企業が被害にあったため，輸出が減りました。また，福島第一原子力発電所（Fukushima I Nuclear Power Plant）の事故の影響で，日本にある原子力発電所が使えなくなり，代わりに火力発電を使うようになったので，石油や天然ガスなどをたくさん輸入するようになったためです。

▶ ODA〔政府開発援助〕を多く行っているため，ほかの国への援助である（ ⑪ ）とその他資本収支は赤字です。

▶ 外国への投資をたくさん行っているので，投資収支や（ ④ ）は赤字です。しかし，投資した結果（もうけ）として，利子や配当はどんどん日本に入ってきているので，（ ⑫ ）は黒字です。

▶ つまり，日本は貿易でお金をかせぐ（ ⑬ ）から，投資をしてお金をかせぐ（ ⑭ ）に変わってきています。

これだけはわかってね！チェック！

⑩
⑪
⑫
⑬
⑭

〈日本の国際収支の推移（2008年〜2012年）〉

			2008年	2009年	2010年	2011年	2012年
1. 経常収支			166,618	137,356	178,879	95,507	48,237
	前年差		△82,724	△28,262	+41,523	△83,372	△47,271
	前年比		△33.2	△17.6	+30.2	△46.6	△49.5
	貿易・サービス収支		18,899	21,249	65,646	△33,781	△83,041
		前年差	△79,353	+2,349	+44,398	△99,427	△49,261
	貿易収支		40,278	40,381	79,789	△16,155	△58,141
		前年差	△82,946	+103	+39,409	△95,954	△41,976
		前年比	△67.3	+0.3	+97.6	赤字転化	3.6倍
	輸出		773,349	508,572	639,218	627,248	614,421
	輸入		733,071	468,191	559,429	643,412	672,562
	サービス収支		△21,379	△19,132	△14,143	△17,616	△24,900
		輸送	△7,316	△8,383	△6,623	△8,881	△12,119
		旅行	△17,631	△133,886	△12,875	△12,963	△10,617
		その他サービス	3,569	3,137	5,366	4,229	△2,164
	所得収支		161,234	127,742	124,149	140,384	142,723
		直接投資収益	38,116	34,802	28,513	38,218	42,142
		証券投資収益	113,278	87,922	89,930	95,386	93,960
	経常移転収支		△13,515	△11,635	△10,917	△11,096	△11,445
2. 資本収支			△183,895	△142,678	△176,971	11,722	△81,878
	投資収支		△178,312	△138,025	△172,630	11,440	△81,074
	直接投資（ネット）		△107,074	△58,725	△50,487	△87,275	△96,401
		対外直接投資	△132,320	△69,896	△49,388	△85,872	△97,782
		対内直接投資	25,248	11,171	△1,099	△1,403	1,382
	証券投資（ネット）		△243,218	△212,549	△162,361	152,965	△51,160
		対外証券投資	△139,762	△163,036	△258,341	△61,228	△146,966
		株式	△64,149	△30,302	△20,574	△9,288	21,351
		中長期債	△73,299	△131,736	△240,405	△59,258	△170,484
		短期債	△2,334	△997	2,638	7,318	2,165
		対内証券投資	△103,436	△49,513	95,980	241,193	85,808
		株式	△74,641	9,642	29,197	5,507	23,512
		中長期債	△44,191	△77,117	4,375	41,752	27,195
		短期債	15,396	17,962	52,408	166,934	35,100
	金融派生商品（ネット）		24,562	9,487	10,262	13,470	△5,903
	その他投資（ネット）		145,100	122,472	29,954	△67,798	82,505
		その他投資（資産）	16,568	182,443	△84,120	△107,615	△47,333
		その他投資（負債）	128,531	△59,971	114,075	39,816	129,838
	その他資本収支		△5,583	△4,653	△4,341	282	△804
		資本移転	△3,872	△2,385	△3,285	375	172
3. 外貨準備増減			△32,001	△25,266	△37,925	△137,897	30,518
4. 誤差脱漏			49,279	30,587	36,017	30,569	3,126

日本銀行国際局BOGから

第4章 国際社会　例題類題　テーマ01　国際経済

例題〔★★☆〕国際収支について述べた文として正しいものを，次の①～④の中から一つ選びなさい。

① 所得収支には，ODAなどの無償援助の資金や国際機関への出資金が含まれる。
② 資本収支には，資本輸入に伴う利子収入や配当金の受け取りなどが含まれる。
③ 貿易収支には，外国貿易の輸送費や海外旅行などの交通費が含まれる。
④ 経常収支は，貿易収支，サービス収支，所得収支，経常移転収支の合計額である。

〔平成20年度 日本留学試験（第1回）総合科目 問11〕

1 この問題を解くために

★ それぞれの選択肢が正しいかどうか考えましょう。
① 無償援助（あまりお金を持っていない国にお金をあげる。返さなくてもよい）や国際機関への出資金（国連など国際機関のために出すお金）は，「所得収支」ではなく「経常移転収支」です。
② 利子や配当金は「所得収支」に含まれます。「資本収支」には投資（株式を買ったり，道路をつくったりすること）をするときのお金のやりとりが含まれます。
③ 輸送費や海外旅行の交通費は商品（物）ではありませんから，「サービス収支」に含まれます。
④ そのとおりです。

【国際収支】balance of international payments
【配当】a dividend
【経常収支】a current balance
【経常移転収支】current transfers
【国連（国際連合）】United Nation

2 こたえ　④

類題1〔★☆☆〕次の文章中の空欄a～cに当てはまる語の組み合わせとして最も適当なものを，下の①～④の中から一つ選びなさい。

商品の輸出入や資金の流出入などといった国際取引にともなって，一国が一定の期間におこなった貨幣の受け取りと支払いの差額を　a　という。この　a　は，財やサービスの動きを示す　b　と資産や債務の動きを示す　c　に大別される。

① a 経常収支　b 資本収支　c 国際収支　　② a 国際収支　b 経常収支　c 資本収支
③ a 所得収支　b 貿易収支　c 投資収支　　④ a 貿易収支　b 国際収支　c 経常収支

〔平成18年度 日本留学試験（第2回）総合科目 問10(1)〕

類題2〔★☆☆〕次の表は，ある国の国際収支を示したものである。この国の経常収支として正しいものを，下の①～④の中から一つ選びなさい。

項目	金額
財の輸出	500
財の輸入	350
サービス収支	−50
経常移転収支	−10
直接投資収支	−30
証券投資収支	−150
その他資本収支	−10

注）−は赤字を示す。

① 90の黒字
② 790の黒字
③ 100の赤字
④ 210の赤字

〔平成25年度 日本留学試験（第1回）総合科目 問7〕

類題3〔★★☆〕次の表は，4か国A～Dの貿易収支の推移を示したものである。表中のA～Dに当てはまる国名の組み合わせとして最も適当なものを，下の①～④の中から一つ選びなさい。

単位：億ドル

国名	1995年	2000年	2005年	2007年	2008年
A	1,072.3	997.4	790.8	920.8	194.6
B	167.0	241.1	1,020.0	2,624.8	2,958.4
C	−1,861.1	−4,773.8	−8,316.2	−8,722.0	−8,820.5
D	595.9	546.1	1,938.4	2,662.3	2,580.7

『世界統計白書2010年版』より作成

① A 日本　B 中国　C アメリカ　D ドイツ　　② A アメリカ　B ドイツ　C 日本　D 中国
③ A ドイツ　B 日本　C 中国　D アメリカ　　④ A 中国　B ドイツ　C アメリカ　D 日本

〔平成23年度 日本留学試験（第1回）総合科目 問2(3)〕

第4章 国際社会 これだけはわかってね！ テーマ02 円高と円安

1 外国為替

　ある国の通貨と，ほかの国の通貨を交換することを外国為替といいます。貿易をするとき，お金を払ったり受け取ったりするために，自分の国のお金と相手の国のお金とを交換しなければなりません。

　日本とアメリカが貿易をするときは円とドル（$）を交換します。1ドルと交換するには何円払わなければならないか，その比率を外国為替相場（為替レート）といいます。

2 固定相場制から変動相場制へ

　為替レートの決め方〔例えば，1ドルを何円にするか決める〕には2つ方法があります。

　ひとつは，1ドル＝360円に決めて，変えないという方法です〔＝固定相場制〕。もうひとつは，需要と供給の関係に任せて自由に決めるという方法です〔＝変動相場制〕。固定相場制はアメリカのドルだけが金と交換できるようにして〔1945年ごろは金約30 g＝35 $〕，ほかの国の通貨とドルは決めてしまうという方法です〔＝金・ドル本位制〕。ドルだけが金と交換できるので，ドルは（　①　）と呼ばれました。このシステムは（　②　）といいます。

　しかし，1950年代はベトナム戦争（Vietnam War）や貿易赤字で，アメリカからドル（dollar）が出ていきました。アメリカに輸出している国には，アメリカからドルが入ってきましたが，アメリカの国際収支が赤字になっているのをみて心配になり，ドルを金と交換しました。その結果，アメリカから金がなくなっていきました。そして，1971年，（　③　）はドルを守るために金とドルの交換をやめました〔＝（　④　）〕。

　その後，金・ドル本位制を続けようと努力が行われましたが，結局，アメリカの国際収支は赤字のままだったのでうまくいかず，世界各国は1973年に変動相場制になりました〔1976年，（　⑤　）が変動相場制を認めました〕。

これだけはわかってね！チェック！

①
②
③
④
⑤

3 円高と円安とその影響

変動相場制では，外国為替レートは（ ⑥ ）と（ ⑦ ）によって変わります。

円で考えると，円の（ ⑥ ）が増える〔円が欲しい人が増える〕と円の相場が上がります。これを円高といいます。円の（ ⑥ ）が減る〔円がほしい人が減る〕と円の相場が下がります。これを円安といいます。

(1) 円高とその影響

円高のとき，（ ⑧ ）はしやすいですが（ ⑨ ）はしにくいです。（ ⑨ ）しても，相手の国でその商品を売るとき，値段が高くなってしまうからです。

例えば，100円の商品を中国に売るとき，1元（RMB）＝20円なら中国での価格は5元ですが，1元＝10円になると中国での価格は10元になってしまいます。中国で日本の商品を買う人にとっては2倍も値上がりしたことになります。

このように，円高になると，日本製品の値段が高くなるので（ ⑨ ）しても売れません。日本にお金が入ってこなくなりますし，（ ⑨ ）産業〔自動車や家電，コンピューターなど〕は経営が難しくなります。流通通貨量が減るので不況・デフレになります〔＝円高不況〕。

また，日本から中国に旅行するときを考えてみましょう。もし10,000円中国に持っていくとすると，1元＝20円のときは元に交換したとき500元です。しかし，1元＝10円になると，1,000元になります。かなりお得です。

だから，円高になると，日本からの旅行や投資が増えます。

これだけはわかってね！チェック！

⑥

⑦

⑧

⑨

(2) 円安とその影響

逆に, 円安のときは, (⑨) はしやすいですが (⑧) はしにくいです。(⑧) 品の価格が高くなってしまうからです。

例えば, 中国で100元の商品を日本で売ろうとすると, 1元＝10円なら日本での価格は1,000円ですが, 1元＝20円になると日本での価格は2,000円になってしまいます。日本で中国の商品を買う人にとっては2倍も値上がりしたことになりますね。

このように, 円安になると, 日本製品の値段が安くなるので (⑨) が増えます。日本に入ってくるお金も増えますし, (⑨) 産業もお金がもうかります。流通通貨量が増えるので好況・インフレになります。でも, 貿易相手の国が貿易赤字になると貿易相手の国との間で (⑩) が起きることもあります。

また, 中国から日本に旅行するときを考えてみましょう。もし1,000元を日本に持っていくとすると, 1元＝10円なら円に交換したとき10,000円です。しかし1元＝20円になると円に交換すると20,000円になります。中国から日本に旅行にきた人にとってはかなりお得です。

だから円安になると, 日本への旅行や投資が増えます。

4 円高・円安の要因

- 円高の要因

  円高は円の価値が上がることで起こります。つまり, 円の (⑥) が増えるか, (⑦) が減れば円高になります。例えば, 次のようなことが起こると円高になります。

▶ 日本の (⑨) が増えること：日本の (⑨) が増えると, 日本に入ってくるお金が増えます。日本に入ってきた外国のお金はそのままでは使えないので, 円に換えます。すると円が必要になります。つまり円の (⑥) が増えます。だから円高になります。

▶ 外国から日本への (⑪) が増えること：外国から日本への (⑪) が増えると, 日本に入ってくるお金が増えます。日本に持ってきた外国のお金はそのままでは使えないので, 円に換えます。つまり, 円の (⑥) が増えます。だから

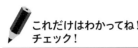

| ⑩ |
| ⑪ |

円高になります。

▶ 日本が（ ⑫ ）政策をとること：日本が（ ⑫ ）だと〔日本の銀行にお金を預けるほうがお金が増えるので〕、ほかの国からお金が入ってきます。日本に持ってきた外国のお金はそのままでは使えないので、円に換えます。つまり円の（ ⑥ ）が増えます。だから円高になります。

▶ 日本にくる外国人（ ⑬ ）の増加：外国人（ ⑬ ）が増えると、日本に入ってくるお金が増えます。日本に持ってきた外国のお金はそのままでは使えないので、円に換えます。つまり円の（ ⑥ ）が増えます。だから円高になります。

▶ ほかの国（例えば中国）の物価が上がる：中国で物価が上がることは、元の価値が下がるということです。すると、元と比べて円の価値が上がります。

- 円安の要因

　円安が起こる場合は、上の場合とは逆になります。

▶ 日本への（ ⑨ ）が増えること。
▶ 日本から外国への（ ⑪ ）が増えること。
▶ ほかの国が（ ⑫ ）政策をとること。
▶ 外国への日本人（ ⑬ ）の増加。
▶ 日本の物価が上がること。

これだけはわかってね！チェック！

⑫
⑬

第4章 国際社会　例題類題　テーマ02　円高と円安

例題〔★★☆〕円安が引き起こす事象として最も適当なものを，次の①〜④の中から一つ選びなさい。

① 日本から海外へ留学する際の学費負担が減少する。
② 日本における火力発電の発電コストが下落する。
③ 日本への海外旅行のコストが減少する。
④ 日本人が海外で土産品を購入するコストが減少する。

〔平成20年度 日本留学試験（第2回）総合科目 問7〕

1 この問題を解くために

(1) 「円安」は，日本の通貨である「円」が，外国の通貨に対して価値が下がるということです。例えば，今まで1ドル（＄）＝100円だったとします。これが1ドル＝300円になったとします。

(2) それぞれの選択肢を考えましょう。

① 例えば，アメリカの私立大学に留学するとして，学費が35,000ドルだとします。1ドル100円の場合，日本円にすると3,500,000円です。1ドル300円の場合，日本円にすると10,500,000円です。円安だと学費が高くなります。

② 火力発電の原材料は石油です。石油は外国から輸入します。円安だと石油の価格が高くなります。

③ そのとおりです。例えば，アメリカ人が日本に旅行するとき，ドルを円に換えます。100ドルを円に換える場合，1ドル＝100円だと10,000円ですが，1ドル＝300円だと30,000円になります。円安のときはドルをあまり持ってこなくてもたくさん買い物ができますね。

④ 円安のとき日本人がアメリカに行くと，③とは逆になります。

【円安】a weak yen; a low exchange rate of the yen

【火力発電】石油や天然ガスなどを燃やして電気をつくる方法。

2 こたえ　③

類題1〔★☆☆〕次の文章中の空欄a～dに当てはまる語の組み合わせとして最も適当なものを，下の①～④の中から一つ選びなさい。

1ドル＝200円から1ドル＝100円になると，ドルに対する円の価値が｜ a ｜ことになるから，円が｜ b ｜なってドルが｜ c ｜なったことを意味する。日本製品の価格競争を考えた場合，｜ d ｜は，円が安くなると有利になり，高くなると不利になる。

① a 上がる　　b 高く　　c 安く　　d 輸出　　② a 下がる　　b 安く　　c 高く　　d 輸出
③ a 上がる　　b 安く　　c 高く　　d 輸入　　④ a 下がる　　b 高く　　c 安く　　d 輸入

〔平成20年度 日本留学試験（第1回）総合科目 問3〕

類題2〔★★☆〕円とドルの為替相場が円高傾向になる要因として最も適当なものを，次の①～④の中から一つ選びなさい。

① 外国の投資家による日本への証券投資の増加
② 日本の低金利とアメリカ（USA）の高金利
③ アメリカの経常収支赤字の縮小
④ 日本の企業によるアメリカへの直接投資の増加

〔平成22年度 日本留学試験（第2回）総合科目 問7〕

類題3〔★★☆〕円高と円安に関する記述として最も適当なものを，次の①～④の中から一つ選びなさい。

① 日本国内の景気が好調になると，海外からの日本への投資が増加し，円安になる。
② 日本から海外への輸出が増加すると，円に対する需要が増加し，円高になる。
③ 日本国内の金利が海外の金利よりも低くなると，海外から日本へ資金が流入するため，円安となる。
④ 円高とは，外国為替市場の取引において，他国の通貨に対して円の価値が低下することをいう。

〔平成24年度 日本留学試験（第1回）総合科目 問6〕

第4章 国際社会 これだけはわかってね！ テーマ03 地域経済統合

1 国際貿易体制

1947年，自由な貿易を広めていくことをめざして，GATT（関税及び貿易に関する一般協定）が結ばれました。GATTは自由な貿易にとってじゃまになる（　①　）や輸入制限などをなくすことを目的としていました。貿易で起こる国際的な問題はラウンド（多角的貿易交渉）で話し合って解決することになりました。

1986年～1994年に行われたウルグアイ・ラウンド（Uruguay Round）での話し合いの結果をもとに，1995年にはGATTの代わりに国際機関として（　②　）がつくられました。（　②　）では2001年からドーハ・ラウンド（Doha Round）が始まりましたが，とくに農作物の分野で，自由貿易をすすめるアメリカなどの，輸出をたくさん行っている国と，自分の国の農業を守ろうとする日本やEUなどのグループ，そして発展途上国が対立し，交渉はうまくまとまりませんでした。

このころから，FTA（自由貿易協定）や（　③　）など，地域ごとに貿易の自由化交渉が積極的に行われるようになりました。FTAは（　①　）をなくすなど貿易の自由化をすすめることが目的で，（　③　）はより幅広い分野で経済的に協力しあうのが目的です。

2 欧州連合（EU）

（　②　）は世界的に自由貿易をすすめようとするものですが，同時に，世界の各地域で地域的経済統合もすすみました。地域的経済統合は，ある地域の国が集まって，貿易の自由化を行い，地域内の経済を発展させようとするものです。

ヨーロッパの場合を考えてみましょう。ヨーロッパにはたくさんの国があって，長い間お互いに戦争をくりかえしてきましたが，ヨーロッパがひとつにまとまることは，第二次世界大戦（WWⅡ）の前から考えられてきました。

ヨーロッパ統合はまず資源を共同で管理するところから始まりました。1952年にECSC；European Coal and Steel

これだけはわかってね！チェック！

①
②
③

Community〔欧州石炭鉄鋼共同体〕ができて，1957年にはEURATOM；European Atomic Energy Community〔欧州原子力共同体〕と，EEC；European Economic Community〔欧州経済共同体〕ができました。

1967年にはこの3つがひとつになり，EC（European Communities：欧州共同体）ができました。ECは，ECに参加している国・地域でつくられた工業製品には（ ① ）をかけず，EC以外の地域でつくられた製品に共通の（ ① ）をかける（ ④ ）でした。

1993年にはECの（ ⑤ ）が完成しました。（ ⑤ ）の結果，ECの中でならば，人や物やお金を，国境に関係なく自由に移動できるようになりました。

そして，通貨や政治の統合をめざして（ ⑥ ）が結ばれ，ECは1993年から（ ⑦ ）になりました。1998年にECB；European Central Bank（欧州中央銀行）がつくられ，1999年には共通の通貨である（ ⑧ ）がつくられました。

（ ⑦ ）は「完全な統合」をめざして，EU憲法をつくりましたが，フランスやオランダなどに反対されました。

これだけはわかってね！チェック！

| ④ |
| ⑤ |
| ⑥ |
| ⑦ |
| ⑧ |
| ⑨ |
| ⑩ |

3 その他の地域的経済統合

（ ⑨ ）	アメリカ・カナダ・メキシコ（1994年から）。
AFTA（ASEAN自由貿易地域）	東南アジア諸国連合（ASEAN）〔インドネシア・マレーシア・フィリピン・ベトナムなど東南アジア10か国〕による。1993年から。
（ ⑩ ）	ブラジルやアルゼンチンなど南米の国による（ ④ ）。1995年から。
APEC（アジア太平洋経済協力会議）	1989年，アジア・太平洋地域の日本・アメリカなどの先進国と発展途上国が，経済協力を行うことをめざしてできた。

注）メキシコ（Mexico），インドネシア（Indonesia），マレーシア（Malaysia），フィリピン（Philippines），ベトナム（Vietnam），ブラジル（Brazil），アルゼンチン（Argentina）

第4章 国際社会　例題類題 テーマ03　地域経済統合

例題〔★★☆〕1993年に発効したマーストリヒト条約（Maastricht Treaty）によって，EUが誕生した。これによって実施されたこととして最も適当なものを，次の①〜④の中から一つ選びなさい。

① EU市民権の創設
② EU軍の創設
③ 共通農業政策
④ 域内諸国間の関税の撤廃

〔平成23年度 日本留学試験（第2回）総合科目 問24〕

1 この問題を解くために

(1) マーストリヒト条約はヨーロッパ（EU加盟国）がひとつになることをめざした条約です。ヨーロッパでは1967年にEC（欧州共同体）ができていて，経済的に協力しあうかたちはできていました。マーストリヒト条約はヨーロッパが政治的にもひとつになることをめざした条約です。
(2) それぞれの選択肢を考えましょう。
① これが答えです。EU市民権はマーストリヒト条約のときにつくられました。EU市民権を持っていれば，EU加盟国のどの国に住んでもよいですし，加盟国の間を自由に行ったりきたりできますし，加盟国のどの国でも仕事をすることなどができます。
② EU軍はまだありません（何か事件が起こったとき，EUの加盟国がそれぞれの国の軍を出すことはありますが，いつもその軍があるわけではありません）。
③ EU加盟国で共通で行う農業政策はマーストリヒト条約の前からありました。
④ EU加盟国の間で貿易をするときの関税は，マーストリヒト条約のまえからなくなっていました。

【EU（欧州連合）】European Union
【市民権】citizenship

2 こたえ　①

類題1〔★★☆〕EUにおける通貨統合や経済政策に関する記述として最も適当なものを，次の①～④の中から一つ選びなさい。

① ユーロ圏では欧州中央銀行（ECB）の下，統一的な金融政策が実施されている。
② ユーロ圏各国の中央銀行は，通貨統合によりその機能を失ったため解散した。
③ 財政赤字国はユーロに参加できないため，イギリスはユーロに参加していない。
④ ユーロ圏各国は，自国の予算案を欧州議会（European Parliament）に提出して，承認を受けなければならない。

〔平成25年度 日本留学試験（第1回）総合科目 問10〕

類題2〔★★☆〕地域経済統合に関する説明として正しいものを，次の①～④の中から一つ選びなさい。

① WTO（世界貿易機関）の発足前に，イギリスなどが中心となってEFTAが結成された。
② WTOの発足後，EUを除けば，自由貿易協定などの地域統合の動きは少なくなった。
③ 2009年までにWTOに届けられた地域貿易協定数は，50協定以下にとどまっている。
④ 日本は自由貿易体制の恩恵を受けているので，いずれの国とも地域貿易協定を締結していない。

〔平成22年度 日本留学試験（第1回）総合科目 問11〕

類題3〔★★☆〕次の表中A～Dは，EU，日本，ASEAN，NAFTAのいずれかを表している。最も適当なものを，次の①～④の中から一つ選びなさい。

	人口 （百万人）	GDP （億ドル）	貿易額（億ドル）	
			輸出	輸入
A	128	43,009	4,720	3,831
B	537	7,113	4,480	3,854
C	455	110,017	30,247	29,645
D	425	124,312	10,738	16,269

『世界国勢図会 2005／06』より作成

① a 日本　　b ASEAN　　c EU　　d NAFTA
② a ASEAN　　b EU　　c NAFTA　　d 日本
③ a EU　　b NAFTA　　c 日本　　d ASEAN
④ a NAFTA　　b 日本　　c ASEAN　　d EU

〔平成18年度 日本留学試験（第2回）総合科目 問2(4)〕

類題4〔★★★〕経済連携協定（EPA）とは貿易の自由化に加え，投資，人の移動，知的財産の保護や競争政策におけるルール作り，さまざまな分野での協力の要素などを含む，幅広い経済関係の強化を目的とする自由貿易協定（FTA）のことである。2012年末において，日本との間でEPAが発効している国を，次の①～④の中から一つ選びなさい。

① 中国（China）　　② ロシア　　③ インド（India）　　④ ブラジル（Brazil）

〔平成25年度 日本留学試験（第2回）総合科目 問11〕

第4章 国際社会 これだけはわかってね！ テーマ04 国連と国際機構

1 安全保障の2つのタイプ

　自分の国の安全を守ることを安全保障といいます。安全保障には方法が2つあります。

　ひとつは，勢力均衡方式です。自分の国のグループと相手の国のグループとの力のバランスをとって，相手の国に「攻撃するのはやめておこう」と思わせる方法です。第一次世界大戦のときの三国協商（Triple Entente）〔イギリス（UK），フランス（France），ロシア（Russia）〕や三国同盟〔ドイツ（Germany），オーストリア（Austria），イタリア（Italy）〕がその例です。

　しかし，相手のグループとのバランスを維持するために，軍を大きくしたり新しい武器を買ったり開発したりしなければなりません。また，第一次世界大戦（WWⅠ）は，結局2つのグループのバランスがくずれた結果起こりましたから，長い期間，平和を維持するのは難しいです。

　そこで，第一次世界大戦後はもうひとつの（　①　）方式が考えられました。これは，お互いに仲がよくない〔対立する〕国も含めてひとつの大きなグループをつくり，どこかの国が戦争を始めたら，ほかの国すべてが協力してその国に制裁を加えて，戦争をやめさせる方法です。

2 国際連盟と国際連合

　第一次世界大戦（WWⅠ）の後，アメリカ大統領（　②　）が1918年に（　③　）を発表し，そのなかで国際連盟を提案しました〔1920年発足〕。

　しかし国際連盟は全会一致制〔すべての参加国の賛成が必要〕だったので，なかなか意見がまとまりませんでした。

　また，戦争を始めた国へは経済制裁しかできませんでした〔経済制裁は，制裁の対象となる国に対して輸出や輸入に制限するなど行うこと〕。国際連盟が軍隊を直接出したりすることはできませんでした。

　またアメリカやソ連（USSR）などの大きな国は，最初は加盟していませんでした。結果的に，国際連盟は第二次世界

これだけはわかってね！
チェック！

①

②

③

大戦（WWⅡ）をふせぐことはできませんでした。

第二次世界大戦中の1941年，アメリカ大統領（ ④ ）とイギリス首相チャーチル（Sir Winston Leonard Spencer-Churchill）が大西洋憲章（Atlantic Charter）を発表して，国際連盟の代わりに，新しく国際平和を維持するしくみをつくることを提案しました。そして1945年のサンフランシスコ会議（United Nations Conference on International Organization）で国際連合が発足しました。

> これだけはわかってね！チェック！
>
> ④
>
> ⑤

3 国際連合のしくみ

国際連合に参加している国は現在193か国で，ほとんどすべての国が参加しています。本部はアメリカのニューヨーク（New York）にあります。

国際連合の中にはいくつか組織があります。おもに（ ⑤ ），安全保障理事会，経済社会理事会，信託統治理事会，国際司法裁判所，事務局です。

(1) （ ⑤ ）：すべての参加国で構成されています。国際平和や安全保障について話し合うところで，国際連合で最も重要です。一国一票で投票して決めます。重要なことを決めるには3分の2以上の賛成が必要です。それ以外は多数決で，半数以上の賛成があれば決まります。しかし，勧告〔決定を守らなくても制裁はない〕しかできません。

(2) 安全保障理事会：戦争を防止し，平和を守るのが目的です。安全保障理事会はアメリカ・イギリス・フランス・ロシア・（ ⑥ ）の5つの常任理事国〔a permanent member of the (United Nations) Security Council〕と，10の非常任理事国（任期2年）で構成されています。

　基本的に9つの常任理事国の賛成があれば決まりますが，重要なことは常任理事国すべての賛成が必要です。常任理事国は（ ⑦ ）を持っています〔1か国でも反対すれば決定されない〕。安全保障理事会の決定は必ず守らなければなければなりません〔法によって守らなければならないとされています〕。安全保障理事会は経済制裁のほか，軍事的な制裁もできます。

　しかし，冷戦（Cold War）のときは（ ⑦ ）がたくさん使われ，なかなか話し合いがすすみませんでした。そこで総会で（ ⑧ ）決議〔安全保障理事会が機能しないとき，緊急特別総会を行って勧告を行う。勧告には軍事的な制裁も含まれる〕が採択されました。

(3) 事務局：国際連合のすべての事務を行います。（ ⑨ ）は総会のリーダーであり，大きな力を持っています。なお，（ ⑩ ）は安全保障理事会の決定や（ ⑧ ）決議にしたがって行われます〔戦争をやめさせるのが目的〕。（ ⑩ ）には国連平和維持軍（PKF）と呼ばれる軍が派遣されますが，これは国連軍ではありません。正式な国連軍は今までつくられたことがありません〔「多国籍軍」(Coalition forces, Multi-national force)はあります。「多国籍軍」は，安全保障理事会の決議にしたがって，それぞれの国が自分の意思で自分の国の軍を派遣するものです〕。

　このほかに，国際連合にはいろいろな機関があります。

これだけはわかってね！チェック！

⑥
⑦
⑧
⑨
⑩

4 主な国際連合の機関

国連児童基金（UNICEF）	発展途上国の子どもの生活や健康，教育をよりよくします。
国連難民高等弁務官事務所（UNHCR）	難民を守り，ほかの国で生活することなどを手伝います。
国連貿易開発会議（UNCTAD）	発展途上国の経済開発を行い，先進国と発展途上国の経済的な差をなくすことをめざします。
国際労働機関（ILO）	労働者の労働条件や生活環境をよりよくします。1919年にできました。
国連教育科学文化機関（UNESCO）	教育・科学・文化の研究を行います。世界遺産を登録し，守ります。
世界保健機関（WHO）	伝染病をなくします。また，災害が起きたとき支援します。人口問題に取り組みます。
国際復興開発銀行（IBRD）	世界銀行。発展途上国が工業や農業開発を行うときにお金を貸します。
国際通貨基金（IMF）	通貨について国際的な取り決めを行い，国際貿易の拡大をすすめ，バランスをとることをめざします。
国際原子力機関（IAEA）	原子力を平和に利用することをすすめ，原子力を使って武器をつくったり，戦争に使ったりすることをやめさせます。
世界貿易機関（WTO）	貿易の自由化をめざします。WTOは1995年にGATTから発展してできたものです。

第4章 国際社会　例題類題 テーマ04　国連と国際機構

例題〔★★☆〕国際連合（UN）はその憲章第1条で国際連合の目的を示している。その中で一番目に挙げられているものは何か。最も適当なものを，次の①～④の中から一つ選びなさい。

① 文化遺産および自然遺産の保護
② 国際協調主義
③ 民族自決の実現
④ 国際の平和および安全の維持

〔平成24年度 日本留学試験（第2回）総合科目 問23〕

1 この問題を解くために

(1) 国際連合ができるまで

自分の国の安全を守るために（ほかの国から攻撃されないように）何かすることを「安全保障」といいます。

19世紀はほかの国と同盟することで，敵である国に「戦争しても勝てなさそうだ」と思わせ，戦争を起こさせないようにしていました（勢力均衡方式）。

しかし，結局，第一次世界大戦が起きてしまったので，第一次世界大戦後は集団安全保障方式が考えられました。世界の国々を国際連盟というひとつの国際的な組織に参加させ，戦争を始めた国に対して経済制裁を行い，戦争ができないようにする，というものです。

国際連盟はさまざまな問題があり，第二次世界大戦後に新しく「国際連合」がつくられましたが，国際連合のいちばん大きな目的は，やはり集団安全保障だといえます。

(2) 国際連合の目的

国際連合憲章の第1条にある国際連合の目的は，
- 国際社会の平和と安全を維持すること
- それぞれの国が友好関係を維持すること
- 経済的・社会的・文化的・人道的に国際協力をすすめること
- 国連が国際活動の中心になること

です。だから，こたえは④です。

【国際連合】the United Nations；UN
【国際連合憲章】Charter of the United Nations
【遺産】heritage
【国際協調主義】international cooperation principle
【民族自決】self-determination
【勢力均衡方式】balance of power
【集団安全保障方式】collective security
【国際連盟】League of Nations
【経済制裁】economic sanctions

2 こたえ　④

類題1〔(1) ★☆☆／(2) ★★★〕次の文章を読み，下の問い(1)，(2)に答えなさい。

国際連合（UN）は，世界平和の維持と諸国間の友好の促進などを目的として1945年に発足した国際機関であり，　a　の原理に基づいて世界平和の維持を図っている。国連憲章は国際連合の主要機関として，総会，安全保障理事会，　b　理事会，信託統治理事会，国際司法裁判所，事務局を設けている。その他に，国際連合との間に連携協定を有し，緊密な連携を保つ国際機関である<u>国連専門機関</u>が存在している。

(1) 上の文章中の空欄　a　，　b　に当てはまる語の組み合わせとして最も適当なものを，次の①～④の中から一つ選びなさい。
① a 世界政府　b 人権
② a 世界政府　b 経済社会
③ a 集団安全保障　b 人権
④ a 集団安全保障　b 経済社会

(2) 下線部に関して，国連専門機関として正しくないものを，次の①～④の中から一つ選びなさい。
① 世界知的所有権機関（WIPO）
② 国際刑事裁判所（ICC）
③ 世界保健機関（WHO）
④ 国連教育科学文化機関（UNESCO）

〔平成26年度 日本留学試験（第1回）総合科目 問25〕

類題2〔★★☆〕次の組織あるいは同盟の中で，国際連合憲章51条が認めている「集団的自衛権」を実体化させているものはどれか。最も適当なものを，次の①～④の中から一つ選びなさい。

① NATO（北大西洋条約機構）
② ASEAN（東南アジア諸国連合）
③ 国際連合安全保障理事会
④ 日米安全保障条約

〔平成18年度 日本留学試験（第2回）総合科目 問19〕

類題3〔★★☆〕国際機関に関する記述として最も適当なものを，次の①～④の中から一つ選びなさい。

① 国際連合（UN）はさまざまな製品の国際規格を確立するために，国際標準化機構（ISO）を設立した。
② 国際連合の総会には全加盟国が参加できるが，その議事運営は安全保障理事会の常任理事会によっておこなわれる。
③ 国際労働機関（ILO）は，第一次世界大戦直後の1919年に設立され，国際連合よりも古くから存在する。
④ 経済の自由化や規制緩和が進む中で，世界貿易機関（WTO）は重要性を失い，2005年に解散した。

〔平成23年度 日本留学試験（第1回）総合科目 問24〕

第4章 国際社会 これだけはわかってね！ テーマ05 地球環境問題

1 地球環境問題

地球環境問題とは，環境問題がひとつの国だけではなく，地球の広い範囲で起こっていることをさします。例えば，以下のような問題が起きています。

▶ （ ① ）層の破壊：太陽の光の中には，紫外線が含まれています。紫外線は人間や動物の体に悪い影響を与えます。例えば，皮膚ガンになったり目が見えなくなったりします。地上から20～30 kmのところにある（ ① ）層は，紫外線が地上に届かないようにしています。しかし（ ② ）が（ ① ）層を破壊しています。

▶ 酸性雨：自動車の排気ガスや工場からの排煙などには硫黄酸化物（SO_x）や窒素酸化物（NO_x）が含まれています。この排気ガスや排煙がたくさん出されると，酸化物を含んだ雲ができて，酸性の雨が降ります。その結果，森が枯れたり，湖の魚が死んでしまったりします。

▶ 砂漠化：畑をつくるために森に火をつけて燃やしたり，木材を売るために森の木をたくさん切ったりして，森林が破壊されます。また，干ばつが起こったり，狭い草原にたくさんの家畜（牛や羊など）を飼ったりすると，草が生えなくなってしまいます。その結果，砂漠になってしまいます。

2 地球温暖化とその解決に向けての国際的な取り組み

地球温暖化の原因は，（ ③ ）だといわれています。石油などの（ ④ ）を使うと，二酸化炭素などの（ ③ ）が発生します。その結果，地球の気温が上がって，巨大な台風や洪水が発生するなどの異常気象が増えたり，南極や北極の氷が溶けて海面が上がったりする恐れがあります。

この地球温暖化問題を解決するために，1992年に行われた（ ⑤ ）では，大気中の（ ③ ）の量をこれ以上増やさないようにするために，気候変動枠組み（地球温暖化防止）条約（United Nations Framework Convention on Climate Change；UNFCCC）が結ばれました。

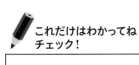
これだけはわかってね！
チェック！

| ① |
| ② |
| ③ |
| ④ |
| ⑤ |

1997年，京都で地球温暖化防止京都会議（COP3）が行われ，（ ⑥ ）が採択されました。（ ⑥ ）の内容は，先進国は2008年〜2012年の間にCO₂の排出量を5％以上減らすが，発展途上国は排出量を減らさなくてもよいというものでした。この結果，発展途上国も減らさなければならないと主張していた（ ⑦ ）や，発展途上国ですがたくさんCO₂を排出している（ ⑧ ）やインドは（ ⑥ ）に参加しないなど，多くの問題が残りました。

また，（ ⑥ ）では，5％よりも多くCO₂を減らした国から，CO₂を排出してもよい権利〔＝（ ⑨ ）〕を買って，CO₂を排出できる排出権取引を認めています。

これだけはわかってね！チェック！

| ⑥ |
| ⑦ |
| ⑧ |
| ⑨ |
| ⑩ |

3 地球環境問題の解決に向けての国際的な取り組み

初めて環境問題について国際的な話し合いが行われたのは1972年です。1972年，スウェーデンのストックホルムで国連人間環境会議（United Nations Conference on the Human Environment：UNCHE）が行われ，人間環境宣言が出されました。そして，環境問題を専門に扱う機関である国連人間環境計画（United Nations Environment Programme；UNEP）がつくられました。

1992年にはブラジル（Brazil）のリオデジャネイロ（Rio de Janeiro）で（ ⑤ ）が行われました。（ ⑤ ）では「（ ⑩ ）」をめざすことになりました。「（ ⑩ ）」とは，環境を守ることと開発することを同時にすすめることです。そして，具体的にどのように環境保護と開発を行っていくかを提案したアジェンダ21（Agenda 21。21世紀に向けての環境保護計画）が採択されました。また，この（ ⑤ ）では地球に住むいろいろな動物や植物を守り，その利用のしかたを考える生物多様性条約（Convention on Biological Diversity；CBD）や，（ ③ ）問題の解決に向けて気候変動枠組み（地球温暖化防止）条約が採択されました。

第4章 国際社会 例題類題 テーマ05 地球環境問題

例題〔★★☆〕次の表は，日本，アメリカ（USA），イギリス（UK），韓国（South Korea），中国（China），ドイツ（Germany），ベトナム（Viet Nam）の7か国の二酸化炭素排出量を示したものである。表中のA～Dに当てはまる国名の組み合わせとして正しいものを，下の①～④の中から一つ選びなさい。

単位：100万トン

国名	1990年	2007年
A	2,244	6,071
B	4,863	5,769
日本	1,065	1,236
C	950	798
イギリス	553	523
D	299	489
ベトナム	17	94

① A 中国　B アメリカ　C ドイツ　D 韓国
② A アメリカ　B 中国　C ドイツ　D 韓国
③ A アメリカ　B 中国　C 韓国　D ドイツ
④ A 中国　B 韓国　C アメリカ　D ドイツ

『世界統計白書 2010年版』より作成

〔平成23年度 日本留学試験（第1回）総合科目 問1(4)〕

1 この問題を解くために

(1) 二酸化炭素は経済的に発展していると（工業が発展していたり，自動車が多かったりするからです），二酸化炭素が出る量（排出量）が多くなります。

(2) 日本・イギリス（UK）・ベトナム（Vietnam）はもうわかっているので，アメリカ・韓国（Korea）・中国（China）・ドイツ（Germany）の中で，いちばん二酸化炭素の排出量が多い国を考えます。

(3) このなかで二酸化炭素の排出量が多い国を考えると，工業が発展しているという点で中国，自動車を使う人がたくさんいるという点でアメリカ，と考えることができます。つまり，A／Bは中国とアメリカだと考えることができます。

(4) 1990年と2007年の差を比べてみると，Aは1990年の量の3倍くらいなので，最近になって急に増えたと考えられます。つまり，Aは最近になって工業が発展した国＝中国だと考えることができます。

【排気ガス】exhaust emission

2 こたえ　①

類題1 〔★★☆〕地球温暖化防止対策として適当でないものを，次の①〜④の中から一つ選びなさい。

① 熱帯雨林の伐採を減らし，緑地化を進める。
② 自家用車の使用を控え，公共交通機関を利用する。
③ 冷暖房の温度を控えめに設定し，エネルギー消費を抑制する。
④ 海産物の乱獲を禁止し，漁業資源の持続可能な発展を図る。
〔平成19年度 日本留学試験（第2回）総合科目 問19〕

類題2 〔★★☆〕環境問題に関する記述として誤っているものを，次の①〜④の中から一つ選びなさい。

① 地球温暖化の大きな原因は，化石燃料の使用によって二酸化炭素が増加し，温室効果が起こることであるといわれている。
② オゾンホールは，極地方の上空のオゾン層が二酸化炭素によって破壊されることによって生じる。
③ 京都議定書は，1990年を基準として二酸化炭素などの温室効果ガスの排出量の削減を定めている。
④ オランダ（Netherlands）や北欧諸国は，二酸化炭素排出源に炭素税などの環境税を課し，排出量の削減を試みている。
〔平成21年度 日本留学試験（第1回）総合科目 問14〕

類題3 〔★★☆〕環境保護を推進するために，政府による対策が必要とされている。これらの対策に当てはまらないものを，次の①〜④の中から一つ選びなさい。

① 電力を消費する電車の利用を減らすために，自家用車の普及を図る。
② リサイクル可能な物質に課金し，リサイクル後に返金する。
③ 化石燃料中の炭素含有量に応じて，使用者に税金を課す。
④ 企業などの経済活動から生じる産業廃棄物の排出量に応じて税金を課す。
〔平成23年度 日本留学試験（第1回）総合科目 問23〕

類題4 〔★★☆〕日本における地熱発電の長所や短所を述べた文の組み合わせとして最も適当なものを，次の①〜④の中から一つ選びなさい。

① （長所）発電量あたりの単価が比較的安い。／（短所）処理の難しい有害な廃棄物を発生させる。
② （長所）自然に依拠した再生可能エネルギーを利用している。／（短所）適した土地の多くが国立公園内にあり，開発に制約が多い。
③ （長所）純国産エネルギーで海外からの影響を受けにくい。／（短所）雪や雨の量によって，発電量が一定しない恐れがある。
④ （長所）発電量を燃料によって調整できるので需要への対応が容易である。／（短所）地球温暖化の原因である温室効果ガスを大量に排出する。
〔平成24年度 日本留学試験（第2回）総合科目 問1(3)〕

II. 地理

第5章 世界と日本の地理

第5章 世界と日本の地理

これだけはわかってね！ テーマ01 地理的技能—時差

1 地球のすがた

地球の半径は約6,400 kmです。地球の表面積は約5億km²で，陸が30%，海が70%を占めています。陸の3分の2は北半球にあります。

2 地球上の位置—緯度と経度

地球を横に半分にしたときの線を（ ① ）といいます。この（ ① ）を0度として，北と南をそれぞれ90度に分けている線を緯線といいます。緯線は緯度0度のように表します。（ ① ）より北を北緯，南を南緯と呼びます。

地球を縦に半分にしたときの線を経線といいます。経線は（ ② ）の旧グリニッジ天文台（Royal Observatory, Greenwich）を通る線を0度として，東と西をそれぞれ180度に分けています。経線は経度0度のように表します。この経度0度の線を，（ ③ ）といいます。（ ③ ）より東を東経，西を西経と呼びます。

緯度と経度を使って，地球上の位置を表すことができます。例えば，日本は北緯約20〜46度，東経約122〜154度の間にあります。

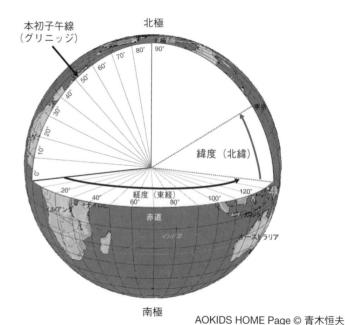

これだけはわかってね！チェック！

①
②
③

AOKIDS HOME Page © 青木恒夫

3 時差と標準時

　地球は1日24時間かけて西から東へ自転しています。24時間で1回転（360度）するので360度÷24時間＝15度，つまり経度15度で（　④　）の時差が生まれます。また，地球は西から東に向かって自転するので，東のほうが西より時間が早くすすみます。

　例えば，東京〔東経135度〕とロンドン（London）〔経度0度〕は，経度の差は135度ですから，135度÷15度，つまり9時間の時差があります。また，東京のほうがロンドンより東にあるので，（　⑤　）のほうが9時間すすんでいることがわかります。東京が16：00のとき，ロンドンは7：00です。

　なお，東京の経度は正確には東経139度ですが，日本は明石市を通る経線〔東経135度〕を，日本時間，つまり日本の（　⑥　）を決める経線にしています。この経線を（　⑥　）子午線といいます。

　また，経度180度の線に沿うかたちで，（　⑦　）が設定されています。一日は（　⑦　）の（　⑧　）側から始まります。時差を求めるときは経度の差を求めなければなりませんが，（　⑦　）を超えて経度の差を計ることはできません。

　例えば，東京とサンフランシスコ（San Francisco）の時差を求めるとき，東京は東経135度で，サンフランシスコは西経120度なので，経度の差は（　⑨　）度です。だから時差は約（　⑩　）時間です。そして，東京は日付変更線から見て西側にあるので，東京はサンフランシスコより一日すすんでいます。東京が10月24日の6：00のとき，サンフランシスコは10月23日の13：00です。

これだけはわかってね！チェック！

④

⑤

⑥

⑦

⑧

⑨

⑩

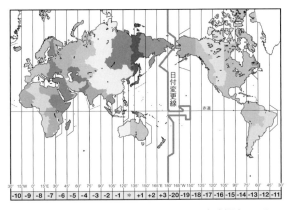

東武観光HPより

第5章 世界と日本の地理　例題類題　テーマ01　地理的技能―時差

例題〔★★☆〕東京を9月1日の午後11時（標準時は東経135度に基づく）発の航空便でシンガポール（Singapore）を経由してシドニー（Sydney）へ旅をした。シンガポールまでは7時間を要した。同地で3時間の乗り継ぎ待ちをした後，シドニーに向けて出発した。シドニーまでは7時間を要した。シドニー到着時の現地時間（標準時は東経150度に基づく）として正しいものを，次の①～④の中から一つ選びなさい。

① 9月2日　午後5時　　② 9月2日　午後2時　　③ 9月2日　午前5時　　④ 9月2日　午前2時

〔平成25年度 日本留学試験（第2回）総合科目 問14〕

1 この問題を解くために

(1) 午後11時に東京を出発して，シンガポールまで7時間かかったということなので……
23：00 ＋ 7：00 ＝ 30：00
つまり，シンガポールに着いたのは（日本時間で）9月2日の午前6時ですね。

(2) シンガポールで3時間待ちます。
6：00 ＋ 3：00 ＝ 9：00
つまり，シンガポールから出発したのは，（日本時間で）9月2日の午前9時です。

(3) 午前9時にシンガポールを出発して，シドニーまで7時間かかったということなので……
9：00 ＋ 7：00 ＝ 16：00
つまり，シドニーに着いたのは（日本時間で）9月2日の午後4時です。

(4) ここで，東京とシドニーの時差を計算します。東京は東経135度，シドニーは東経150度ですから……
150度 － 135度 ＝ 15度
東京とシドニーの間には1時間の時差があります。
東京よりもシドニーのほうが日付変更線に近いので，シドニーのほうが東京よりも1時間，時間がすすんでいるはずですから……
16：00 ＋ 1：00 ＝ 17：00
つまり，シドニー到着時の現地時間は，9月2日の午後5時です。

【標準時】Standard time
【乗り継ぎ】connection
【現地時間】local time
＊時差：経度の差15度で1時間の時差。

2 こたえ　①

類題1〔★★☆〕世界の国や地域の標準時に関する記述として最も適当なものを，次の①〜④の中から一つ選びなさい。

① 日本は，明石市を通る東経135度の子午線を基準にした標準時を全国で用いているため，日の出・日の入りの時刻は全国どこでも同一である。
② 標準時は国・地域ごとに定められているので，同じ経度の子午線が通過している南北に隣接する二つの国でも，それぞれ異なる標準時を用いている場合がある。
③ EUに加盟しているヨーロッパの国々では，経済的統合を図るためには時間も統一したほうがよいとの考え方から，同じ標準時を用いている。
④ アメリカではハワイ（Hawaii）とアラスカ（Alaska）を除く本土地域が四つの時間帯に分かれているため，東海岸のニューヨーク（New York）が午前10時のとき，西海岸のロサンゼルス（Los Angeles）では午後1時である。

〔平成23年度 日本留学試験（第2回）総合科目 問14〕

類題2〔★★☆〕日本の首都東京（北緯35.4°，東経139.5°）とオーストラリア[1]の首都キャンベラ[2]（南緯35.2°，東経149.1°）に関する二つの記述A，Bを読み，その正誤の組合せとして正しいものを，下の①〜④の中から一つ選びなさい。

A：地方時の標準子午線の違いから二つの都市には時差があり，キャンベラの時刻のほうが東京より1時間遅れている（時刻についてはサマータイムを考慮しないものとする）。
B：東京とキャンベラを通る地球の全周を 40,000 km とすれば，その距離は約 6,600 km となる。

① A：正／B：正　　② A：正／B：誤　　③ A：誤／B：正　　④ A：誤／B：誤

---
[1] オーストラリア　Australia
[2] キャンベラ　Canberra

〔平成24年度 日本留学試験（第1回）総合科目 問15〕

類題3〔★★☆〕時差に関する次の文章を読み，文章中の下線部1・2の正誤について，その正誤の組み合わせとして最も適当なものを，下の①〜④の中から一つ選びなさい。

日本のいくつかの新聞がアメリカで印刷・発行されている。ある新聞の場合，日本における朝刊の最終原稿締め切りが午前1時，それが通信衛星でアメリカに送られるのが午前2時である。そのときのニューヨーク（New York）時間は，日本との時差が14時間だから，正午である[1]。その後，印刷されてトラックに積み込まれ，午後4時前後にはニューヨークに住む日本人は1月1日[2]の日付の入った日本の朝刊を12月31日の夕方に読むことができる。

① 下線部1：正／下線部2：正　　② 下線部1：正／下線部2：誤
③ 下線部1：誤／下線部2：正　　④ 下線部1：誤／下線部2：誤

〔平成24年度 日本留学試験（第2回）総合科目 問14〕

第5章 世界と日本の地理

これだけはわかってね！ テーマ02 地形

1 プレートテクトニクス

地球には現在，6つの大陸[1]がありますが，約2億年前には（ ① ）と呼ばれるひとつの大きな大陸だったといわれています。

地球の表面は厚さ100 kmくらいの岩石でできたプレートでおおわれています。プレートは十数枚に分かれていて，お互いに押し合って近づいたり，引っ張り合って離れたり，すれちがってずれたりします。

大陸はプレートの上にあるので，このプレートの運動にともなって移動します。プレートの移動によって山脈ができたり，火山が噴火したり，地震が起きたりします。このような考え方をプレートテクトニクスといいます。

プレートがお互いに押しあっているところは高い山脈がつくられます。このような場所を造山帯といいます。地球上でもっとも新しい造山帯を（ ② ）といいます。（ ② ）の近くでは地震や火山の噴火がよく起こっています。

（ ② ）には，（ ③ ）大陸の南部に存在するアルプス＝ヒマラヤ造山帯（Alps Himalayan orogenic belt）と，太平洋（pacific ocean）を囲むように存在する（ ④ ）造山帯があります。（ ② ）は約2,000万年前から山脈ができはじめ，いまも成長が続いています。これに対してアパラチア山脈（Appalachian Mountains）のように約2億年前に活動をやめた造山帯を（ ⑤ ）といいます。

2 それぞれの大陸の特徴〔図1〕

6大陸といった場合，一般的に，（ ③ ）大陸，アフリカ（Africa）大陸，北アメリカ（America）大陸，南アメリカ大陸，（ ⑥ ）大陸，南極（Antarctica）大陸があります。

ちなみに，（ ⑦ ）の北側を北半球，南側を南半球と呼びますが，多くの陸地は北半球にあります。南半球にあるのは南極大陸，（ ⑥ ）大陸，アフリカ大陸の南半分，南ア

これだけはわかってね！チェック！

①
②
③
④
⑤
⑥
⑦

[1] 大陸の数え方には，いろいろな数え方があります。数え方によっては4大陸になったり，7大陸になったりします。

メリカ大陸のエクアドル（Ecuador）より南の地域です。（ ⑦ ）が通るのは，アジアではシンガポール（Singapore），アフリカではアフリカ大陸の真ん中あたりにある大きな湖のビクトリア湖（Lake Victoria），南アメリカではエクアドル（Ecuador）がわかりやすいです。

　（ ③ ）大陸には，ヨーロッパ（Europe）とアジア（Asia）が含まれており，6大陸でいちばん大きな大陸です。大陸の南には（ ② ）であるアルプス＝ヒマラヤ造山帯があります。東は南アジア北部から西はアフリカ北部までの広い範囲にあります。中国（China）とネパール（Nepal）の国境近くにあるヒマラヤ山脈は，地球でいちばん標高が高い地域です。地球でいちばん高い山は（ ⑧ ）で，8,848 m あります。

　アフリカ大陸は高い山はあまりありません。比較的標高が高い地域は東部と南部で，高原のようになっています。また，北側には大きな砂漠である（ ⑨ ）があります。

　北アメリカ大陸は，西側に（ ② ）であるロッキー山脈（Rocky Mountains），東側には（ ⑤ ）であるアパラチア山脈（Appalachian Mountains）があり，その間である大陸の中央部にはグレートプレーンズ（Great Plains）やプレーリー（Prairie）と呼ばれる広い平地が広がっています。

　南アメリカ大陸には，西側に南北8,500 kmにわたって（ ⑩ ）があります。（ ⑩ ）には5,000〜6,000mの高い山がたくさんあり，海岸近くまで山があります。一方，東側には（ ⑩ ）のような高い山はなく，ギアナ高地（Guiana Highlands）などの高原があります。西の高原と東の（ ⑩ ）の間には広い平地があり，とくにアマゾン川の流域には熱帯雨林が広がっています。

これだけはわかってね！チェック！

⑧
⑨
⑩

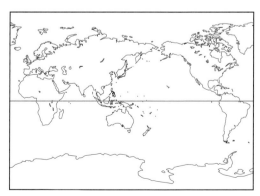

〔図1〕赤道と大陸の位置

第5章 世界と日本の地理 | 例題類題 02 テーマ 地形

例題〔★★☆〕次の地図は，アフリカ（Africa）大陸とそのほぼ中央部を通る経線Aと緯線Bを示したものである。Aが示す経度とBが示す緯度の組み合わせとして最も適当なものを，下の①〜④の中から一つ選びなさい。

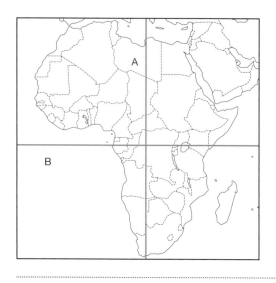

① 経線A：本初子午線／緯線B：北緯20度
② 経線A：東経20度／緯線B：赤道
③ 経線A：本初子午線／緯線B：赤道
④ 経線A：西経20度／緯線B：南緯20度

〔平成21年度 日本留学試験（第1回）総合科目 問15〕

1 この問題を解くために

まず，緯線Bから考えます。緯線Bの下にマダガスカル島（Madagascar）があるので，緯線Bは赤道だと考えられます。赤道はおよそアフリカ大陸の中央を通ると覚えておくとわかりやすいです。

次に，経線Aを考えます。本初子午線は経度0度で，ロンドン（London）のグリニッジ天文台（Royal Observatory, Greenwich）を通過します。しかし，イギリス（UN）はアフリカ大陸の西側にありますから，もっと左に経線があるはずです。ですから，経線Aは本初子午線ではなく東経20度の線だと考えられます。

【経線】meridian
【緯線】latitude lines
【経度】longitude
【緯度】latitude
【本初子午線】the prime meridian

2 こたえ ②

類題1〔★☆☆〕次の地図は，アフリカ大陸および南アメリカ大陸が赤道に対してどのような位置にあるか示したものである。正しいものを，次の①～④の中から一つ選びなさい。

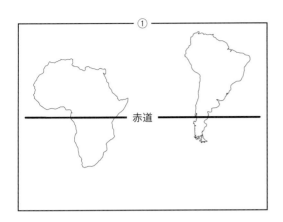
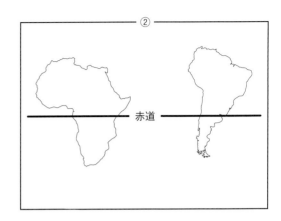
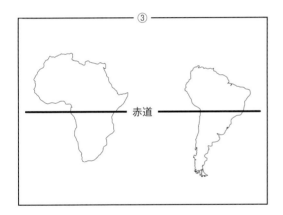
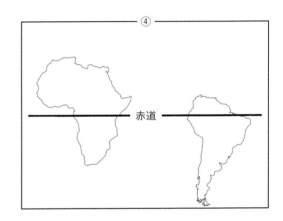

〔平成25年度 日本留学試験（第1回）総合科目 問14〕

類題2〔★★☆〕次の地図は陸半球を示している。地図の中心O点のおおよその経緯度について，最も適当なものを，下の①～④の中から一つ選びなさい。

① 経度：東経0度／緯度：北緯48度
② 経度：東経0度／緯度：南緯18度
③ 経度：東経30度／緯度：南緯18度
④ 経度：東経30度／緯度：北緯48度

〔平成24年度 日本留学試験（第2回）総合科目 問13〕

類題3〔★★☆〕三つの大陸の地形断面図A～Cは，次に示す緯線に沿って描かれたものである。

北アメリカ大陸：北緯40度線
南アメリカ大陸：南回帰線
アフリカ大陸：赤道

東西の距離は一様ではないが，一目盛りは経度間隔の10度を示している。

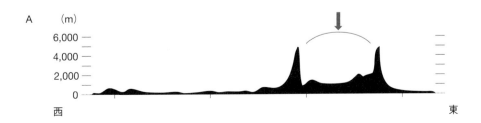

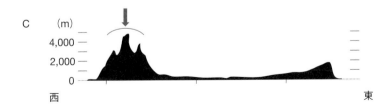

上の図A～Cに当てはまる大陸名の組み合わせとして正しいものを，次の①～④の中から一つ選びなさい。

① A：アフリカ大陸／B：南アメリカ大陸／C：北アメリカ大陸
② A：アフリカ大陸／B：北アメリカ大陸／C：南アメリカ大陸
③ A：南アメリカ大陸／B：アフリカ大陸／C：南アメリカ大陸
④ A：北アメリカ大陸／B：アフリカ大陸／C：南アメリカ大陸

〔平成24年度 日本留学試験（第1回）総合科目 問14(1)〕

第5章 世界と日本の地理 これだけはわかってね！ テーマ03 世界の気候

1 気候要素

気候は気温〔暑いか寒いか〕・降水量〔雨や雪はどれくらい降るか〕・風などからできています。

気温は，赤道に近いほど〔＝（ ① ）が低いほど〕高くなり，（ ① ）が高いほど低くなります。また，（ ② ）が高いほど低くなります。また，大陸は海と比べてあたたまりやすく冷めやすいので，（ ③ ）は一年間の気温の差が大きく，海沿いは差が小さくなります。

降水量は緯度が低いほど多く，緯度が高くなるほど少なくなります。また，（ ③ ）〔海から離れたところ〕ほど降水量は少なく，乾燥しています。

2 大気循環〔図1〕

空気があたためられると（ ④ ）が発生します（暖かい空気は上に上がります）。（ ④ ）が発生するところは気圧がまわりより低くなり，低気圧〔＝低圧帯〕となります。あたためられた空気に水分が含まれていると雲がつくられ，雨が降ります。

上に上がった空気は冷やされて（ ⑤ ）が発生します。（ ⑤ ）が発生するところは気圧がまわりより高くなり，高気圧（＝高圧帯）となります。

赤道の近くは太陽の熱がもっとも当たるところなので，低圧帯ができます（＝赤道低圧帯）。逆に，北極や南極は一年中気温が低いので，空気がいつも冷やされており，高圧帯になっています（＝極高圧帯）。

赤道近くであたためられた空気は赤道付近で雨を降らせたあと，北緯30度〜南緯30度付近で（ ⑤ ）となります（＝亜熱帯高圧帯）。なお，北緯30度〜南緯30度はこの亜熱帯高圧帯の影響で一年中乾燥するので，砂漠ができます〔例えば，アフリカ北部の（ ⑥ ）やオーストラリア：Australia〕。なお，ここから赤道に向かって吹くのが（ ⑦ ），北緯60度〜南緯60度に向かって吹くのが（ ⑧ ）です。

風は気圧が高いところから低いところに向かって吹きます。

これだけはわかってね！チェック！

①
②
③
④
⑤
⑥
⑦
⑧

北緯60度〜南緯60度付近では（ ⑧ ）と北極・南極付近から吹いてくる風に影響を受けて，ふたたび（ ④ ）となります（＝亜寒帯低圧帯）。

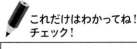

⑨

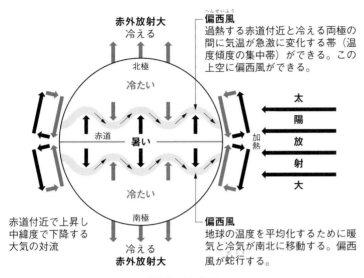

〔図1〕大気循環

3 ケッペンの気候区分〔図2〕

　ドイツ（Germany）の気候学者であるケッペン（Wladimir Peter Köppen）は，気温と降水量，植物分布〔どんな植物がどこに生えているか〕をもとに，世界の気候を熱帯（A）・乾燥帯（B）・温帯（C）・冷帯（D）・寒帯（E）に分けました。

　熱帯は赤道の近くの気候です。一年中気温が高いです。一年中雨が多い場合と〔＝高温多湿（Af／Am）。例えば，シンガポール：Singapore〕，夏は雨が多く〔＝雨季〕，冬は雨が少ない〔＝乾季〕場合があります〔＝サバナ気候（Aw）。例えば，バンコク：Bangkok〕。

　乾燥帯は降水量が少なく，1日の気温の差が大きいことが特徴です。雨がほとんど降らず，砂漠になっている場合〔＝Bw。アフリカ大陸の北に，世界で2番目に大きい（ ⑥ ）がある〕と，短いけれども雨季があって（ ⑨ ）と呼ばれる草原が広がっている場合があります〔＝Bs。例えば，ウランバートル：Ulan Bator〕。

▶　温帯は，いちばん寒い月の気温が－3℃〜17℃の地域です。夏は暑くて雨が多く，冬は寒くて雨が少ない場合〔＝温暖湿潤気候（Cfa）。例えば，東京〕。

- 夏は涼しくて冬は暖かく，一年を通して気温も降水量も安定している場合〔＝西岸海洋性気候（Cfb）。例えば，パリ：Paris〕。
- 夏は暑くて雨が多く，冬は暖かくて雨が少ない場合〔＝温暖冬期少雨気候（Cw）。例えば，香港：Hong Kong〕。
- 夏は暑くて雨が少なく，冬は暖かくて雨が多い場合〔＝（ ⑩ ）。例えば，ローマ：Rome〕。大陸の西側で，Bsの地域よりも（ ① ）が高い地域の気候です。

　冷帯は夏と冬の気温の差が大きいです。夏は暑くて冬は寒く，冬に雪が降るため一年中降水量が多い場合と〔＝冷帯湿潤気候（Df）。例えば，モスクワ：Moscow〕，夏に降水量が多く，冬は降水量が少ない場合〔＝冷帯冬期少雨気候（Dw）。例えば，北京：Beijing〕があります。

　寒帯は北極や南極の周辺で，一年を通して降水量は少ないです。

これだけはわかってね！チェック！

⑩

〔図2〕 ケッペンの気候区分
Wikipediaより

第5章 世界と日本の地理 | 例題類題 テーマ03 | 世界の気候

例題〔★★☆〕地中海性気候を示すハイサーグラフとして最も適当なものを，次の①〜④の中から一つ選びなさい。

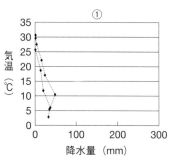
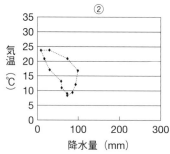
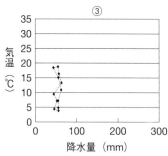
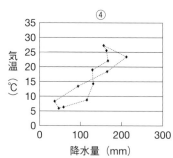

〔平成22年度 日本留学試験（第1回）総合科目 問14(2)〕

1 この問題を解くために

(1) 地中海性気候は，どのような気候ですか。
　　地中海性気候は，温帯なので，一年を通して暖かく，冬もあまり寒くありません。一年を通して雨が少ないですが，とくに夏は雨が少なく，冬に雨が多いです。

(2) 地中海性気候のグラフを選んでみましょう。
- 全体に降水量が少ないグラフです。
- 夏に雨が少なく，冬に雨が多いので，横に広がっているタイプのグラフです。
- 全体に暖かいグラフです（暑すぎず寒すぎない）。

【ハイサーグラフ】hythergraph

【温帯】temperate zone

【地中海性気候】mediterranean climate

2 こたえ　②

類題1〔★★☆〕次の雨温図はカナダのある都市のものである。この都市の位置として正しいものを，下の地図中の①〜④の中から一つ選びなさい。

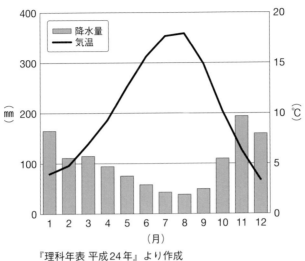

『理科年表 平成24年』より作成

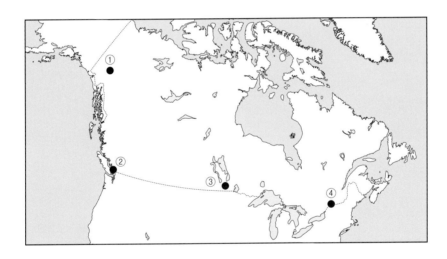

〔平成24年度 日本留学試験（第2回）総合科目 問2〕

類題2〔★★☆〕次の地図は，アフリカ（Africa）の気候区を示している。アフリカでは赤道をはさみ北半球側と同じ気候区が南半球側にも見られる。次の地図中の北半球側に見られるXと同じ気候区として正しいものを，下の①〜④の中から一つ選びなさい。

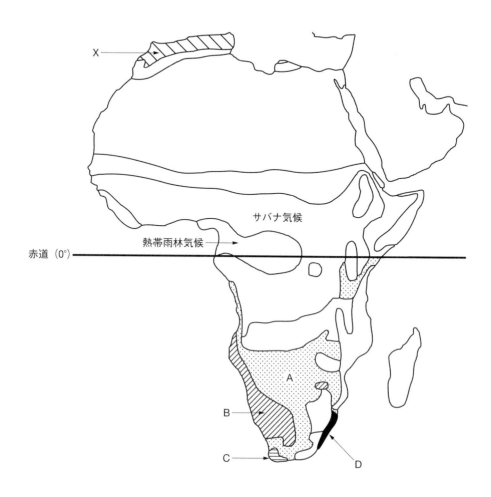

① A　② B　③ C　④ D

〔平成25年度 日本留学試験（第2回）総合科目 問15〕

類題3〔★★☆〕次の四つの地図は，地球規模の気圧配置（Hは高圧部，Lは低圧部を示す）と熱帯収束帯（太い実線）を示したモデルである。7月の状態を示している地図として最も適当なものを，次の①〜④の中から一つ選びなさい。

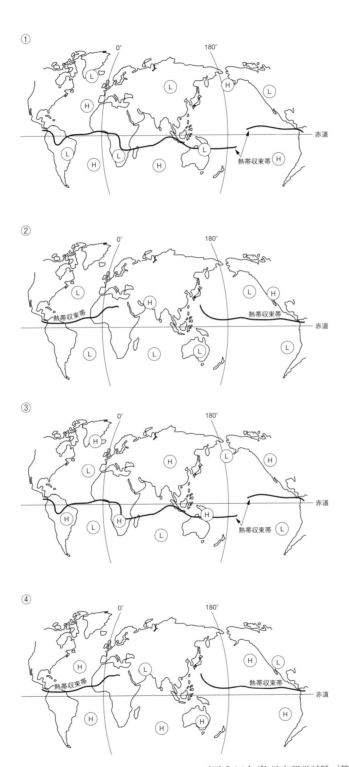

〔平成24年度 日本留学試験（第1回）総合科目 問13〕

第5章 世界と日本の地理　これだけはわかってね！　テーマ04　資源と産業

1 三大穀物

米，小麦，トウモロコシ（corn）は三大穀物と呼ばれます。世界中で育てられていて，収穫量も多いからです。

米は暖かくて雨が多い地域でないと育ちません。米は全生産量のうち90％はアジアで生産されています。とくに中国（China），インド（India），インドネシア（Indonesia）で多く生産されています。しかし，輸出する量は（ ① ）やベトナム（Vietnam）が多いです〔中国やインド，インドネシアは人口が多いので，生産した分をほとんど自分の国で食べてしまうからです〕。

小麦は涼しくて雨が少ない地域でよく育てられています。秋に種をまいて，次の年の夏のはじめに収穫する冬小麦がよくつくられていますが，冬がとても寒い地域では秋に種をまくと枯れてしまうので，春に種をまいて秋に収穫する春小麦がつくられています。小麦はとくに人口が多い中国やインド，（ ② ）やロシアなどでたくさん生産されています。カナダ（Canada）や（ ③ ）は中国やインドほどたくさんつくっていませんが，人口が少ないので，たくさん輸出できるのです。

米と小麦の生産量は少し米が多いくらいで，ほとんど同じですが，輸出量は（ ④ ）のほうがずっと多いです。これは，（ ④ ）のほうが世界中でつくられていて，多くの地域で主食になっているからです。

しかし米は全体の90％はアジア（Asia）で生産されていて，おもにアジアで主食になっています。また，アジアは世界の人口の約60％が住んでいる地域です。だから，アジアでつくられた米はアジアで食べられてしまい，輸出できる量が少なくなります。

トウモロコシは（ ② ）や中国，ブラジル（Brazil），メキシコ（Mexico）などで多く育てられています。トウモロコシは中南米やアフリカでは食べられていますが，先進国ではおもに（ ⑤ ）として大量に使われています。また，最近は（ ⑥ ）〔石油の代わりに，穀物などからアルコールをとって，エネルギーにする〕の原料としても多く使われています。

これだけはわかってね！チェック！

①
②
③
④
⑤
⑥

2 家畜

世界で最も多く育てられている家畜は，牛・豚・羊（sheep）です。

牛はインド，ブラジル，（ ② ）でたくさん育てられています。インドは（ ⑦ ）教の人が多いので牛肉を食べることはしませんが〔（ ⑦ ）教では牛は神聖な動物です〕，牛乳やバターを生産しています。

豚は中国や（ ② ），ヨーロッパでたくさん育てられています。しかし（ ⑧ ）教では豚を食べてはいけないので，（ ⑧ ）教の人が多い西アジア〔イラン（Iran）やサウジアラビア（Saudi Arabia）など〕や北アフリカ〔エジプト（Egypt）やアルジェリア（Algeria）など〕などではほとんど育てられていません。

羊は中国や（ ③ ）でたくさん育てられています。羊は牛や豚よりも餌があまりいりませんし，乾燥にも強いので，乾燥している地域を中心に世界中で育てられています。なお，中国は（ ⑨ ）のために多く育てていますが，（ ③ ）では（ ⑩ ）をとるために多く育てられています。

これだけはわかってね！チェック！

⑦
⑧
⑨
⑩

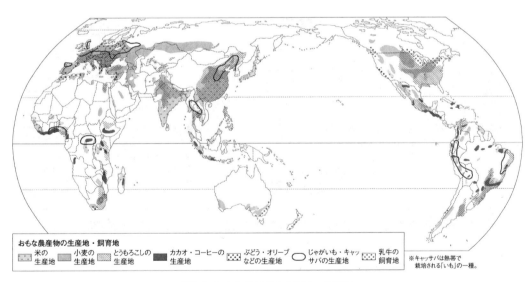

〔図1〕おもな農産物の生産地・飼育地
アドバンス中学地理資料 白地図ワーク・統計付，p.122，帝国書院（2015）より

3 エネルギー

何かをつくったり動かしたりするための〔例えば，電気をつくったり，自動車を動かしたりするための〕エネルギーは，18～19世紀の産業革命のころは石炭でした。しかし，第二次世界大戦のころから石油の消費が増え，1960年代には石炭よりも石油のほうが多く使われるようになりました。このように，エネルギーの中心が石炭から石油に変わったことを（ ⑪ ）といいます。しかし，1970年代に（ ⑫ ）が起こり，石油の価格が高くなると，石油の代わりに天然ガスや原子力が多く利用されるようになりました。

しかし，どのような資源がとれるかによって各国のエネルギーの状況はちがってきます。

（ ⑬ ）など石炭がたくさんとれる国では石炭の消費も多いです。アメリカも石炭がたくさんとれますが，アメリカは自動車の燃料として石油をたくさん使っているので，全体でみると石炭の割合はあまり多くありません。

（ ⑭ ）など天然ガスがたくさんとれる国は天然ガスの消費も多いです。

サウジアラビア（Saudi Arabia）など石油がたくさんとれる国は，もちろん石油の消費が多いですが，（ ⑮ ）や韓国（Korea）などあまり資源を持っていない国でも，石油の消費が多くなっています。石油は液体で運びやすいので，輸入するときも石炭などと比べるとコストが安いからです。

フランスは原子力の割合が高くなっていますが，これはフランス政府が（ ⑫ ）のあと，エネルギー自給率を高くするために原子力発電をすすめたのが要因です。

(1) 石炭

石炭は（ ⑯ ）発電の燃料になりますし，（ ⑰ ）をつくるときにも使います。

石炭を多く生産している国は（ ⑬ ）やアメリカなどです。しかし（ ⑬ ）はエネルギーのほとんどを石炭にたよっていて自分の国で多くを使ってしまい，あまり輸出することはできません。

これだけはわかってね！チェック！

⑪
⑫
⑬
⑭
⑮
⑯
⑰

(2) 石油

　石炭や石油は土の中に埋まっていますが，掘り出したままの石油を原油といいます。

　原油を多く生産しているのは（　⑭　）やサウジアラビア，アメリカです。

　原油を多く輸入しているのはアメリカ，（　⑬　），日本です。石油は火力発電や自動車などの燃料になるだけではなく，（　⑱　）やゴムなど工業製品の原料にもなります。アメリカは工業化がすすんでいて，しかも自動車を持っている人が多いので，自分の国の石油だけでは足りないのでほかの国から輸入しています。アメリカは世界最大の原油輸入国です。

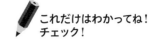

⑱

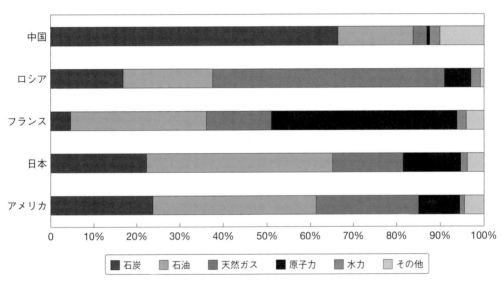

『世界国勢図会 2011／12』から

〔図1〕エネルギー構成

4 鉱産資源

ここでは，鉱産資源のうち鉄鉱石 (Iron ore)・ボーキサイト (bauxite)・銅鉱 (Ore) をとりあげます。

鉄鉱石は（ ⑰ ）の原料になります。多く生産しているのは（ ③ ），（ ⑬ ），ブラジルなどです。しかし（ ⑬ ）は国内でたくさん使うので，鉄鉱石を輸入しています。鉄鉱石を多く輸出しているのは（ ③ ）とブラジルで，この2つの国だけで全体の70％になります。

ボーキサイトは（ ⑲ ）になります。ボーキサイトを多く生産しているのは（ ③ ），（ ⑬ ），ブラジルなどです。

銅鉱は電気を伝えやすいので電線などに利用されます。多く生産しているのは（ ⑳ ），ペルー (Peru)，アメリカなどです。

5 工業

工業はどのようなものを生産するかによって，重工業と軽工業に分けることができます。重工業は鉄鋼や機械など，「重いもの」をつくる工業です。工場を建てて実際に生産を始めるまでに多くのお金がかかります。軽工業は繊維〔ビニールやナイロンなど〕や食品など「軽いもの」をつくる工業です。重工業と比べると，あまりお金がかからず，高い技術を必要とはしません。どこの国でも，最初は軽工業から工業化が始まって，だんだんと重工業がさかんになり，より高い技術が必要な（ ㉑ ）〔ICなど電子製品をつくる〕になっていきます。

(1) 鉄鋼業

鉄鋼業は，鉄鉱石や石炭などを原料にして鉄鋼〔＝粗鋼 (crude steel)〕をつくり，それを使っていろいろな製品を生産する工業です。粗鋼の生産量が多いのは（ ⑬ ），日本，アメリカなどですが，とくに（ ⑬ ）の生産量はとても多いです。粗鋼は，最近は発展途上国での生産が増えていて，先進国ではあまり増えていません。

(2) 自動車

1台の自動車をつくるためには10,000以上の部品がいります。ですから，自動車の生産にはたくさんのお金と高い技術，

これだけはわかってね！チェック！

⑲
⑳
㉑

自動車に関係する産業が必要です。そのため、自動車の生産台数は（ ㉒ ）で多くなる傾向があります。

しかし、最近は（ ⑬ ）や（ ㉓ ）、ブラジル（Brazil）などでも外国の資本や技術を導入して生産台数が増えています。これらの国は人口が多く、経済が発展してお金を持っている人たちも増えているので、自動車を売るための市場にもなっています。だから、（ ㉒ ）はこれらの国に自動車の工場をつくっているのです。

自動車の生産は、1970年代まではアメリカが1位だったのですが、1980年代になると日本が1位になりました〔石油危機の影響でガソリンが値上がりしたため、燃費（feul consumption）のよい日本の車が売れたのです〕。1990年代になると、（ ㉔ ）を避けるために日本車メーカーがアメリカで（ ㉕ ）を始めたので、ふたたびアメリカが1位になりました。しかし、2009年からは（ ⑬ ）が1位になっています。（ ㉒ ）の自動車メーカーが多く進出して、（ ⑬ ）の企業といっしょに企業をつくり〔＝合弁企業〕、自動車を生産しています。

これだけはわかってね！チェック！

㉒	
㉓	
㉔	
㉕	

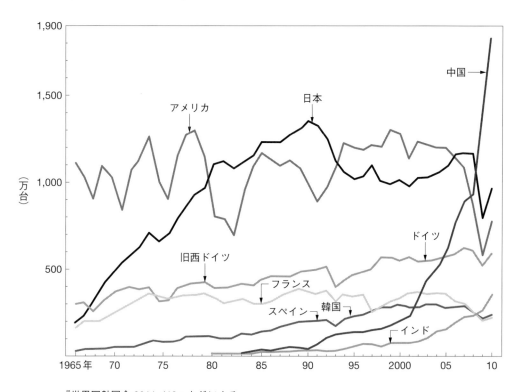

『世界国勢図会2011／12』などによる

〔図2〕 自動車の生産台数の推移

第5章 世界と日本の地理

例題類題 04　テーマ　資源と産業〈重要〉

例題〔★★☆〕次の表は，2006年における小麦の国別輸出量（上位6か国）とその割合を示したものである。表中のXの国名として最も適当なものを，下の①～④の中から一つ選びなさい。

	万トン	％
アメリカ	2,338	18.5
カナダ（Canada）	1,850	14.7
X	1,658	13.1
オーストラリア（Australia）	1,498	11.9
ロシア	971	7.7
アルゼンチン（Argentina）	970	7.7
世界計	12,621	100.0

『世界国勢図会 2009／10年報』より作成

① 中国
② インド
③ フランス
④ ブラジル（Brazil）

〔平成22年度 日本留学試験（第1回）総合科目 問15(1)〕

1 この問題を解くために

(1) 小麦はどこでよくつくられているかを考えてみましょう。

小麦は涼しくて雨が少ない地域でよくつくられています。よって，中国（北部）でもインド（北部）でもフランスでもよくつくられていると考えられます。しかし，ブラジルは熱帯で，一年を通して気温が高く，雨がたくさん降るところですから，小麦はあまりつくっていないのではないかと考えられます。

(2) たくさんつくっているからといって，輸出できるわけではありません。

中国（北部）やインド（北部）でも小麦をたくさんつくっていると考えられますが，中国やインドは人口がとても多いので，小麦をつくってもほかの国にあまり輸出できないのではないかと考えられます。

【中国】China
【インド】India
【フランス】France

2 こたえ　③

類題1〔★★☆〕次の表は，牛，羊，豚について2008年の国別頭数（単位：1,000頭）とその割合を多い順に，それぞれ上位5か国を示したものである。表中のA〜Cに当てはまる国名の組み合わせとして正しいものを，下の①〜④の中から一つ選びなさい。

牛

国	頭数	%
A	175,437	13.0
インド	174,510	13.0
B	96,669	7.2
C	82,624	6.1
アルゼンチン	50,750	3.8
世界合計	1,347,473	100.00

羊

国	頭数	%
C	136,436	12.7
オーストラリア	79,000	7.3
インド	64,989	6.0
イラン	53,800	5.0
スーダン	51,110	4.7
世界合計	1,078,179	100.00

豚

国	頭数	%
C	446,423	47.4
B	65,909	7.0
A	40,000	4.2
ベトナム	26,702	2.8
ドイツ	26,687	2.8
世界合計	941,282	100.0

『世界統計白書 2010年版』より作成

注）アルゼンチン（Argentina），オーストラリア（Australica），イラン（Iran），スーダン（Sudan），ベトナム（Vietnam），ドイツ（Germany）

① A ブラジル　B ロシア　C アメリカ　　② A ブラジル　B アメリカ　C 中国

③ A ロシア　B アメリカ　C 中国　　　　④ A アメリカ　B 中国　C ブラジル

―――――――――
注）ブラジル（Brazil）

〔平成23年度 日本留学試験（第2回）総合科目 問17〕

類題2〔★★☆〕次のグラフA～Dは2003年における日本，中国（China），イタリア（Itary），フランスそれぞれの主要農水産物の自給率を示したものである。A～Dに当てはまる国名の組み合わせとして最も適当なものを，下の①～④の中から一つ選びなさい。

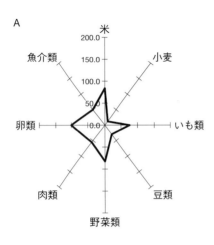
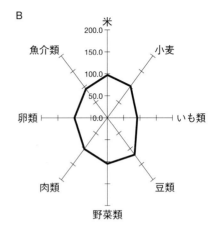
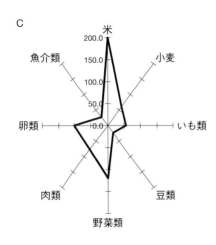
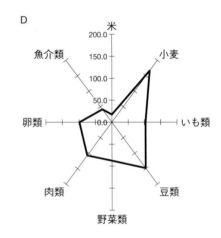

総務省統計局のウェブサイトより作成

① A 日本　　B 中国　　C イタリア　　D フランス
② A フランス　　B 日本　　C 中国　　D イタリア
③ A イタリア　　B フランス　　C 日本　　D 中国
④ A 中国　　B イタリア　　C フランス　　D 日本

〔平成19年度 日本留学試験（第2回）総合科目 問15〕

類題3 〔★★☆〕次の円グラフは，2008年におけるパソコン，電子部品，粗鋼，自動車の4製品について，世界の生産に占める各国・各地域の割合を示したものである。パソコンを示すグラフを，次の①〜④の中から一つ選びなさい。

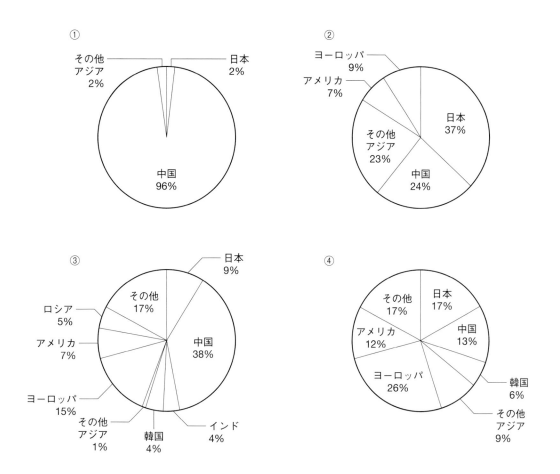

『通商白書2010』より作成
注）アジア（Asia），ヨーロッパ（Europe），インド（India）

〔平成23年度 日本留学試験（第1回）総合科目 問10〕

類題 4〔★★☆〕次の図は，2009年の5か国の発電電力量に占める電源構成を示している。図のA〜Dに当てはまる国名の組み合わせとして最も適当なものを，下の①〜④の中から一つ選びなさい。

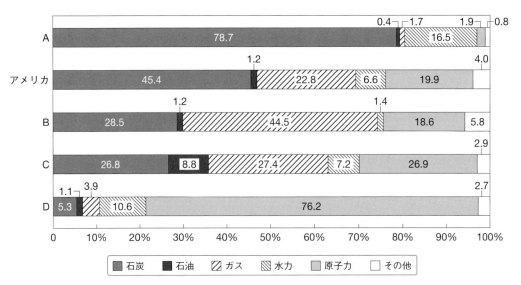

『エネルギー白書2012』より作成

① A 中国　　B フランス　　C 日本　　D イギリス
② A 中国　　B イギリス　　C 日本　　D フランス
③ A 日本　　B フランス　　C 中国　　D イギリス
④ A 日本　　B イギリス　　C 中国　　D フランス

注）フランス（France）

〔平成25年度 日本留学試験（第2回）総合科目 問12〕

類題5〔★★☆〕次のグラフは，各国の自動車生産台数の5年ごとの推移を示したものである。A～Dに当てはまる国名の組み合わせとして正しいものを，下の①～④の中から一つ選びなさい。

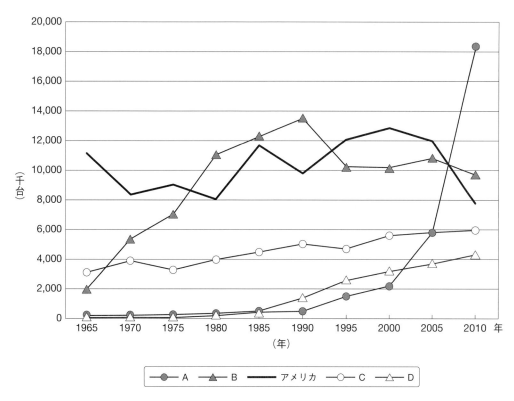

日本自動車工業会『世界自動車統計年報』『日本の自動車工業』『主要自動車統計』および国際自動車工業連合会資料より作成

① A 日本　　B 韓国　　C ドイツ　　D 中国
② A 中国　　B 日本　　C ドイツ　　D 韓国
③ A 韓国　　B ドイツ　　C 日本　　D 中国
④ A ドイツ　　B 日本　　C 中国　　D 韓国

注）ドイツに関しては，1985年までは旧西ドイツの数値である。
　　韓国（South Korea）

〔平成26年度 日本留学試験（第1回）総合科目 問10〕

第5章 世界と日本の地理　これだけはわかってね！　テーマ05　日本と世界の人口

1 日本の人口と人口分布

日本の人口は（　①　）人ですが，その半分は東京・大阪・名古屋〔＝三大都市圏〕に住んでいます。しかし，ほかの多くの地域では人口が減りつづけています。

また，これら三大都市圏のほかにも，北海道の道庁（prefectural office）がある札幌市や，東北の中心になっている宮城県の仙台市，中国・四国地方の中心になっている広島市，九州地方の中心になっている福岡市などの（　②　）には人口が集中しやすいです。これらの大都市では交通が便利で産業が発達しているため，まわりの地域から仕事を求めてやってくる人たちがたくさんいるのです。

人口が短い期間に著しく減って，その地域の人たちが生活しにくくなってくることを（　③　）といいます。例えば，人口が少なくなりすぎると，病院や学校がなくなったり，電車やバスの本数がなくなったりして生活が不便になります。

1960年代の（　④　）に工業化がすすんだ結果，地方の農村から仕事を求めて都会に人がたくさん移動しました。また，1990年代はバブル崩壊（economic bubble burst）で不景気になったことで，ますます（　③　）がすすみました。

2011年に総務省（Ministry of Internal Affairs and Communications）が行った調査によると，人口が増えていた地域は，最も増えていたのは（　⑤　）で，ほかには東京都，福岡県，愛知県など全部で7都県でした。そのほかは人口が減っています。とくに減っていた地域は福島県，岩手県，秋田県でした。

これだけはわかってね！チェック！

①
②
③
④
⑤

2 世界の人口と人口分布

世界の人口は，産業革命のあと，工業化がすすんだヨーロッパや北アメリカで増加しました。

アジアやアフリカ（Africa），中南米（Central and South America）などの発展途上国では，子どもはたくさん生まれますが，医療が発達していなくて赤ちゃんが死んでしまうこともよくありました。しかし，第二次世界大戦後は衛生環境

がよくなり医療が発達し，赤ちゃんが死んでしまうことも少なくなりました。だから人口が急激に増加する（　⑥　）が起こりました。

現在，世界の人口は約（　⑦　）億人で〔世界人口白書2015年より〕，いちばん多い地域はアジアで，世界の人口の約60％を占めています。とくに中国が約13億人でいちばん多く，次にインド（India）の約12億人となっています（3位はアメリカで，約3億人）。

人口の増える割合を％で表したものを人口増加率といいますが，現在は世界全体では人口増加率は低下しています。先進国では人口増加率は低く，発展途上国は高いです。とくに（　⑧　）がいちばん低くて，（　⑨　）はいちばん高いです。1950年〜2010年の間に，ヨーロッパの人口は約1.3倍しか増えていませんが，アフリカは約4.4倍も増えています。

単位面積〔例えば1 km²〕あたりにどれだけ人がいるかを表したものを，人口密度といいます。

人口密度は地域によってかなりちがいがあります。人口密度が高い地域は（　⑩　）がさかんなモンスーンアジア(Monsoon Asia)，商工業が発達している西ヨーロッパや北アメリカ〔例えば，バングラディシュ：Bangladesh，韓国：Korea，オランダ：Netherlands〕です。

しかし，西アジアや北アフリカ，オーストラリアなどや，北アメリカ北部やユーラシア大陸北東部〔例えば，モンゴル：Mongolia，オーストラリア：Australia，カナダ：Canada〕など，砂漠やとても寒いところは人口密度は低いです。

これだけはわかってね！チェック！

⑥
⑦
⑧
⑨
⑩

第5章 世界と日本の地理　例題類題 05　世界と日本の人口

例題〔★★☆〕次の表は，2009年における三つの都道府県と全国の年齢別の人口割合を示したものである。表中のA～Cに当てはまる都道府県名の組み合わせとして正しいものを，下の①～④の中から一つ選びなさい。

単位%

都道府県	0～14歳	15～64歳	65歳以上
A	11.9	67.3	20.9
B	12.7	58.2	29.0
C	17.7	64.8	17.5
全国	13.3	63.9	22.7

『日本国勢図会 2010／11年版』より作成

① A 東京都　B 大阪府　C 北海道
② A 東京都　B 島根県　C 沖縄県
③ A 高知県　B 大阪府　C 沖縄県
④ A 高知県　B 島根県　C 北海道

〔平成23年度 日本留学試験（第1回）総合科目 問16〕

1 この問題を解くために

① 日本は，全体に少子高齢化（子どもの数が減って，65歳以上の人たちが増えること）がすすんでいます。また，都市に人口が集中し，地方は人口が減って高齢化がすすんでいます。

② 0～14歳は子ども，15～64歳は働くことができる人，65歳以上は高齢者です。

③ Aは15～64歳以上の人たちの割合が高いです（全国平均よりも高いです）。働いている人たちがほかよりもたくさんいるということで，都市であると考えることができます（働く場所を探してほかの地方から出てきているとも考えることができます）。だから，Aは東京都だと考えられます。

④ Bは65歳以上の人たちの割合が高いです。つまり，高齢化がすすんでいると考えられます。だからBは都市ではなく地方です。Bは島根県だと考えられます。

▶ Cは沖縄県です。沖縄県は日本ではとても子どもが多い地域です。

▶ 日本の人口（都道府県別）

〔人口が多い5都府県〕

1	東京都	約1,351万人
2	神奈川県	約913万人
3	大阪府	約884万人
4	愛知県	約748万人
5	埼玉県	約726万人

いちばん人口が多いのは東京都。

〔人口が少ない5県〕

1	鳥取県	約57万人
2	島根県	約69万人
3	高知県	約73万人
4	徳島県	約76万人
5	福井県	約79万人

いちばん人口が少ないのは鳥取県。

▶ 人口増加率ベスト3

（平成22年～27年）

1	沖縄県	3.0%
2	東京都	2.7%
3	愛知県	1.0%

沖縄県は子どもの数も多いです。

〔平成27年国勢調査〕

2 こたえ　②

類題1 〔★★☆〕次の表は，日本の東京，大阪，名古屋の三大都市圏とその他の地域の人口動態を示したものである。これに関して，下の問い(1)，(2)に答えなさい。

区分	人口（単位：1,000人）					面積（2000年）	
	1960年	1970年	1980年	1990年	2000年	km²	%
東京圏	15,788	21,954	26,343	28,827	30,335	7,628	2.0
大阪圏	10,323	13,640	15,422	15,886	16,257	7,498	2.0
名古屋圏	5,392	6,774	7,828	8,313	8,717	7,339	1.9
三大都市圏計	31,503	42,368	49,593	53,026	55,309	22,465	5.9
その他地域	62.799	62,297	67,468	69,719	71,617	355,408	94.1
全国	94,302	104,665	117,060	122,745	126,926	377,873	100.0

『データブック・オブ・ザ・ワールド2005』より作成

(1) 人口動態について，上の表の期間中の説明として最も適当なものを，次の①～④の中から一つ選びなさい。
① 三大都市圏の人口は，いずれの年でも全国の人口の4割以上を占めている。
② 三大都市圏以外の地域の合計でも，人口は常に増加を続けている。
③ 名古屋圏の人口は，いずれの年でも大阪圏の人口の半分未満である。
④ 三大都市圏の中では，東京圏の増加率がもっとも大きい。

(2) 日本の人口密度の説明として最も適当なものを，次の①～④の中から一つ選びなさい。
① 大阪圏の人口密度は，三大都市圏の人口密度を上回っている。
② 東京圏の人口密度は，大阪圏の人口密度の倍以上になっている。
③ 1980年の段階で，全国の人口密度は300人／km²を上回っていた。
④ 三大都市圏以外の地域の人口密度は，いずれの年でも200人／km²を下回っている。

〔平成18年度 日本留学試験（第2回）総合科目 問15〕

類題2〔★★☆〕次の表は，2010年における世界の各地域の人口と面積を示したものである。表中のA～Cは，北米（North America），ヨーロッパ，アフリカ（Africa）のいずれかを示している。A～Cに当てはまる地域名の組み合わせとして正しいものを，下の①～④の中から一つ選びなさい。

地域	人口（100万人）	面積（100万km²）
アジア	4,164	31.9
A	1,022	30.3
B	738	23.0
C	345	21.8
中南米（Central and South America）	590	20.5
オセアニア（Oceania）	37	8.6
合計	6,896	136.1

国際連合『World Population Prospects; The 2010 Revision』および『Demographic Yearbook 2009-2010』をもとに作成
注）トルコ（Turkey）はアジアに，ハワイ（Hawaii）は北米，ロシアはヨーロッパに含まれる。北米は，バミューダ（Bermuda），カナダ（Canada），グリーンランド（Greenland），サンピエール・ミクロン（Saint Pierre and Miquelon），アメリカから構成される。

① A ヨーロッパ　B 北米　C アフリカ
② A 北米　B アフリカ　C ヨーロッパ
③ A アフリカ　B ヨーロッパ　C 北米
④ A アフリカ　B 北米　C ヨーロッパ

〔平成25年度 日本留学試験（第1回）総合科目 問11〕

類題3 〔★★☆〕次の表は，2011年における面積の広い国と人口の多い国のそれぞれ上位7か国を示したものである。表中のA～Dの各国は中国，インド，アメリカ，ブラジルのいずれかである。この中で，A国に当てはまる国として正しいものを，下の①～④の中から一つ選びなさい。

	面積	人口
1位	ロシア	B
2位	カナダ	D
3位	A	A
4位	B	インドネシア
5位	C	C
6位	オーストラリア	パキスタン
7位	D	ナイジェリア

国際連合『Demographic Yearbook（2011年版）』『World Population Prospects（2010）』より作成
注）ロシア（Russia），インドネシア（Indonesia），ナイジェリア（Nigeria）

① 中国
② インド
③ アメリカ
④ ブラジル

中国：China
インド：India
ブラジル：Brazil

〔平成26年度 日本留学試験（第1回）総合科目 問16〕

長沼式 合格確実シリーズ 総合科目

III. 歴史

第6章 近代から20世紀の世界と日本

第6章 近代から20世紀の世界と日本

これだけはわかってね！

テーマ01　アメリカ独立戦争

1 アメリカ大陸が発見されるまで

　15世紀まで，ヨーロッパはオスマン帝国（Ottoman Empire）などイスラム（Islam）の国々を通して，アジアの品物（とくに香辛料）を買っていました。ヨーロッパの国々はますますアジアに関心をもつようになって，アジアの国々と直接，貿易をしたいと思うようになりました。

　そこで，とくにスペイン（Spain）とポルトガル（Portugal）が船を出して，アジアへの新しい行き方を探すようになりました。多くの探検家が，アジアへ行くために世界の海を旅しました〔＝大航海時代（Age of Discovery）〕。

　1492年に（　①　）が現在のサンサルバドル島（San Salvador Island）に着いて，現在のアメリカ大陸も探検しています〔ただし，彼は自分が探検した土地をインド：Indiaだと思っていました〕。そのあと，1501年にアメリゴ＝ヴェスプッチ（Amerigo Vespucci）がふたたび大陸に行って，インドではないことを確認し，その大陸を「アメリカ（America）」と名づけました。

2 アメリカ大陸にイギリスの植民地ができるまで

　アメリカ大陸にはヨーロッパのさまざまな国が植民地をつくりました。ポルトガルは現在の（　②　）を，スペインは中南米〔メキシコ：Mexicoやペルー：Peruなど〕を植民地にしました。オランダ：Netherlandsは北アメリカの東海岸〔現在のニューヨーク：New York〕に植民地をつくりました。フランス（France）は現在のカナダ（Canada）に（　③　）を建設し〔今でもフランス語が使われている〕，またルイジアナ（Louisiana）にも植民地をつくりました。

　イギリス（UK）は1607年に最初の植民地であるヴァージニア（Virginia）をつくり，1620年に宗教の自由を求めてイギリス本国からやってきた清教徒（puritan）の人たちがニューイングランド（New England）植民地をつくりました。その後，オランダと戦って東海岸にあったオランダの植民地を手に入れました。このようにして，アメリカの東海岸に13のイギリスの植民地ができました。

これだけはわかってね！チェック！

| ① |
| ② |
| ③ |

3 アメリカ独立戦争

　アメリカ東海岸にできたこれらの13の植民地にはそれぞれ議会があって、自治が行われていました。イギリスはフランスからアメリカにある植民地を守る必要があったので、植民地に自治を認めていました。

　しかし、1755年に起きたフランスとの戦いが終わると、イギリスは貧乏になったため、植民地からたくさんの税金をとるようになりました。イギリスが植民地の人たちの意見をきかずに、勝手に税金をとるための法律をつくるので、イギリスから独立しようという動きが出てきました。

　1775年に植民地の軍〔軍のリーダーは（ ④ ）〕とイギリス軍がボストン（Boston）の郊外で衝突して、（ ⑤ ）が始まりました。最初、イギリスから独立することに反対していた人たちもいましたが、トマス＝ペイン（Thomas Paine）がイギリスから独立する必要があることをわかりやすく書いた本〔＝『コモン・センス（Common Sense）』〕を出版して広め、植民地の人たちはイギリスから独立する方針でまとまりました。

　1776年に植民地の代表の人たちはアメリカ独立宣言（United States Declaration of Independence）〔（ ⑥ ）たちが書いた〕を発表しました。この独立宣言はイギリスの哲学者である（ ⑦ ）の影響を受けていて、人間には自由や平等などの基本的人権があると主張しました。そして当時のイギリス国王の政治を批判し、13州は独立すると述べています。

　このように独立宣言を行い、ほかの国に支援を呼びかけたことで、（ ⑧ ）・スペイン・オランダ・ロシア（Russia）がアメリカを助けました。1781年に植民地が戦争に勝って、1783年のパリ条約（Treaty of Paris）でアメリカ合衆国の独立が認められました。（ ⑧ ）はアメリカを支援するためにお金をとてもたくさん使ったので貧乏になり、これが革命の要因になりました。

これだけはわかってね！チェック！

④
⑤
⑥
⑦
⑧

4 アメリカ合衆国の成立

イギリスから独立してから，アメリカをどのような国にするか，議会の中で連邦派〔中央政府の力を強くしようと考える人たち〕と反連邦派〔各州の自治権を大きくするべきだと考える人たち〕に分かれて対立が起きました。しかし，各州の自治を大幅に認めるけれども，中央政府〔連邦政府〕は外交や国を守ること〔＝国防〕，税金を集める権利〔＝徴税権〕などができることになりました。

このようにして1788年に合衆国憲法ができました。そして，これに基づいて連邦政府ができ，初代大統領には（ ④ ）がなりました。

5 アメリカの領土拡大

アメリカは独立したころはアメリカ大陸の東海岸にある13州だけでしたが，ほかの国から分けてもらったり，買ったり，ほかの国と戦争をするなどをして，どんどん領土を広げていきました。とくに1840年代は西に向かって開拓〔まだ誰も住んでいない土地に家を建てて畑などをつくり，人が住める土地にすること〕がすすみました。1846年にはアメリカ＝メキシコ戦争を起こして勝ち，メキシコ（Mexico）から（ ⑨ ）などをもらったため，アメリカの領土は太平洋側まで広がりました。

6 南北戦争

アメリカが独立したころから，アメリカ南部と北部では政治的にも経済的にも対立していました。

南部は暖かい気候を利用して綿花（cotton）をたくさん生産していました。アフリカから黒人の人たちを連れてきて，（ ⑩ ）として使っていました。綿花はイギリスに輸出し，イギリスからは工業製品を輸入していました。南部の人たちは各州がより大きな力を持つ州権主義（states' rights theory）を主張し，自由貿易を求めていました。

北部は産業革命がすすんで，工業が発展していました。しかし，イギリスの工業製品と競争することになるので，（ ⑪ ）を求めていました。また，連邦主義（Federal Theology）を主張し，自由貿易には反対していました。

1860年，リンカーン（Abraham Lincoln）が大統領になると，

これだけはわかってね！チェック！

⑨	
⑩	
⑪	

1861年に南部の州が合衆国から離れて、アメリカ連合国（Confederate States of America；CSA）という新しい国をつくりました〔リンカーンは北部出身で、自由貿易に反対していた〕。1861年、南部の軍が北部を攻撃し、南北戦争が始まりました〔図1〕。リンカーンは西部の州を味方にするために、1862年に（ ⑫ ）〔政府の土地に5年間住んで、その土地を開拓した人に一定の広さの土地を与えた〕をつくりました。1863年には（ ⑬ ）を行って、アメリカや外国からも賛成されました。同じ年に起こったゲティスバーグ（Gettysburg）の戦いのあと〔南北戦争で最も大きな戦い。この戦いで亡くなった人のための葬式のときに、リンカーンが演説で「（ ⑭ ）」ということばを使った〕、北軍は南軍との戦いに勝ちつづけ、1865年に南部の首都リッチモンド（Richmond）での戦いに北軍が勝ち、南北戦争が終わりました。しかし、リンカーンは南北戦争のあと暗殺されてしまいました。

これだけはわかってね！チェック！

⑫

⑬

⑭

〔図1〕南北戦争の対立の構造
日本大百科全書（ニッポニカ）より　©shogakukan

第6章 近代から20世紀の世界と日本

例題類題 01 テーマ アメリカ独立戦争

例題〔★★☆〕19世紀にアメリカは，その領土を拡大していった。その中には外国から購入したものもある。ルイジアナ（Louisiana），フロリダ（Florida），アラスカ（Alaska）はそれぞれどこの国から購入したものであったか。購入先の国名の組み合わせとして最も適当なものを，次の①～④の中から一つ選びなさい。

① ルイジアナ―フランス　　フロリダ―イギリス　　アラスカ―ドイツ
② ルイジアナ―イタリア　　フロリダ―スペイン　　アラスカ―ドイツ
③ ルイジアナ―イタリア　　フロリダ―イギリス　　アラスカ―ロシア
④ ルイジアナ―フランス　　フロリダ―スペイン　　アラスカ―ロシア

〔平成20年度 日本留学試験（第2回）総合科目 問24〕

1 この問題を解くために

(1) ルイジアナは「ルイ14世の土地」という意味です。ルイ14世（Louis XIV）は17世紀のフランス国王です。だから，ルイジアナはフランスの植民地です。

(2) アラスカはロシアに近いので，ロシアの植民地だと考えることができると思います。だから，こたえは④です。

【フランス】France
【イギリス】UK
【ドイツ】Germany
【イタリア】Italy
【スペイン】Spain
【ロシア】Russia
【植民地】colony

2 こたえ　④

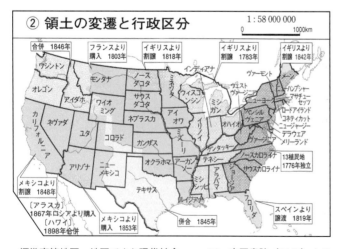

標準高等地図―地図でよむ現代社会―，p.52，帝国書院（2015）より

類題1〔★☆☆〕イギリスの植民地であったアメリカが独立を目指すようになった経緯の説明として最も適当なものを，次の①〜④の中から一つ選びなさい。

① 産業革命の進展により，イギリスがアメリカに綿花の栽培を義務付けたため
② イギリスがアメリカに大規模な課税対策を打ち出したため
③ アメリカがフランス植民地を併合し，天然資源と労働力を確保したため
④ アメリカで工業化が進み，イギリスに依存せずに経済が成り立つようになったため

〔平成21年度 日本留学試験（第2回）総合科目 問25(1)〕

類題2〔★★☆〕アメリカの領土拡大について述べた文として正しいものを，次の①〜④のうちから一つ選べ。

① 「マニフェスト＝ディスティニー（明白な天命）」という考えによって，拡大を正当化した。
② 最初の大陸横断鉄道の完成とともに，フロンティアが消滅した。
③ スペインから，カリフォルニアを獲得した。
④ 米英戦争の結果，太平洋岸への移民が増加した。

＊マニフェスト＝ディスティニー：Manifest Destiny，フロンティア：frontier，スペイン：Spain，カリフォルニア：California

〔平成27年度 センター試験 世界史B 追試験26〕

類題3〔★★☆〕リンカーンは，1863年にゲティスバーグ（Gettysburg）でおこなった演説の「人民の，人民による，人民のための政治（government of the people, by the people, for the people）」という一節でよく知られている。この一節が，簡潔に表している政治理念として最も適当なものを，次の①〜④の中から一つ選びなさい。

① 法の支配　　② 国民主権　　③ 両性間の平等　　④ 多文化主義

〔平成20年度 日本留学試験（第2回）総合科目 問1(1)〕

類題4〔★★★〕マディソンを含む下記の4人の歴代大統領を就任順に並べたものとして正しいものを，次の①〜④の中から一つ選びなさい。

① ワシントン→マディソン→リンカーン→ウィルソン
② マディソン→ワシントン→ウィルソン→リンカーン
③ ワシントン→ウィルソン→マディソン→リンカーン
④ ワシントン→リンカーン→マディソン→ウィルソン

注）ワシントン（George Washington），リンカーン（Abraham Lincoln），ウィルソン（Woodrow Wilson）

〔平成23年度 日本留学試験（第1回）総合科目 問17(2)〕

第6章 近代から20世紀の世界と日本

これだけはわかってね！ テーマ02 **国民国家の形成**

1 ナポレオン

1792年，（ ① ）によって，フランスは王国ではなくなって，共和政になりました。しかし新しくできた政府はいろいろなグループに分かれて争っていたので，とても不安定でした。また，イギリス (UK) やロシア (Russia)，オーストリア (Austria) などは協力してフランスに対して戦争を起こしました〔＝第1回～2回対仏大同盟 (Coalition)〕。

1799年，政府の軍の司令官であるナポレオン (Napoleon I) は政府を攻撃して，新しく政府をつくりました。ナポレオンは戦争に勝ちつづけたほか，教育制度をつくり，商業や工業を育てるなど，国内の政治にも力を入れました。1804年には自由権や平等権を保障した（ ② ）をつくりました。

1804年にはナポレオンはフランス国民の大きな支持を得て，皇帝になりました。しかし，ナポレオンが皇帝になったことで，またイギリスやロシア，オーストリアなどが協力してフランスに対して戦争を起こしました〔＝第3回対仏大同盟〕。しかし，ナポレオンは次々に戦争に勝って，ヨーロッパの多くの地域を支配することになりました。ナポレオンが支配した地域には，自由・平等という（ ① ）の考え方が伝わり，結果的にナポレオンの支配から独立しようという意識が強くなっていきました。ヨーロッパ中に（ ③ ）〔個人の自由や平等を求める〕・（ ④ ）〔その地域に住む民族が中心となって国をつくること。外国の支配から独立する〕が広まりました。

1812年，ナポレオンは（ ⑤ ）を攻撃しようとして失敗し，これがきっかけになってフランスは戦争に負けてしまいます。そして，ナポレオンは犯罪者として島に流され，死んでしまいました。

2 ウィーン体制とヨーロッパの再編成

ナポレオンによる戦争が終わったあと，1814年に（ ⑥ ）が開かれました。議長の（ ⑦ ）〔オーストリアの外務大臣〕は，フランスの外務大臣タレーラン：Charles-Maurice de Talleyrand が提案した（ ⑧ ）〔すべてを（ ① ）のまえの状態に戻すこと〕に基づいて話し合いが行われました。

これだけはわかってね！
チェック！

①
②
③
④
⑤
⑥
⑦
⑧

その結果，フランスやスペイン（Spain）などで王国が復活し，ナポレオンに支配されていた地域も，もとの国に戻りました〔＝ウィーン体制〕。ナポレオンによって広まった（　③　）や（　④　）という考え方を軍隊によって抑えていたのは（　⑤　）やオーストリア，プロイセン（Prussia）でした。とくに（　⑤　）は，人々が革命などの運動を起こそうとすと，ほかの国であっても軍隊を出して抑えたので，「ヨーロッパの憲兵（Gendarme of Europe）」ともいわれました。

しかし，それぞれの国の国民は（　③　）や（　④　）を実現しようとして各地で革命を起こしました。まず，1830年にフランスで七月革命が起こり，国王は国民の要求に応じて内閣を交替させました。この革命の影響を受けて，ドイツやポーランド（Poland），イタリア（Italy）などでも革命の動きがありました。とくに（　⑨　）では独立運動が起こり，オランダ（Netherlands）から独立することができました。

3 諸国民の春

1848年，フランス国民は普通選挙の実現を内閣に要求していましたが，内閣はこの要求を拒否しつづけました。そこでフランス国民は，国王と内閣を辞めさせました〔＝二月革命〕。

このフランスでの二月革命の影響を受けて，（　⑩　）でも革命が起き，チェコ（Czech）やハンガリー（Hungary），北イタリアなどで独立運動が起こりました〔＝諸国民の春(The nations of the spring)〕。また，ドイツでも革命が起こり，プロイセン（Prussia）国王は出版の自由を認めること，憲法をつくることなどを約束しました。ドイツで革命が起きると（　⑦　）はイギリスに逃げ，ウィーン体制は終わりました。

これだけはわかってね！チェック！

⑨
⑩

4 ドイツの統一

（ ⑥ ）の結果，ドイツ連邦ができました。ドイツ連邦はいくつかの国の集まりでした。

プロイセンでは国王に憲法をつくるように要求しました。そしてドイツを統一して，どのような憲法にするか話し合うための議会がつくられました。

当時，（ ⑩ ）を中心に統一を行うという考え方〔＝大ドイツ主義〕と，プロイセンを中心に統一を行うという考え方〔＝小ドイツ主義〕という2つの考え方があり，どちらの方法でドイツを統一するか議会で話し合いが行われました。議会では小ドイツ主義が勝って，当時のプロイセン国王にドイツ皇帝になるよう求めましたが，断られてしまいました。

1861年，プロイセン国王に（ ⑪ ）がなると，宰相（Prime minister）にビスマルク（Otto von Bismarck）がなりました。ビスマルクは戦争を重視し，ドイツ軍を大きく，強くしました〔＝鉄血政策（Blood and iron policy）〕。

1866年，普墺戦争（Austro-Prussian War）にプロイセンが勝つと，ドイツ連邦はなくなり，プロイセンが中心になってドイツ統一を行うことになりました。1871年にはプロイセン国王を皇帝とするドイツ帝国ができて，1874年にドイツ帝国憲法がつくられました。

このころ，（ ⑫ ）運動〔より平等で公平な社会をめざす運動〕が始まりましたが，ビスマルクは（ ⑫ ）者鎮圧法をつくって抑えるようになりました。一方，ビスマルクは国民保険などの（ ⑬ ）政策をつくって，国民から不満が出ないように努力しました。

5 フランス　第二帝政から第三共和政へ

1848年の二月革命のあと，第二共和国政府によって男子普通選挙が行われました。この結果，（ ⑭ ）が大統領になりました。

しかし（ ⑭ ）はクーデターを起こし，ナポレオン3世として皇帝になりました〔第二帝政〕。ナポレオン3世は叔父がナポレオン1世なので，それを利用して国民を味方にしました。

また，ナポレオン3世は国民を味方にしておくために，戦争を起こして勝ち，また，植民地を広げるなどしました。例えば，ロシア（Russia）とオスマン帝国（Ottoman Empire）の戦争〔＝

これだけはわかってね！チェック！

| ⑪ |
| ⑫ |
| ⑬ |
| ⑭ |

クリミア戦争（Crimean War）〕にフランス軍を出してオスマン帝国を助け，またイギリスとともに中国に進出するために戦争を起こして〔＝アロー戦争（Arrow War）〕，中国に勝つなどしました。

しかし，1870年に始まったプロイセンとの戦争では，ナポレオン３世がプロイセン軍に捕まり，第二帝政は終わりました。

ナポレオン３世が捕まったあと，（ ⑮ ）が中心となって臨時政府がつくられました〔＝第三共和政〕。臨時政府は，フランスとドイツの国境地域にある（ ⑯ ）地方をプロイセンに与え，戦争を終わらせました。（ ⑯ ）地方は農産物が豊かで，鉄鉱石や石炭もたくさんとれたので，長い間，ドイツとフランスは奪い合いをしてきたのです。

しかし，臨時政府がプロイセンに負けたことを知ったパリ（Paris）の市民・労働者は怒って臨時政府軍をパリから追い出し，新しく政府をつくりました〔＝（ ⑰ ）〕。しかし，（ ⑮ ）が臨時政府軍を立て直し，（ ⑰ ）と戦って勝ちました。

1875年，政府は第三共和国憲法をつくりました。

6 アメリカの孤立主義

アメリカは最初の大統領（ ⑱ ）のころから，ほかの国と同盟を結んだりはしないという外交方針〔＝孤立主義〕でした。孤立主義は20世紀のはじめごろまで続きました。とくに1823年，当時の大統領（ ⑲ ）が，「アメリカはヨーロッパの政治について関わらないが，ヨーロッパの国もアメリカの政治に関わってはいけない」という外交方針を教書（State of the Union Address）で明らかにしたので，孤立主義を「（ ⑲ ）主義」ともいいます。

これだけはわかってね！チェック！

⑮
⑯
⑰
⑱
⑲

第6章 近代から20世紀の世界と日本　例題類題 02　テーマ 国民国家の形成

例題〔★☆☆〕プロイセン（Prussia）の首相で，ドイツ帝国の宰相をつとめたビスマルク（Otto von Bismarck）に関する記述として最も適当なものを，次の①〜④の中から一つ選びなさい。

① フランスとの友好関係を背景に，東方への領土拡大を目指した。
② ウィーン（Vienna）会議を主宰し，列強の勢力均衡を図った。
③ 貿易によって経済を活性化させるため，自由貿易を促進した。
④ 鉄血政策を展開して軍備を拡張する一方，国内では社会保険制度を整備した。

〔平成23年度 日本留学試験（第1回）総合科目 問26〕

1 この問題を解くために

(1) ビスマルク（Otto von Bismarck）はもともとプロイセン王国の宰相でしたが，19世紀の当時，それぞれ小さな国に分かれていたドイツをひとつにまとめ，世界で初めての社会保障政策を行いました。
(2) それぞれの選択肢を確認しましょう。
① ビスマルクはフランス（France）と戦って（1870年，プロイセン＝フランス戦争），南ドイツ（Germany）の国を手に入れました。フランスと仲がよかったわけではありません。
② ウィーン会議（Congress of Vienna）の議長はメッテルニヒ（Klemens von Metternich）です。ビスマルクではありません。
③ プロイセンでは土地をもっている農家は自由貿易を主張し，工場などにお金を出している資本家は保護貿易（外国の製品に高い関税をかける）を主張しました。しかし，最終的にプロイセンは保護貿易を行うことになりました。
④ そのとおりです。

【プロイセン（プロシア）】Prussia

2 こたえ　④

類題1〔★☆☆〕フランス革命後にナポレオン1世（Napoleon I）がおこなったこととして最も適当なものを，次の①〜④の中から一つ選びなさい。

① モスクワ遠征を成功させ，ロマノフ王朝（Romanov）を打倒した。
② 大陸封鎖令を出し，大陸諸国にイギリスとの通商を禁止した。
③ ルイ16世（Louis XVI）を処刑し，革命政府を樹立した。
④ ウィーン会議（Congress of Vienna）を主宰し，ヨーロッパ諸国の再編をおこなった。

〔平成24年度 日本留学試験（第1回）総合科目 問25〕

類題2〔★★☆〕フランス革命とナポレオン戦争（Napoleon Wars）後の混乱を処理するために開かれたウィーン会議（Congress of Vienna）の結果に関する記述として最も適当なものを，次の①〜④の中から一つ選びなさい。

① スペイン（Spain）の革命政府が承認され，共和政体が国際的に認められた。
② オーストリア（Austria）やプロイセン（Prussia）の領土にまたがるドイツ連邦（German Confederation）が生まれた。
③ ローマ教皇領（Papal States）がイタリア王国に併合され，イタリアの統一が達成された。
④ オランダ（Netherlands）とスイス（Switzerland）がフランスからの独立を認められた。

〔平成25年度 日本留学試験（第2回）総合科目 問26〕

類題3〔★★★〕次に示す19世紀にヨーロッパで起きた出来事A〜Dを年代順に並べたものとして正しいものを，下の①〜④の中から一つ選びなさい。

A：ナポレオン1世（Napoleon I）の皇帝就任
B：クリミア（Crimea）戦争の勃発
C：ベルギー（Belgium）王国の独立
D：ビスマルク（Bismarck）のプロイセン（Prussia）王国首相就任

① D→A→B→C　　② B→D→C→A　　③ A→C→B→D　　④ B→D→A→C

〔平成18年度 日本留学試験（第2回）総合科目 問25〕

第6章 近代から20世紀の世界と日本

これだけはわかってね！ テーマ 03 **帝国主義と植民地化**

1 産業革命

　18世紀ごろイギリス（UK）がインド（India）から綿布を輸入するようになると，イギリスでは綿布の需要が増え，イギリスでも綿布を生産することになりました。

　1733年に（ ① ）が飛び杼（jump shed）を発明して綿布の生産が大幅に増加すると，その原料の綿糸の生産を増やすために紡績機（spinning machine）が発明されました。1769年に（ ② ）が蒸気機関を改良すると，綿織物や綿糸の生産もこれを利用して行われるようになり，機械工業が発達しました。蒸気機関は交通機関にも活かされ，蒸気船や蒸気機関車もつくられました。

　このように，工業などいろいろな産業が機械化していくことを産業革命といいます。産業革命によってイギリスは「（ ③ ）」〔工業製品をイギリスでつくって世界中に輸出するから〕と呼ばれるようになりました。1825年にイギリスがほかの国に機械を輸出するようになると，ほかの国でも産業革命が起こりました。

2 植民地の拡大と世界市場の形成

　植民地は16世紀の大航海時代（Age of Discovery）のころからつくられていました。とくにスペイン（Spain）やポルトガル（Portugal）は，インドに貿易の拠点をつくったり，資源をとったりするためにブラジル（Brazil）などを支配していました。

　しかし，産業革命のあとは製品をつくるための（ ④ ）を得たり，工業製品を売るための（ ⑤ ）にしたりすることを目的にして植民地をつくるようになりました。

　例えばインドは1877年にイギリスの植民地になりましたが〔＝インド帝国〕，最初は綿布を輸出していましたが，19世紀になると綿布の（ ④ ）〔＝綿花〕の供給地，工業製品〔＝綿布〕を売るための（ ⑤ ）になってしまいました。

　16世紀はヨーロッパの国々は（ ⑥ ）を求めて東南アジアにやってきましたが，17世紀ごろに（ ⑥ ）の価格が下がると，コーヒーやさとうきび，ゴムや麻などの（ ⑦ ）を生産するために植民地をつくりました。東南アジアで植民地にならなかった

これだけはわかってね！チェック！

①
②
③
④
⑤
⑥
⑦

のは（　⑧　）だけでした〔図1〕。

　太平洋はスペイン人のマゼラン（Ferdinand Magellan）が発見しました。スペインやオランダ（Netherlands）が（　⑨　）やニュージーランド（New Zealand）を発見しましたが植民地にしたのはイギリスでした。イギリスは（　⑨　）を18世紀ごろは流刑地〔流刑＝犯罪をおかした人をイギリス本国から追い出す〕として使いましたが，19世紀から牧畜がさかんになりました。

　また，フランス（France）はタヒチ（Tahiti）などを，ドイツ（Germany）はマリアナ諸島（Mariana islands）やパラオ（Palau）などを植民地にしました。

　また，アメリカは19世紀から太平洋に進出し，まずハワイ（Hawaii）を植民地にして，またスペインとの戦争に勝ったあとは（　⑩　）とグアム（Guam）を植民地にしました。

これだけはわかってね！チェック！

⑧
⑨
⑩

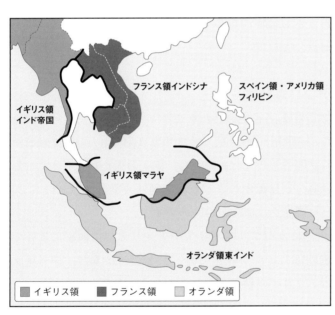

〔図1〕19世紀の東南アジア

3 第二次産業革命と帝国主義

19世紀になって，エネルギーが蒸気から電力や（ ⑪ ）になり，鉄鋼業など重化学工業が産業の中心になっていきました〔＝第二次産業革命〕。

その結果，ますます農村から仕事を求めて都市へ移動する人が増え，また船や鉄道が発達したことで外国への移民も増えました。

植民地は，資源をとったり，投資したり，移民させたりするための場所になっていきました。「租借」というかたちでその国の領土を借りたり〔例えば膠州湾（中国・青島市）〕，鉄道をつくる権利や鉱山から資源を得る権利などを得ようとしたりすることが多くなりました。

ヨーロッパの国々は，植民地や自分の国の力が及ぶ範囲〔＝勢力圏〕を確保するために，アジアやアフリカ，南アメリカへ進出しました〔＝帝国主義（imperialism）〕。とくに（ ⑫ ）やフランス（France）は多くの植民地をもっていました。ドイツは少しあとから植民地をめぐる競争に参加し，（ ⑫ ）やフランスと対立しました。

4 アフリカ分割

アフリカは15世紀の終わりごろ，ポルトガルによって調査されました。16世紀〜18世紀，アフリカ（Africa）の国々はヨーロッパから武器や雑貨などを輸入し，黒人の人たちを（ ⑬ ）として（ ⑭ ）に輸出しました。アメリカ南部ではこの（ ⑬ ）によって綿花を生産していたのです。

19世紀になって，イギリスやアメリカの探検家によってアフリカ内陸部に資源が豊富にあることがわかると，ヨーロッパの国々はアフリカに植民地をつくるようになりました〔＝アフリカ分割〕。

フランスはアフリカの西から東に広げるかたちで，イギリスは北から南に広げるかたちで植民地をつくりました。とくにイギリスはカイロ（Cairo）とケープタウン（Cape Town）とインドのカルカッタ（Calcutta）を結ぶ（ ⑮ ）を行いました。

フランスとイギリスは1898年，スーダン（Sudan）で衝突しそうになりましたが，フランスがそれ以上東に進むことを諦めたことで衝突が避けられました〔＝（ ⑯ ）〕。イギリスとフランスは長い間戦争をしてきましたが，この事件以降はお互いに協力

これだけはわかってね！チェック！

⑪
⑫
⑬
⑭
⑮
⑯

するようになりました。

　ドイツは統一が遅れたため、アフリカ分割への参加が遅れましたが、1884年、（　⑰　）が（　⑱　）を行い、これをきっかけにしてアフリカに植民地を広げるようになりました。（　⑱　）では「その地域を最初に占領(せんりょう)した国がその地域に植民地をつくることができる」ということが決められ、アフリカ分割は速(はや)いスピードですすみました。

　また、ドイツはイギリスの（　⑮　）をじゃましようとして、ベルリン（Berlin）〔ドイツ〕・ビザンティウム（Byzantium）〔トルコ：Turkey。今のイスタンブール（Istanbul）〕・バグダード（Baghdad）〔イラク（Iraq）〕を鉄道で結ぶ（　⑲　）を行いました。

　このようにヨーロッパの国々が植民地を次々(つぎつぎ)につくった結果、アフリカで独立していたのは（　⑳　）とリベリア（Liberia）だけになりました〔図2〕。

これだけはわかってね！チェック！

| ⑰ |
| ⑱ |
| ⑲ |
| ⑳ |

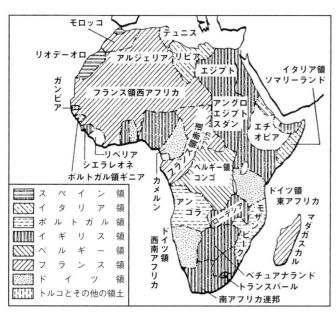

〔図2〕1914年のアフリカ
http://i1.wp.com/www.eongr.jp/wppool/daiafurika.jpg より

第6章 近代から20世紀の世界と日本　例題類題 テーマ03 帝国主義と植民地化

例題〔★☆☆〕フィリピン（the Philippines）の説明として最も適当なものを，次の①～④の中から一つ選びなさい。

① 1890年以降，ビスマルク島とともにドイツによって領有された。
② 1896年，独立を宣言し，アメリカの支援をうけて革命政権を樹立した。
③ 1898年の米西戦争の結果，グアム（Guam）島とともにアメリカによって領有された。
④ 1901年イギリスによって北ボルネオ（Borneo）とともに領有された。

〔平成18年度 日本留学試験（第1回）総合科目 問26〕

1 この問題を解くために

(1) フィリピン（Philippines）は「フェリペ2世（Felipe II）の国」という意味です。フェリペ2世はスペイン（Spain）国王です。1542年，フィリピンはスペインの植民地になりました。その後，1898年にアメリカ（USA）とスペインが戦争して〔＝米西戦争〕，スペインが負けると，フィリピンはアメリカの植民地になりました。

(2) それぞれの選択肢を考えてみましょう。

① フィリピンを植民地にしていたのはスペインとアメリカです。ドイツ（Germany）の植民地になったことはありません。
② スペインの植民地だったとき（1896年），1回目の革命が起きましたが，スペインに負けてしまいました。米西戦争のときに2回目の革命が起きましたが，米西戦争に勝ったアメリカはフィリピンを独立させませんでした。
③ そのとおりです。これがこたえです。
④ フィリピンを植民地にしていたのはスペインとアメリカです。イギリス（UK）の植民地になったことはありません。

2 こたえ　③

類題1〔★★☆〕次の文章中の空欄a～cに当てはまる語の組み合わせとして最も適当なものを，次の①～④の中から一つ選びなさい。

ヨーロッパ列強は，1914年までに，　a　とエチオピア（Ethiopia）を除くアフリカ（Africa）の全地域を支配下においた。中でも　b　は　c　とケープタウン（Cape Town）を結ぶ地域の植民地化を目指すアフリカの縦断政策を進めた。

① a リベリア　b イギリス　c カイロ　　② a モロッコ　b フランス　c カイロ
③ a モロッコ　b イギリス　c カサブランカ　④ a リベリア　b フランス　c カサブランカ

注）リベリア（Liberia），カイロ（Cairo），モロッコ（Morocco），カサブランカ（Casablanca）

〔平成22年度 日本留学試験（第2回）総合科目 問28〕

類題2〔★★☆〕世界分割を進めつつあった列強について述べた文として正しいものを，次の①～④のうちから一つ選べ。

① ドイツが3C政策を進めた。
② ロシアが三国同盟を結んだ。
③ イギリスがパナマ運河を開通させた。
④ フランスが，アフリカを横断する政策を進めた。

＊ドイツ：German，ロシア：Russia，イギリス：UK，パナマ運河：Panama Canal，フランス：France，アフリカ：Africa

〔平成28年度 センター試験 世界史A 本試験13〕

類題3〔★★★〕19世紀のメキシコ（Mexico）に関する次の文章を読み，文章中の　a　，　b　に当てはまる語の組み合わせとして最も適当なものを，次の①～④の中から一つ選びなさい。

19世紀のメキシコでは，　a　出身の大統領フアレス（Benito Juárez）とその改革に反対する勢力との間で内戦状態となった。ヨーロッパのいくつかの国はこれに乗じてアメリカ（America）大陸への進出を図るため軍事介入をおこなった。特にフランスの　b　はオーストリア皇帝の弟をメキシコ皇帝に即位させたが，結局，敗退した。

① a 先住民　b ナポレオン3世　　② a 先住民　b ルイ16世
③ a スペイン　b ルイ16世　　　　④ a スペイン　b ナポレオン3世

注）ナポレオン3世（Napoléon III），ルイ16世（Louis XVI），スペイン（Spain）

〔平成22年度 日本留学試験（第1回）総合科目 問27〕

第6章 近代から20世紀の世界と日本

これだけはわかってね！
テーマ 04 日本の近代化とアジア

1 古代～近世の日本の政治

　日本は，7世紀ごろまでは天皇（emperor）や皇族（royalty）によって政治が行われ，10世紀ごろまでは貴族（aristocracy）が中心となって政治が行われていました。

　12世紀ごろになると，武士が政治に関わるようになりました。武士はもともと自分の土地を守るために武装したのが始まりでしたが，武士の中に皇族や貴族を守る仕事をする人たちが出てきて，皇族や貴族の代わりに戦争をするようになったのです。

　12世紀にはじめて武士による政権ができ〔源氏による（　①　）〕，14世紀には足利氏による室町幕府が政治を行い，15世紀には織田信長が，その後は豊臣秀吉が政治を行いました。

　そして（　②　）が1603年に江戸幕府をつくり，政治を行いました〔徳川政権〕。徳川政権は日本全国を約300の藩に分けて，それらの藩に自治権を与え，幕府は各藩をまとめて支配していました。

2 日本の開国

　江戸幕府は17世紀ごろから中国や朝鮮（Korea），そして（　③　）以外の国とは関係をもたないようにしていました〔＝鎖国〕。しかし，18世紀になるとロシア（Russia）やアメリカ（USA），イギリス（UK）の船がたびたび日本の近くの海にやってくるようになりました。

　1853年，アメリカの（　④　）が日本にやってきました。当時アメリカは北太平洋でクジラをとっていて，日本に燃料や食料などを提供してもらおうと考えていました。幕府はアメリカとの関係をもつことはしたくありませんでしたが，（　④　）が軍艦できたため，アメリカとの戦争を避けようとして，1854年に条約を結びました〔＝日米和親条約（Treaty of Kanagawa）〕。このとき，アメリカに下田（神奈川県）と函館（北海道）の2つの港を提供することになりました。このようにして日本は開国（opening of a country）することになりました。

　1858年には，日米修好通商条約（Treaty of Amity and Commerce）が結ばれ，日本とアメリカは貿易を行うことになりまし

これだけはわかってね！ チェック！

①
②
③
④

た。しかし，幕府は国際的な法律の知識があまりなかったので，不平等な内容の条約になってしまいました。日本には（　⑤　）〔関税を自由に決める権利〕がなく，アメリカの（　⑥　）〔例えば，アメリカ人が日本で犯罪をおかしても，日本の法律ではなくアメリカの法律で裁判を受けることができる〕を認めていました。同じような内容の条約を，イギリスやロシア，オランダ（Netherlands）などとも結びました。

3 明治維新

　このころ，政治的・経済的な改革をすすめてきた（　⑦　）〔現在の鹿児島県〕や（　⑧　）〔現在の山口県〕，土佐藩〔現在の高知県〕，肥前藩〔現在の佐賀県〕など〔＝雄藩〕が幕府に対しても大きく影響を与えるようになっていました。雄藩はいまの幕府には日本の政治を担当する能力がないと考えていました。

　1867年，最後の将軍である（　⑨　）は，徳川氏と天皇が協力して政治を行おうと考え，天皇に政権を返すことにしました〔＝大政奉還〕。しかし，（　⑦　）と（　⑧　）は幕府をなくさないと改革が難しいと考えていたため，クーデター（change of government by force）を起こして徳川氏をのぞいた新しい政府をつくりました〔＝明治維新〕。これに対して（　⑨　）は納得しなかったので，新政府と旧幕府は1868年から1年にわたって戦争をすることになりました〔＝（　⑩　）〕。新政府軍はイギリスから，旧幕府軍はフランス（France）から武器などを提供してもらっていました。

これだけはわかってね！チェック！

⑤
⑥
⑦
⑧
⑨
⑩

4 明治新政府の政策

旧幕府軍との戦いに勝った新政府は，中央集権をすすめました。まず，版籍奉還〔藩主が領地とそこに住んでいる人たちを天皇に返すこと〕を行ったうえで，（ ⑪ ）〔それまでの藩主をやめさせて新しく「府」「県」を置いて，政府が任命した府知事や県令を派遣〕を行いました。また1873年には（ ⑫ ）が出され，近代的な軍隊がつくられました。

そして1873年には（ ⑬ ）が行われ，それまで米で納めるようにしていた税を，その土地の所有者が，その土地の価格の3％をお金で払うようにしました。この結果，財政は安定してさまざまな政策を行うことができるようになりました。

5 自由民権運動の展開

明治新政府は薩摩藩・長州藩・土佐藩出身の人たちを中心とした政権でした〔＝藩閥政治〕。1873年，朝鮮の開国をめぐって政府内で対立が起こり，政府の中心にいた板垣退助は政府を辞めました。板垣は，藩閥政治を批判して，国民が選んだ議員による議会をつくることを政府に提案しました〔＝（ ⑭ ）〕。

これをきっかけにして，各地で国会をどのようにつくるか，いつつくるかなど議論が行われるようになりました〔＝自由民権運動〕。政府は1890年には国会をつくると約束しました。

6 大日本帝国憲法

1882年，政府は（ ⑮ ）をドイツに派遣して憲法について学ばせました。（ ⑮ ）は君主〔国王や皇帝など〕の権力が強いプロイセン（Prussia）の憲法を参考につくりました〔まず1885年に内閣がつくられ，初代の内閣総理大臣には（ ⑮ ）がなった〕。1889年，大日本帝国憲法が公布されました。

大日本帝国憲法では，天皇が内閣の補佐を受けながら政治を行うというかたちになっていました。したがって，一応は立法〔＝国会〕・行政〔＝内閣〕・司法〔＝裁判所〕のようにはなっていましたが，三権分立は完全ではありませんでした。

1890年に初めて選挙が行われましたが，選挙で選ぶことができるのは衆議院だけでした〔当時は衆議院と参議院ではなく衆議院と貴族院〕。選挙権があったのは税金〔地租や所得税〕を（ ⑯ ）〔今であれば40万円くらい〕以上納める（ ⑰ ）以上の男性だ

これだけはわかってね！チェック！

⑪
⑫
⑬
⑭
⑮
⑯
⑰

けでした〔制限選挙〕。

　また，内閣については，内閣総理大臣は天皇が任命し，国会議員である必要もありませんでした。政党から初めて内閣ができるのは国会ができて8年後の1898年になってからで，（ ⑱ ）内閣のときです。

これだけはわかってね！チェック！
⑱
⑲
⑳

7 日清戦争

　ロシアは冬でも凍らない港を確保するために領土を広げつづけていましたが，18世紀から南に向かって領土を広げる「南下政策」を行っていました。19世紀になるとロシアは東アジアにも進出を始めました。19世紀の終わりごろは，ロシアがサハリン（Sakhalin）やウラジオストク（Vladivostok）まで南下し，日本はロシアの南下にかなり危険を感じていました。もし朝鮮半島がロシアに占領されると，日本もロシアに攻撃される可能性があったからです。そこで日本は，中国（清：Qing）が管理していた朝鮮を独立させようとしました。

　1894年に朝鮮で農民の反乱が起きると，朝鮮は清に軍を派遣するように頼みました。日本も朝鮮にいる日本人を守るなどを理由にして軍を送りました。反乱が終わったあとも，清の軍も日本軍も国には帰らず，清と日本は朝鮮で戦争を始めました〔＝日清戦争〕。

　日本は清に勝ち，朝鮮を独立させること，台湾・（ ⑲ ）・澎湖諸島（Penghu Islands）を日本の領土にすること，賠償金として3億1千万円を日本に払うことを認めさせました。

　しかし，（ ⑳ ）がドイツ（Germany）とフランスといっしょに，日本に対して清に（ ⑲ ）を返すように要求しました。日本はこの3つの国と戦う力はなかったので，（ ⑲ ）を清に返すことにしました。（ ⑳ ）は（ ⑲ ）を日本から取り戻したことを理由に，（ ⑲ ）を清から「借りる」ことができました。結果的に（ ⑳ ）は中国に進出することができたのです。

第6章 近代から20世紀の世界と日本

例題類題 04 　日本の近代化とアジア

例題〔★☆☆〕1858年に調印された日米修好通商条約の内容として最も適当なものを，次の①〜④の中から一つ選びなさい。

① 日本がヨーロッパ列強から攻撃を受けた際には，アメリカが日本を防衛する。
② アメリカは貿易に用いる港として長崎と神戸を99年間租借する。
③ 貿易は許可を受けた業者だけに限定され，貿易品目も食料品に限定される。
④ 日本に滞在するアメリカ人による日本人への犯罪は，アメリカの法律に基づいてアメリカの領事が裁判をおこなう。

〔平成23年度 日本留学試験（第1回）総合科目 問27〕

1 この問題を解くために

(1) 日本は，17世紀ごろから貿易をする国を中国・朝鮮・オランダ（Netherlands）だけにして，貿易をする場所は基本的に長崎だけにしていました〔＝鎖国〕。しかし，18世紀の終わりごろからロシア（Russia）やイギリス（UK），アメリカ（USA）などの船が日本の近くにくるようになっていました。とくにアメリカはペリー（Matthew Perry）を日本に行かせて，日本との貿易を始めようと考えました。

(2) アメリカは1854年に日米和親条約（Treaty of Kanagawa）を結び，函館と下田の2つの港をアメリカに開放し，アメリカ船に燃料や食料を提供するなどの約束を日本にさせました。この条約では日本とアメリカの貿易はまだ決まっていません。

(3) 1858年，アメリカと日本は日米友好通商条約（Treaty of Amity and Commerce）を結び，函館・横浜・新潟・神戸・長崎の5つの港をアメリカに開放し，自由貿易を行うことを約束しました。しかし，日本にとっては，自分で関税を決めることができないこと（＝関税自主権がない），日本で犯罪を犯したアメリカ人は日本ではなくアメリカの法律で裁判を受ける（＝治外法権を認める）など不平等な内容でした。

日米修好通商条約で開港した港

2 こたえ　④

類題1 〔★★☆〕明治期に定められた制度・法律に関して述べた文として正しいものを，次の①〜④のうちから一つ選べ。

① 太陽暦を採用し，1日を24時間，1週を7日と定めた。
② 大隈重信の建議によって，日本銀行を設立した。
③ 集会・結社・言論の自由を制限する治安維持法を制定した。
④ 造船奨励法を制定し，民間の海運業を国有化した。

〔平成25年度 センター試験 日本史B 本試験26〕

類題2 〔★☆☆〕　a　は，明治維新後の日本の近代国家建設に大きな役割を果たした。彼は1882年からヨーロッパで憲法調査をおこない，1885年には初代の　b　に任命された。また，彼は1900年に立憲政友会を結成し，その総裁として政党内閣を組織し，明治憲法のもとで政党政治への道を開いた。

(1) 上の文章中の空欄　a　に当てはまる人名として正しいものを，次の①〜④の中から一つ選びなさい。

① 伊藤博文　　② 大隈重信　　③ 福沢諭吉　　④ 山県有朋

(2) 上の文章中の空欄　b　に当てはまる役職として正しいものを，次の①〜④の中から一つ選びなさい。

① 日本銀行総裁　　② 衆議院議長　　③ 大審院長　　④ 内閣総理大臣

〔平成21年度 日本留学試験（第2回）総合科目 問24〕

類題3 〔★★☆〕日清戦争（first Sino-Japanese War）後のアジアの情勢に関する記述として最も適当なものを，次の①〜④の中から一つ選びなさい。

① アメリカは朝鮮（Korea）に開国を要求し，不平等条約を結ばせた。
② イギリスは中国から香港（Hong Kong）の租借権を獲得した。
③ フランスは中国の領土保全と機会均等を要求した。
④ ロシアは満州（Manchuria）地域での租借権や鉄道敷設権を獲得した。

〔平成24年度 日本留学試験（第1回）総合科目 問26〕

類題4 〔★★★〕日本最初の政党内閣は，1898年に成立した大隈内閣といわれている。この内閣が政党内閣と呼ばれる理由として最も適当なものを，次の①〜④の中から一つ選びなさい。

① 衆議院の指名に基づいて成立した。　　② 内閣総理大臣が政党に属していた。
③ 軍部大臣を除く閣僚が政党に属していた。　　④ 軍部大臣を除く閣僚が衆議院議員であった。

〔平成20年度 日本留学試験（第1回）総合科目 問28〕

第6章 近代から20世紀の世界と日本　これだけはわかってね！　テーマ05　第一次世界大戦

1 ヨーロッパの火薬庫

バルカン半島 (Balkans) はヨーロッパの東側の地域で，スラヴ (Slab) 系，ギリシャ (Greece) 系，アルバニア (Albania) 系などいろいろな民族が混ざり合って住んでいました。この地域は13世紀ごろからオスマン帝国 (Ottoman Empire) が支配していました。

1848年，ヨーロッパ各地で民族の独立に向けて運動が始まると〔＝諸国民の春〕，バルカン半島でもオスマン帝国から独立しようという運動が始まりました。とくに，スラヴ民族の人たちは（ ① ）主義〔スラヴ民族の独立や，各国にいるスラヴ民族が協力しあうこと〕を主張していました。

当時，（ ② ）は南に向かって領土を広げようとしていたため〔＝南下政策〕，この（ ① ）主義を支援してバルカン半島へ進出しようとしました。

一方，ドイツ (Germany) やオーストリア (Austria) は，東ヨーロッパやバルカン半島のドイツ人が住んでいる地域にドイツ人の国をつくろうとしていました〔＝（ ③ ）主義〕。

1908年にオスマン帝国で革命が起こると，革命のあとの混乱を利用してオーストリアは管理していた（ ④ ）を自分の領土にしてしまいました。

しかし（ ④ ）にはスラヴ系民族のセルビア人がたくさん住んでいたため，オーストリアに対してセルビア (Serbia) は怒りました。オーストリアは（ ① ）主義を支援していた（ ② ）とも対立することになりました。

このように，バルカン半島は各国の利害が対立し，小さなことでもすぐに戦争に発展する危険がありました〔＝ヨーロッパの火薬庫 (Powder keg of Europe)〕。

2 第一次世界大戦

1914年，ボスニア・ヘルツェゴビナ (Bosnia and Herzegovina) の（ ⑤ ）で，オーストリアの皇太子夫妻が殺されるという事件が起きました〔＝（ ⑤ ）事件〕。オーストリアは殺したのはセルビア人だとして，セルビアを攻撃しました。

これだけはわかってね！チェック！

①
②
③
④
⑤

また，オーストリア側には，ドイツはもちろん，（ ① ）主義に反対するオスマン帝国も参加しました。

セルビア側には，（ ① ）主義を支援していたロシアはもちろん，植民地をめぐってドイツと対立していたイギリス（UK）や（ ⑥ ）も参加しました。このようにして，次々に各国が戦争に参加することになり，第一次世界大戦（WW Ⅰ）が始まりました。

イギリスはオスマン帝国がドイツ側で戦争に参加したので，中東（Middle East）〔当時はオスマン帝国の領土〕の（ ⑦ ）人にも，戦争に参加してイギリスに協力するように呼びかけました。イギリスは，オスマン帝国との戦争に勝ったあと，（ ⑦ ）人の国の独立を認めると約束したのです。

戦争が長くなってくると，イギリスは（ ⑧ ）系のロスチャイルド家（Rothschild）にも協力を頼みました。ロスチャイルド家はヨーロッパで経済的に大きな力をもっていたからです。当時，（ ⑧ ）人は自分の国をつくりたいと思っていましたが，イギリスは戦争が終わったらパレスチナ（Palestine）に（ ⑧ ）人の「ホームランド（homeland）」をつくることを認めたのです。

また，イギリスと同盟を結んでいた（ ⑨ ）も戦争に参加することになりました。（ ⑨ ）はヨーロッパでの戦争には直接参加しませんでしたが，青島など中国にあったドイツの租借地やマリアナ諸島（Mariana islands）やパラオ（Palau）などの太平洋にあるドイツの植民地を攻撃し，自分のものにしました。さらに，ヨーロッパが戦争で中国に関わることができなくなると，日本は中国政府に対してさまざまな要求を行い，中国へ進出しようとしました。

（ ⑩ ）はドイツが付近の海を通る船をすべて潜水艦で攻撃するという無制限潜水艦作戦（Unrestricted submarine warfare）に（ ⑩ ）人が巻き込まれたことをきっかけに，戦争に参加しました。

3 第一次世界大戦の終わり

しかし（ ② ）では戦争が長くなると，国民の間で「早く戦争をやめたい」と思う人々が増えてきました。

1917年，首都のサンクトペテルブルク（Sankt-Peterburg）では食べ物が足りない状態になっていて，労働者や軍は集まって政

これだけはわかってね！チェック！

⑥
⑦
⑧
⑨
⑩

府を攻撃するようになりました。この動きは全国に広がって，（ ⑪ ）〔労働者と軍の代表がつくった議会〕という組織がつくられ，全国に広がりました。そしてニコライ2世（Nicholai II）は皇帝を辞め，新しい政府〔臨時政府〕ができました〔＝（ ② ）革命〕。

　しかし，臨時政府はなかなか戦争を終わらせることができなかったため，クーデターが起きて臨時政府に代わって（ ⑪ ）が政治を行うようになりました。（ ⑪ ）政府はドイツに対して領土やお金の取引はしないで戦争を終わりたいと伝えましたが，ドイツはそれを許しませんでした。

　結局，（ ⑪ ）政府は西側の領土をドイツに渡して，戦争から離れました。その後，（ ⑪ ）は（ ② ）以外にも広がり，1922年に（ ② ）やウクライナ（Ukraine）などの（ ⑪ ）がひとつにまとまり，（ ⑫ ）ができました。

　（ ⑪ ）政府ができると，イギリス・フランス・アメリカ・（ ⑨ ）は（ ⑪ ）が大きくなるのをふせぐために，軍を送りましたが，うまくいきませんでした。

　しかし，ドイツでも「早く戦争をやめたい」と思う人々が増えてきて，革命が起こりました。この結果，ヴィルヘルム2世（Wilhelm II）が皇帝を辞めたため，ドイツ帝国はなくなりました。その後，1919年に（ ⑬ ）憲法がつくられ，（ ⑬ ）共和国になりました。

　オスマン帝国やオーストリアなども1918年までの間に戦争を続けるのが難しくなり，戦争から離れていきました。

4　ベルサイユ体制

　1919年，戦争のあとをどうするかという話し合いが行われました〔＝パリ講和会議（Paris Peace Conference）〕。会議はアメリカ・イギリス・フランスが中心になって行われました。フランスやイギリスは戦争を起こしたドイツに対して罰を与える方針でした。アメリカからは（ ⑭ ）が会議に参加し，各国が平和のためにお互いに協力する〔＝国際協調〕，それぞれの民族が国をつくって独立する〔＝（ ⑮ ）〕という方針でした。

　この話し合いの結果，ベルサイユ条約（Treaty of Peace between the Allied and Associated Powers and Germany）が結ばれました。

これだけはわかってね！チェック！

⑪
⑫
⑬
⑭
⑮

ドイツに対しては、（　⑯　）地方をフランスに返すこと、すべての植民地を捨てること、賠償金1,320億金マルク（約264兆円）を払うことなど、重い罰が与えられました。ひとつ目の理由は、ドイツが二度と戦争ができないようにするため。もうひとつの理由は、ドイツからもらった賠償金を使って、戦争でめちゃくちゃになった自分の国を建てなおすためでした。しかし、賠償金があまりに大きかったので、払いつづけることが難しくなり、結局ドイツは賠償金を払うことをやめてしまいました。

　そして、（　⑭　）が主張した（　⑮　）に基づいて東ヨーロッパの国々が独立し、また、集団的安全保障の機関である（　⑰　）がつくられました。ただし、アメリカは結局（　⑰　）には参加しませんでしたし、最初はドイツや（　⑫　）も参加が認められていませんでした。

　このように、第一次世界大戦が終わったあとのヨーロッパの状態をベルサイユ体制（Versailles system）といいます。

　しかし1929年、世界的に不景気になると、ベルサイユ体制は不安定になりました。1933年、ドイツで（　⑱　）が内閣をつくりました。（　⑱　）は賠償金の支払いをやめ、1936年にフランスとの国境に軍をすすめ、ベルサイユ体制を壊しました。これが第二次世界大戦のきっかけになりました。

これだけはわかってね！チェック！

| ⑯ |
| ⑰ |
| ⑱ |

第6章 近代から20世紀の世界と日本

例題類題 05　テーマ　第一次世界大戦

例題〔★★☆〕第一次世界大戦に関する説明として正しいものを，次の①〜④の中から一つ選びなさい。

① 講和条約によって国際連盟（League of Nations）が設立されたが，アメリカは参加しなかった。
② 日本は，中国にあった旧ドイツ租借地を奪い，1945年まで返還しなかった。
③ イギリスは，アメリカを戦争に巻き込むために，無制限潜水艦作戦をおこなった。
④ タンネンベルク（Tannenberg）の戦いでドイツに勝ったロシアは，ドイツと単独講和条約を結んだ。

〔平成18年度 日本留学試験（第2回）総合科目 問27〕

1 この問題を解くために

① そのとおりです。第一次世界大戦が終わったあと，パリ講和会議（Paris Peace Conference）が行われ，ベルサイユ条約（Treaty of Versailles）が結ばれました（1919年）。このとき，アメリカ（USA）の大統領ウィルソン（Thomas Woodrow Wilson）が国際連盟を提案しました。この提案に基づいて，1920年に国際連盟がつくられました。しかし，アメリカは議会に反対されたため，参加しませんでした。
② 日本は第一次世界大戦中，中華民国大総統の袁世凱に当時ドイツ（Germany）が中国から借りていた山東省を，ドイツの代わりに借りることを約束させました。しかし，1922年のワシントン会議（Washington Naval Conference）で，山東省を中国に返すことが決まりました（1922年12月10日に中国に返しました）。
③ 無制限潜水艦作戦（Unrestricted submarine warfare）は敵だと思われる船をすべて潜水艦で攻撃する作戦です。第一次世界大戦で無制限潜水艦作戦を行ったのはドイツです。
④ タンネンベルグの戦い（Battle of Tannenberg）で勝ったのはドイツです。

2 こたえ　①

類題1〔★★☆〕20世紀初頭から第一次世界大戦にかけての国際関係に関する記述として最も適当なものを，次の①〜④の中から一つ選びなさい。

① イギリスは第一次世界大戦勃発まで「光栄ある孤立」を保ち，いずれの国とも同盟を結ばなかった。
② アメリカとロシアの対立が深まり，ヨーロッパ諸国はアメリカの同盟国とロシアの同盟国に二分された。
③ イタリア（Italy）とオーストリア（Austria）は同盟関係にあったが，両国間には領土をめぐる対立があった。
④ ドイツとフランスは両国の国境地域における資源の共同管理を通じて友好関係を深めていった。

〔平成25年度 日本留学試験（第1回）総合科目 問30〕

類題2〔★☆☆〕1902年に締結された日英同盟の目的に関する記述として最も適当なものを，次の①〜④の中から一つ選びなさい。

① 覇権国となったアメリカに対抗するため
② ロシアの南下政策に対抗するため
③ ドイツの中国進出を阻止するため
④ 第一次世界大戦後の国際協調体制を維持するため

〔平成23年度 日本留学試験（第2回）総合科目 問28〕

類題3〔★★☆〕第一次世界大戦について，戦争が長期化する中で交戦国はさまざまな秘密外交を行った。これに関する記述として最も適当なものを，次の①〜④の中から一つ選びなさい。

① オスマン帝国（Ottoman Empire）は経済支援を受けることを条件として，連合国側に立って参戦した。
② アメリカ（USA）はソ連（USSR）に対日参戦を要求し，見返りに東ヨーロッパへの勢力拡大を容認した。
③ ドイツ（Germany）のヴィルヘルム2世（Wilhelm II）は，フランス（France）にアルザス・ロレーヌ（Alsace-Lorraine）地方の割譲を約束した。
④ イギリス（UK）のバルフォア（Balfour）外相は，パレスチナ（Palestine）にユダヤ人（Jewish people）のための民族的郷土（ナショナル・ホーム）を建設することを約束した。

〔平成26年度 日本留学試験（第1回）総合科目 問1(2)を改変〕

類題4〔★★☆〕第一次世界大戦中に起こった出来事について述べた文として正しいものを，次の①～④のうちから一つ選べ。

① フランスで，「平和に関する布告」が出された。
② ドイツ領南洋諸島が，日本によって占領された。
③ イタリアのキール軍港で，水兵が反乱を起こした。
④ 中国で，共産党が結成された。

＊フランス：France，ドイツ：German，イタリア：Italy，キール：Kiel

〔平成24年度 センター試験 世界史B 本試験27〕

類題5〔★★☆〕第一次世界大戦後のドイツに関する記述として最も適当なものを，次の①～④の中から一つ選びなさい。

① 社会民主党主導で，社会主義国家として経済の再建が図られた。
② 国家主権を制限され，国際連盟の管理下に置かれた。
③ ソ連とアメリカによって，東西に分割された。
④ ワイマール（Weimer）憲法の下，民主的な政治制度が整えられた。

〔平成24年度 日本留学試験（第1回）総合科目 問27〕

類題6〔★★☆〕第一次世界大戦（WWⅠ）の影響に関する記述として最も適当なものを，次の①～④の中から一つ選びなさい。

① イタリアで革命が生じ，その後ファシズムがヨーロッパに広まった。
② ベルサイユ（Versailles）条約により，ドイツは東西に二分され，これが第二次世界大戦の遠因になった。
③ ドイツ，オーストリア・ハンガリー（Austria-Hungary），モンゴル（Mongolia），ロシアの4大帝国が崩壊し，特に東欧地域に多くの独立国家が誕生した。
④ ベルサイユ条約締結後，ロカルノ（Locarno）条約の締結やパリ（Paris）不戦条約の締結など，国際協調が目指された。

〔平成20年度 日本留学試験（第2回）総合科目 問26〕

類題7 〔★★☆〕第一次世界大戦（WWⅠ）終結後の1920年代の出来事として最も適当なものを，次の①～④の中から一つ選びなさい。

① ドイツは賠償金の支払いを免れた結果，経済は急速に復興した。
② ロシアでは再び帝政が復活した。
③ トルコ（Turkey）ではオスマン（Ottoman）帝国が滅亡し，トルコ共和国が誕生した。
④ アメリカは国際連盟（League of Nations）の常任理事国として国際社会の再建を主導した。

〔平成22年度 日本留学試験（第1回）総合科目 問29〕

類題8 〔★★★〕第一次世界大戦から第二次世界大戦までのイギリスにおける出来事の記述として最も適当なものを，次の①～④の中から一つ選びなさい。

① マクドナルド（Ramsay MacDnald）を首相とする初の労働党内閣が誕生した。
② すべての成人男性に選挙権が与えられ，選挙制度も比例代表制に変更された。
③ インドなど多くの植民地が独立したため，経済が停滞した。
④ ドイツから得た賠償金をもとに産業基盤が整備され，急速に重工業が発展した。

〔平成23年度 日本留学試験（第1回）総合科目 問27〕

第6章 近代から20世紀の世界と日本

これだけはわかってね！

テーマ 06 **冷戦体制の崩壊**

1 第二次世界大戦

　1930年代になると，それまで景気がよかったアメリカ（USA）が不景気になってしまいました。その結果，戦争のあとアメリカに支援してもらっていたヨーロッパの国々も大きく影響をうけ，深刻な不景気になりました。アメリカから始まった不景気は世界全体を不景気にしました〔＝（　①　）〕。

　とくに第一次世界大戦の賠償金をたくさん払っていたドイツ（Germany）や，まだ経済が安定していなかったイタリア（Italy）や日本は深刻な不景気でした。

　ドイツでは（　②　）党の（　③　）が首相になると戦争の準備を始めました。イタリアはエチオピア（Ethiopia）に植民地をつくって貿易で景気を回復しようとしました。日本は中国大陸に進出して景気を回復させようとしました。

　ドイツは，1938年にオーストリア（Austria）を自分の国にしてしまうと，ほかの周辺の地域にも進出を始めました。1939年にポーランド（Poland）に攻撃を始めたことで，イギリス（UK）やフランス（France）とドイツは戦争状態になりました。ドイツはデンマーク（Denmark）やベルギー（Belgium）にも攻撃を始め，戦争はどんどん広がっていきました。ドイツは最初，ソ連（USSR）の領土には攻撃しないと約束していましたが，1941年にその約束を破ってソ連の領土に攻撃を始めました。このようにして，第二次世界大戦（WWⅡ）は始まりました。

　また，アジアでは1937年から日本が中国との戦争を始めました。日本は中国が東南アジア経由でイギリスやアメリカの支援を受けていると考え，1940年にミャンマー（Myanmar）やベトナム（Vietnam）に攻撃を始めました。これがきっかけで日本はアメリカやイギリス，フランスなどと戦争することになりました。

　このようにして戦争は世界中に広がりました。戦争は1930年代の終わりごろから始まり，1945年に日本が負けを認めたことで終わりました。

これだけはわかってね！チェック！

①
②
③

2 冷戦の始まり

　第二次世界大戦中，ポーランドなど東ヨーロッパの国々は（　②　）・ドイツの攻撃や影響を受けていました。戦争が終わると東ヨーロッパの国々は自立をめざしてソ連の支援を受けましたが，政治的にもソ連の影響を強く受けるようになりました。東ヨーロッパの国々は（　④　）化していきました。

　1946年，アメリカはヨーロッパの（　④　）化を止めるため，（　⑤　）を発表しました。そしてヨーロッパを経済的に支援するための（　⑥　）を発表しました。

　これに対抗して，ソ連は1949年に東ヨーロッパの国々との経済的な結びつきを強くするために，（　⑦　）をつくりました。また1949年，アメリカはソ連に対抗するための軍事的な同盟（　⑧　）をつくりました。西ドイツが（　⑧　）に参加したことをきっかけに，ソ連と東ヨーロッパの国々は1955年に（　⑨　）をつくりました。

　このようなアメリカを中心とする資本主義のグループと，ソ連を中心とする共産主義・社会主義のグループの対立を「冷たい戦争（冷戦）」といいます。

　アメリカとソ連が直接戦争をすることはなかったのですが，資本主義の国と共産主義や社会主義の国が戦争をして，その国をアメリカとソ連が支援するというかたちで行われました。

3 第三世界

　第二次世界大戦から1950年代は，アジアやアフリカ，南アメリカなどで，植民地だった地域が次々に国として独立した時代でした。

　これらの国々は，資本主義の国々である「第一世界」，社会主義の国々である「第二世界」に対して「第三世界」と呼ばれました。これらの国々は植民地をつくること，戦争で領土を広げることに反対しました。とくにインド（India）の首相（　⑩　）は1955年にアジア・アフリカ会議（Asian-African Conference），1961年には非同盟諸国首脳会議（Conference of Heads of States and Chief of Non-Aligned Nations）を行うなど，第三世界のリーダーとして活躍しました。

これだけはわかってね！チェック！

④
⑤
⑥
⑦
⑧
⑨
⑩

4 朝鮮戦争

　朝鮮半島は第二次世界大戦中は日本が支配していましたが，大戦が終わるとアメリカとソ連の軍がやってきて，北緯38度線を境に南北に分けて管理しました。そして，1948年に南側に大韓民国（韓国：Korea），北側に朝鮮民主主義人民共和国（北朝鮮：North Korea）ができました。

　1951年に北朝鮮軍が朝鮮半島の統一をめざして韓国を攻撃し，戦争が始まりました〔＝朝鮮戦争（the Korean War）〕。韓国はアメリカが，北朝鮮は（　⑪　）が支援しました。韓国軍と北朝鮮軍は何度も戦いましたが，戦争は終わりませんでした。結局，1953年に戦争をいったんやめることにして，朝鮮半島は北緯38度線で南北に分かれることが決まりました。

5 ベトナム

　ベトナムは（Vietnam）フランスの植民地でしたが，第二次世界大戦後に独立しました。しかし，革命家の（　⑫　）は（　⑬　）をつくってソ連や中国の支援を受けながら，フランスの支援を受けたベトナム政府と戦いました〔＝インドシナ（Indochina）戦争〕。

　戦争に勝ったのは（　⑬　）でしたが，フランスとともにベトナム政府を支援していたアメリカは（　⑬　）を認めませんでした。アメリカは1955年，南側にベトナム共和国（南ベトナム）をつくったので，ベトナムは南北に分かれることになりました。その後，1960年ごろから（　⑬　）は中国やソ連の支援を受け，南ベトナムはアメリカの支援を受けて戦いました〔＝ベトナム戦争〕。この結果，（　⑬　）が勝ってベトナムはひとつになり，1976年に（　⑭　）ができました。

6 ドイツ

　ドイツは1945年，アメリカ・イギリス・フランス・ソ連によって4つに分けて占領され，管理されることになりました。アメリカ・イギリス・フランス（ドイツの西側を占領）は資本主義経済による復興，ソ連（ドイツの東側を占領）は社会主義による復興をめざしました。

　1947年ごろから冷戦が深刻化すると，ドイツの西側と東側でのちがいも大きな問題になっていきました。1949年にドイツ連邦共和国（西ドイツ）ができると，これに対抗してソ連側ではドイ

これだけはわかってね！チェック！

⑪
⑫
⑬
⑭

ツ民主共和国（東ドイツ）ができました。

1985年，ソ連の共産党書記長に（ ⑮ ）がなって改革を始めると，東ヨーロッパに対する政策も変わり，1989年ごろからいろいろな方法を使って東ドイツから西ドイツへ逃げる人が増えはじめました。結果的に東ドイツと西ドイツは自由に行ったりきたりできるようになりました。そして1990年，西ドイツが東ドイツを吸収するかたちでドイツは統一されました。

7 キューバ危機

1962年，（ ⑯ ）によって革命が行われ社会主義化していたキューバ（Cuba）にソ連のミサイル基地が建設されると，アメリカとソ連の間で直接，戦争が起こる危険性が生まれました〔＝キューバ危機（Cuban Missile Crisis）〕。しかし，アメリカとソ連が話し合いを行って，アメリカがキューバには関わらないことを約束し，ソ連はキューバからミサイルをなくすことを約束したので戦争を避けることができました。

8 ソ連の崩壊

1985年にソ連共産党書記長に（ ⑮ ）がなると，いろいろな改革が行われました。（ ⑮ ）は（ ⑰ ）〔政治改革〕・（ ⑱ ）〔情報公開〕・新思考外交〔冷戦を終わらせる〕を目標にしました。この結果，個人営業の自由が認められ，市場経済〔資本主義経済〕が始まりました。1989年，アメリカのブッシュ（George Bush）大統領と話し合い，冷戦は終わることになりました〔＝（ ⑲ ）〕。

また1990年には（ ⑮ ）が最初のソ連の大統領になりました。（ ⑮ ）は東ヨーロッパに対してソ連からの自立を認めたので，ソ連のなかで民族の独立運動がさかんになりました。1991年，（ ⑮ ）はソ連共産党を解散し大統領を辞め，ソ連はなくなりました。そして，（ ⑳ ）がつくられました。

これだけはわかってね！チェック！

⑮
⑯
⑰
⑱
⑲
⑳

第6章 近代から20世紀の世界と日本

例題類題 06　テーマ　冷戦体制の崩壊

例題〔★★☆〕次に示す冷戦期の出来事A～Dを年代順に並べたものとして正しいものを，次の①～④の中から一つ選びなさい。

A：キューバ（Cuba）危機　　B：朝鮮戦争（Korean War）勃発
C：ベルリン封鎖　　　　　　D：パリ和平協定成立（ベトナム戦争）

① B→A→C→D　　② B→C→D→A　　③ C→B→A→D　　④ C→D→A→B

注）ベトナム戦争（Vietnam War）

〔平成20年度 日本留学試験（第2回）総合科目 問27〕

1 この問題を解くために

(1) キューバ危機（1962年）は，アメリカ（USA）とソ連（USSR）が冷戦の状態だったとき，ソ連がキューバ（Cuba）にミサイル基地をつくったことで起こりました（キューバはアメリカにとても近いです）。アメリカとソ連はもう少しで直接戦争をするところでした。

(2) 第二次世界大戦後，朝鮮半島にはアメリカとソ連両方から軍が派遣されました。その後，朝鮮半島南部には韓国（Korea）が，北部には北朝鮮（North Korea）がつくられました。1950年，北朝鮮の軍が韓国に入ってきて，戦争が始まりました。その後，アメリカや中国も参加し，戦争が大きくなりました。

(3) 第二次世界大戦が終わったあと，ドイツ（Germany）はアメリカ・フランス（France）・イギリス（UK）・ソ連がそれぞれ分けて管理することになりました。しかし1948年，ソ連がベルリン（Berlin）の西側に行くための道路や鉄道を使えなくしました〔＝封鎖〕。

(4) 第二次世界大戦後，ベトナム（Vietnam）は南北に分かれることになりましたが，1960年に北ベトナム軍が南ベトナムに入ってきて，戦争が始まりました。その後，アメリカや中国・ソ連が戦争に参加し，戦争が長くなりました。終わったのは1973年です。

2 こたえ　③

類題1〔★★☆〕第二次世界大戦直後のヨーロッパ（Europe）に関する記述として最も適当なものを，次の①～④の中から一つ選びなさい。

① ファシズム（fascism）から解放されたイタリアでは共産党が単独で政権をとった。
② フランスでは国民投票の結果，王政が廃止された。
③ イギリスでは「ゆりかごから墓場まで」といわれる社会保障制度が整備された。
④ ハンガリー（Hungary）やルーマニア（Romania）などの東ヨーロッパ諸国はアメリカからの経済援助を受け入れ，ソ連と対立した。

〔平成25年度 日本留学試験（第2回）総合科目 問28〕

類題2〔★★☆〕ソ連の崩壊を巡る次の出来事A～Dを年代順に並べたものとして正しいものを，下の①～④の中から一つ選びなさい。

A：ベルリン（Berlin）の壁の崩壊　　B：ペレストロイカの開始
C：独立国家共同体（CIS）の創設　　D：ゴルバチョフ（Mikhail Gorbachev）共産党書記長就任

① A→C→B→D　　② B→D→C→A　　③ C→D→A→B　　④ D→B→A→C

〔平成23年度 日本留学試験（第2回）総合科目 問1(1)〕

類題3〔★★☆〕東西に分裂していたドイツは1990年に再統一を果たしたが，それはどういう形態であったか。最も適当なものを，次の①～④の中から一つ選びなさい。

① 東西両ドイツが同時に共同でEUに加盟するという形で統一が実現した。
② 新憲法が起草され，東西，両ドイツの国民投票によって西ドイツ政府が正当な政府として承認され，統一が実現した。
③ 東ドイツの国民投票によって西ドイツ政府が正当な政府として承認され，統一が実現した。
④ 東ドイツの諸州がドイツ連邦共和国（西ドイツ）に編入されるという形式をとった。

〔平成18年度 日本留学試験（第2回）総合科目 問18(1)〕

類題4〔★★☆〕第二次世界大戦後の第三世界に関する記述として最も適当なものを，次の①～④の中から一つ選びなさい。

① インドのネルー（Jawaharlal Nehru）と中国の周恩来（Zhou Enlai）は，民主化の促進，人権擁護を柱とする平和五原則を発表する。
② 1960年にアフリカで相次いで独立国が誕生したことを受けて，翌年アジア・アフリカ会議が開催された。
③ ユーゴスラビア（Yugoslavia）大統領のチトー（Tito）らの呼びかけによって，第一回非同盟諸国首脳会議が開催された。
④ キューバ（Cuba）ではキューバ危機（Cuban Missile Crisis）の結果，アメリカと対立するカストロ（Fidel Castro）政権が誕生した。

〔平成24年度 日本留学試験（第2回）総合科目 問30〕

Index
対訳付き索引

【あ】

あかんたい（亜寒帯）
　[subarctic zone] ▶107

アジアたいへいようけいざいきょうりょくかいぎ
（アジア太平洋経済協力会議）
　[Asia-Pacific Economic Cooperation；APEC] ▶81

アセアンじゆうぼうえきちいき
（ASEAN自由貿易地域）
　[ASEAN Free Trade Area；AFTA] ▶81

あねったい（亜熱帯）
　[subtropics] ▶106

【い】

いけんりっぽうしんさけん（違憲立法審査権）
　[judicial review] ▶45

イスラムきょう（イスラム教）
　[Islam] ▶7

いせん（緯線）
　[latitude lines] ▶96

いちいんせい（一院制）
　[unicameral system] ▶64

いなさく（稲作）
　[rice cultivation] ▶127

イニシアティブ [initiative] ▶65

いりょうほけん（医療保険）
　[medical insurance] ▶解答2

インフレーション
　[inflation] ▶32

【う】

うき（雨季）
　[rainy season] ▶107

【え】

えいせいちゅうりつこく（永世中立国）
　[permanent neutral country] ▶8

えんだか（円高）
　[appreciation of the yen] ▶75

えんやす（円安）
　[a weak yen；a low exchange rate of the yen] ▶75

【お】

おうけんしんじゅせつ（王権神授説）
　[kingship divine right theory] ▶40

おうしゅうれんごう（欧州連合）
　[EU；European Union] ▶80

おおきなせいふ（大きな政府）
　[big government] ▶24

オゾンそう（オゾン層）
　[ozone layer] ▶90

オゾンホール
　[ozone hole] ▶解答32

おんしつこうかガス（温室効果ガス）
　[greenhouse gas；GHG] ▶90

おんだんしつじゅんきこう（温暖湿潤気候）
　[humid subtropical climate] ▶107

【か】

がいぶふけいざい（外部不経済）
　[external diseconomies] ▶21

かいん（下院）
　[the Lower House (Chamber)] ▶45

かかくだんりょくせい（価格弾力性）
　[price elasticity] ▶11

かかくのかほうこうちょくせい（価格の下方硬直性）
　[downward price rigidity] ▶16

かかくのじどうちょうせつさよう（価格の自動調節作用）
　[price mechanism] ▶10

かくぎ（閣議）
　　[cabinet meeting] ▶46
かせきねんりょう（化石燃料）
　　[fossil fuel] ▶90
かせん（寡占）
　　[oligopoly] ▶16
かそか（過疎化）
　　[depopulation] ▶126
カルチャーショック
　　[culture shock] ▶6
カルテル
　　[cartel] ▶16
かわせそうば（為替相場）
　　[a rate of exchange；an exchange rate] ▶74
かんき（乾季）
　　[dry season] ▶107
かんぜい（関税）
　　[customs；customs duties；a (customs) duty；a tariff] ▶68
かんぜいおよびぼうえきにかんするいっぱんきょうてい（関税及び貿易に関する一般協定）
　　[General Agreement on Tariffs and Trade；GATT] ▶80
かんぜいじしゅけん（関税自主権）
　　[tariff autonomy] ▶153
かんぜいどうめい（関税同盟）
　　[a customs union] ▶81
かんせつせんきょ（間接選挙）
　　[indirect election] ▶45
かんたいへいようぞうざんたい（環太平洋造山帯）
　　[Pacific orogenic belt] ▶100

【き】

きあつ（気圧）
　　[atmospheric pressure] ▶解答37
ぎいんないかくせい（議院内閣制）
　　[parliamentary cabinet system] ▶44

きじくつうか（基軸通貨）
　　[a key currency] ▶74
きたはんきゅう（北半球）
　　[northern hemisphere] ▶96
きょうしょ（教書）
　　[a message] ▶47
きょうわせい（共和政）
　　[republic] ▶140
きょひけん（拒否権）
　　[veto] ▶45
キリストきょう（キリスト教）
　　[Christianity] ▶6
きん・ドルほんいせい（金・ドル本位制）
　　[gold and dollar standard system] ▶74
きんこうかかく（均衡価格）
　　[equilibrium price] ▶10
きんゆうせいさく（金融政策）
　　[financial policy] ▶28
きんゆうちょう（金融庁）
　　[financial Services Agency] ▶解答8
きんゆうはせいしょうひん（金融派生商品）
　　[financial derivative product] ▶69
きんり（金利）
　　[a rate of interest] ▶28

【け】

けいきじゅんかん（景気循環）
　　[business cycle] ▶34
けいきへんどう（景気変動）
　　[economic fluctuation] ▶解答13
けいこうぎょう（軽工業）
　　[light industry] ▶118
けいざいせいさい（経済制裁）
　　[economic sanctions] ▶84
けいざいれんけいきょうてい（経済連携協定）
　　[Economic Partnership Agreement；EPA] ▶80

けいじょういてんしゅうし（経常移転収支）
　　[current transfers] ▶69
けいじょうしゅうし（経常収支）
　　[a current balance] ▶69
けいせん（経線）
　　[Meridian] ▶96
げんかしょうきゃくひ（減価償却費）
　　[depreciation and amortization] ▶解答14
げんしりょく（原子力）
　　[nuclear（atomic）power] ▶116
けんぽうもんだいちょうさいいんかい
　　（憲法問題調査委員会）
　　[Constitutional Problems Investigation Committee] ▶54
けんりょく（権力）
　　[power, authority] ▶40

【こ】

こうおんたしつ（高温多湿）
　　[high-temperature and humidity] ▶107
こうかいしじょうそうさ（公開市場操作）
　　[open market operation] ▶29
こうきょうサービス（公共サービス）
　　[public service] ▶20
こうきょうざい（公共財）
　　[public goods] ▶20
こうきょうじぎょう（公共事業）
　　[a public undertaking ; a public utility ; public work] ▶26
こうきょうのふくし（公共の福祉）
　　[welfare of the public] ▶58
ごうけいとくしゅしゅっしょうりつ（合計特殊出生率）
　　[total fertility rate] ▶2
こうすいりょう（降水量）
　　[precipitation] ▶106
こうせいけんぽう（硬性憲法）
　　[rigid constitution] ▶解答21

こうせいとりひきいいんかい（公正取引委員会）
　　[the Fair Trade Commission] ▶17
こうせんけん（交戦権）
　　[right of belligerency] ▶55
こうそくめいぼしき（拘束名簿式）
　　[fixed-list system] ▶50
こうていぶあい（公定歩合）
　　[the official（bank）rate] ▶28
こうてきふじょ（公的扶助）
　　[public assistance] ▶解答2
こうどけいざいせいちょう（高度経済成長）
　　[high economic growth] ▶126
ごうべんきぎょう（合弁企業）
　　[joint venture] ▶119
こうれいかしゃかい（高齢化社会）
　　[an aging society] ▶2
こうれいしゃかい（高齢社会）
　　[aged society] ▶2
コーラン
　　[Qurán, Koran] ▶7
こくさい（国債）
　　[a national debt（loan）] ▶解答11
こくさいきょうちょうしゅぎ（国際協調主義）
　　[international cooperation principle] ▶88
こくさいしゅうし（国際収支）
　　[balance of international payments] ▶68
こくさいつうかききん（国際通貨基金）
　　[International Monetary Fund ; IMF] ▶87
こくさいれんごうけんしょう（国際連合憲章）
　　[Charter of the United Nations] ▶88
こくさいれんめい（国際連盟）
　　[League of Nation] ▶84
こくじこうい（国事行為）
　　[state act] ▶解答21
こくないそうせいさん（国内総生産）
　　[Gross Domestic Product ; GDP] ▶36

こくふ（国富）
[national wealth] ▶36

こくみんしょとく（国民所得）
[national income] ▶36

こくみんしんさ（国民審査）
[the popular review (of the Supreme Court justices)] ▶60

こくみんそうせいさん（国民総生産）
[Gross National Product；GNP] ▶36

こくみんとうひょう（国民投票）
[a (national) referendum；a plebiscite] ▶60

こくむだいじん（国務大臣）
[minister of state] ▶46

こっこししゅつきん（国庫支出金）
[national treasury disbursement] ▶65

こていしほんげんもう（固定資本減耗）
[consumption of fixed capital] ▶解答14

こていそうばせい（固定相場制）
[fixed exchange rate system] ▶74

コンツェルン
[concern] ▶16

【さ】

ざい（財）
[goods] ▶12

ざいけいほうていしゅぎ（罪刑法定主義）
[nulla poena sine lege；no punishment without law] ▶58

さいこうさいばんしょ（最高裁判所）
[the Supreme Court] ▶60

ざいせい（財政）
[finance] ▶24

さいせいかのうエネルギー（再生可能エネルギー）
[renewable energy] ▶解答33

ざいせいせいさく（財政政策）
[fiscal policy] ▶24

さいばんしょ（裁判所）
[court] ▶42

さきものとりひき（先物取引）
[futures trading] ▶69

サバナきこう（サバナ気候）
[savannah climate] ▶107

サラダボウル
[salad bowl] ▶6

さんぎいん（参議院）
[the House of Councilors] ▶46

さんぎょうかくめい（産業革命）
[Industrial Revolution] ▶146

さんぎょうはいきぶつ（産業廃棄物）
[industrial waste] ▶解答32

さんけんぶんりつ（三権分立）
[separation of powers] ▶42

さんせいう（酸性雨）
[acid rain] ▶90

さんせいけん（参政権）
[suffrage the franchise the right to vote] ▶60

さんみいったいかいかく（三位一体改革）
[reform of the trinity] ▶65

さんめんとうかのげんそく（三面等価の原則）
[the principle of the three-sided equivalent] ▶36

【し】

しがいせん（紫外線）
[ultraviolet rays] ▶90

じきゅうりつ（自給率）
[self-sufficiency rate] ▶116

しげんはいぶんちょうせいきのう（資源配分調整機能）
[resource allocation adjustment function] ▶24

しごせん（子午線）
[meridian] ▶102

じさ（時差）
[time difference] ▶97

しじょう（市場）
[market] ▶10

しじょうのしっぱい（市場の失敗）
[market failure] ▶20

しぜんけん（自然権）
[natural right] ▶41

じぞくかのうなかいはつ（持続可能な開発）
[sustainable development] ▶91

しちゅうぎんこう（市中銀行）
[a city (commercial) bank] ▶28

しっこうけん（執行権）
[imperium] ▶41

しはらいじゅんびりつ（支払準備率）
[reserve ratio] ▶28

じぶんかちゅうしんしゅぎ（自文化中心主義）
[ethnocentrism] ▶6

しほうけん（司法権）
[jurisdiction] ▶41

じむそうちょう（事務総長）
[UN Secretary-General] ▶86

しゃかいけいやくせつ（社会契約説）
[the theory of social contract] ▶40

しゃかいけん（社会権）
[social right (legal); economic right] ▶60

しゃかいしゅぎ（社会主義）
[socialism] ▶142

しゃかいほしょう（社会保障）
[social security] ▶24

しゅうぎいん（衆議院）
[the House of Representatives] ▶46

しゅうぎいんのゆうえつ（衆議院の優越）
[supremacy of the House of Representatives] ▶46

じゆうけん（自由権）
[civil liberties] ▶58

じゅうこうぎょう（重工業）
[heavy industry] ▶118

じゆうしゅぎ（自由主義）
[liberalism] ▶140

しゅうだんあんぜんほしょう（集団安全保障）
[collective security] ▶88

じゆうぼうえき（自由貿易）
[free trade] ▶180

じゆうぼうえききょうてい（自由貿易協定）
[Free Trade Agreement；FTA] ▶80

じゅうみんじち（住民自治）
[residents autonomy] ▶64

じゅうみんとうひょう（住民投票）
[a local referendum; a poll of residents] ▶60

じゅくれんろうどうどうしゃ（熟練労働者）
[skilled worker] ▶22

しゅけん（主権）
[sovereignty] ▶40

しゅちょう（首長）
[chief] ▶64

じょういん（上院）
[House of Lords] ▶45

しょうけん（証券）
[a security] ▶69

じょうざぶぶっきょう（上座部仏教）
[Theravada Buddhism] ▶7

しょうしこうれいか（少子高齢化）
[low birthrate and longevity] ▶2

じょうしょうきりゅう（上昇気流）
[updraft] ▶106

しょうせんきょくせい（小選挙区制）
[the single-member constituency system] ▶45

しょうひぜい（消費税）
[consumption tax] ▶解答11

しょうひんさくもつ（商品作物）
[commercial crop] ▶146

じょうやく（条約）
[treaty] ▶6

じょうれい（条例）
[bye-laws] ▶64

しょくみんち（植民地）
[colony] ▶8

しょとく（所得）
[income] ▶12

しょとくぜい（所得税）
[income tax] ▶解答11

しょとくのさいぶんぱい（所得の再分配）
[redistribution of income] ▶解答10

しょとくぶんぱいのふびょうどう（所得分配の不平等）
[inequality of income distribution] ▶20

しるけんり（知る権利）
[right to know] ▶61

しんきさんにゅう（新規参入）
[new entry] ▶18

しんきぞうざんたい（新期造山帯）
[younger orogenic belt] ▶100

じんけん（人権）
[human rights；personal rights] ▶40

じんこうぞうかりつ（人口増加率）
[Population growth rate] ▶127

じんこうばくはつ（人口爆発）
[population explosion] ▶127

じんこうみつど（人口密度）
[population density] ▶127

じんしゅのるつぼ（人種のるつぼ）
[melting pot] ▶6

【す】

スタグフレーション
[stagflation] ▶34

ステップ
[steppe] 107

【せ】

せいかつほご（生活保護）
[public assistance；livelihood protection] ▶60

せいがんかいようせいきこう（西岸海洋性気候）
[west coast marine climate] ▶108

せいきゅうけん（請求権）
[a (right of) claim] ▶54

せいげんせんきょ（制限選挙）
[limited election] ▶50

せいぞんけん（生存権）
[the right to live (life)] ▶60

せいふかいはつえんじょ（政府開発援助）
[Official Development Assistance；ODA] ▶71

せいりょくきんこう（勢力均衡）
[balance of power] ▶84

せいれい（政令）
[a government ordinance；a cabinet order] ▶46

せかいいさん（世界遺産）
[world Heritage] ▶87

せかいぼうえききかん（世界貿易機関）
[World Trade Organization；WTO] ▶80

せきどう（赤道）
[equator] ▶96

せきゆきき（石油危機）
[oil crisis] ▶116

ぜったいおうせい（絶対王政）
[absolute monarchy] ▶40

せつびとうし（設備投資）
[capital investment；investment in plant and equipment] ▶33

せんきょかんりいいんかい（選挙管理委員会）
[board of elections] ▶65

せんしんこく（先進国）
[advanced nation] ▶3

せんたんぎじゅつこうぎょう（先端技術工業）
[advanced technology industry] ▶118

【そ】

ぞうざんたい（造山帯）
[Orogenic belt] ▶100

そうぞくぜい（相続税）
[inheritance tax] ▶解答11

そこう（粗鋼）
[crude steel] ▶118

そしゃく（租借）
[lease] ▶148

そんがいばいしょう（損害賠償）
[compensation for damages] ▶61

【た】

だいぎいん（代議員）
[representative] ▶44

だいじょうぶっきょう（大乗仏教）
[Mahayana Buddhism] ▶7

だいにほんていこくけんぽう（大日本帝国憲法）
[Meiji Constitution (Constitution of the Empire of Japan)] ▶54

たかくてきぼうえきこうしょう
（多角的貿易交渉，ラウンド）
[round] ▶80

たぶんかしゅぎ（多文化主義）
[multiculturalism] ▶6

だんがいさいばん（弾劾裁判）
[impeachment trial] ▶47

だんけつけん（団結権）
[the right to organize] ▶60

たんそぜい（炭素税）
[carbon tax] ▶解答32

だんたいこうしょうけん（団体交渉権）
[the right to collective bargaining] ▶60

だんたいこうどうけん（団体行動権）
[collective action rights] ▶60

だんたいじち（団体自治）
[organization autonomy] ▶64

【ち】

ちいきてきけいざいとうごう（地域的経済統合）
[regional economic integration] ▶80

ちいさなせいふ（小さな政府）
[small government] ▶24

ちがいほうけん（治外法権）
[extraterritoriality] ▶153

ちきゅうおんだんか（地球温暖化）
[global heating] ▶90

ちじ（知事）
[a (prefectural) governor] ▶66

ちちゅうかい（地中海）
[Mediterranean] ▶解答36

ちちゅうかいせいきこう（地中海性気候）
[mediterranean climate] ▶108

ちほうこうふぜい（地方交付税）
[local grant tax] ▶65

ちほうじちたい（地方自治体）
[local authority ; local government ; locality] ▶64

ちほうぶんけん（地方分権）
[(the) decentralization of power (authority)] ▶65

ちゅうおうぎんこう（中央銀行）
[a central bank] ▶28

ちゅうおうしゅうけん（中央集権）
[centralization] ▶解答19

ちょうこうれいしゃかい（超高齢社会）
[super aging society] ▶2

ちょうぜんしゅぎ（超然主義）
[aloof principle] ▶解答49

ちょくせつぜい（直接税）
[direct tax] ▶解答10

ちょくせつせいきゅうけん（直接請求権）
[direct claims] ▶64

ちょくせつとうし（直接投資）
[foreign direct investment] ▶69

【て】

ていこくしゅぎ（帝国主義）
　［imperialism］▶148
ていせい（帝政）
　［imperial government］▶142
デフレーション
　［deflation］▶32
デフレスパイラル
　［deflationary spiral］▶34

【と】

とうきしょううきこう（冬期少雨気候）
　［winter rainfall climate］▶108
とうけい（東経）
　［east longitude］▶96
とうせいかかく（統制価格）
　［controlled price］▶20
とうなんアジアしょこくれんごう（東南アジア諸国連合）
　［Association of South-East Asian Nations；ASEAN］▶81
どくせん（独占）
　［monopoly］▶16
どくせんきんしほう（独占禁止法）
　［the Antimonopoly（Antitrust）Act］▶16
としけん（都市圏）
　［urban area］▶126
トラスト
　［trust］▶16

【な】

ないかく（内閣）［a cabinet］▶44
ないかくそうりだいじん（内閣総理大臣）
　［prime minister］▶46
なんかせいさく（南下政策）
　［strategy of pushing southward］▶155
なんべいなんぶきょうどうしじょう（南米南部共同市場）
　［Mercosur（Mercado Comum del Sur）；
　South America Common Market］▶81
なんぼくせんそう（南北戦争）
　［the Civil War］▶8
なんみん（難民）
　［refugee］▶87

【に】

にっしょうけん（日照権）
　［right to sunshine］▶解答23
にほんぎんこう（日本銀行）
　［Bank of Japan］▶28
にほんぎんこうけん（日本銀行券）
　［Bank of Japan notes］▶28
にほんこくけんぽう（日本国憲法）
　［The Constitution of Japan］▶55

【ね】

ねったいうりん（熱帯雨林）
　［tropical rain forest］▶101
ねったいしゅうそくたい（熱帯収束帯）
　［intertropical convergence zone］▶解答37
ねんきん（年金）
　［pension］▶2

【は】

バイオねんりょう（バイオ燃料）
　［biofuel］▶114
はいきガス（排気ガス）
　［exhaust emission］▶90
ハイサーグラフ
　［hythergraph］▶110
はいしゅつけんとりひき（排出権取引）
　［Emissions trading］▶91
はいとう（配当）
　［a dividend］▶69

はくごうしゅぎ（白豪主義）
[White Australia Policy] ▶6

はっけんぎんこう（発券銀行）
[bank of issue] ▶28

はってんとじょうこく（発展途上国）
[developing country] ▶3

パンゲア
[Pangea] ▶100

はんばつせいじ（藩閥政治）
[clanship government] ▶解答49

【ひ】

ひぎしゃ（被疑者）
[suspect] ▶59

ひこくにん（被告人）
[a defendant, the accused] ▶59

ひづけへんこうせん（日付変更線）
[international date line] ▶97

ひとりっこせいさく（一人っ子政策）
[China's One-Child Policy] ▶3

ひめんけん（罷免権）
[right of dismissal] ▶60

ひょうこう（標高）
[elevation] ▶101

ひょうじゅんじ（標準時）
[standard time] ▶97

びょうどうけん（平等権）
[right of equality] ▶59

ひれいだいひょうせい（比例代表制）
[proportional representation] ▶50

ヒンドゥーきょう（ヒンドゥー教）
[Hinduism] ▶115

【ふ】

ふかかち（付加価値）
[added value] ▶36

ふくしこっか（福祉国家）
[a welfare state] ▶24

ふつうせんきょ（普通選挙）
[universal suffrage] ▶50

ぶっきょう（仏教）
[Buddhism] ▶7

プライス・リーダー
[price leader] ▶16

プライバシーのけんり（プライバシーの権利）
[right of privacy] ▶61

プレート
[plate] ▶100

プレートテクトニクス
[plate tectonics] ▶100

フロンガス
[freon gas] ▶90

【へ】

へいきんじゅみょう（平均寿命）
[the average life span] ▶2

へいわしゅぎ（平和主義）
[pacifism] ▶55

へいわのためのけっしゅうけつぎ（平和のための結集決議）
[Uniting for Peace Resolution] ▶86

へんせいふう（偏西風）
[westerlies] ▶106

へんどうそうばせい（変動相場制）
[floating exchange rate system] ▶74

【ほ】

ぼうえきふう（貿易風）
[trade wind] ▶106

ぼうえきりっこく（貿易立国）
[trading nation] ▶71

ほうのしはい（法の支配）
[the rule of law] ▶40

ほうのもとのびょうどう（法の下の平等）
[equality under law ; equality under the law] ▶59
ほくい（北緯）
[north latitude] ▶96
ほくべいじゆうぼうえききょうてい（北米自由貿易協定）
[North American Free Trade Agreement ; NAFTA] ▶81
ほけんりょう（保険料）
[insurance premium ; pension contribution] ▶2
ほごぼうえき（保護貿易）
[protective trade] ▶136
ほんかいぎ（本会議）
[a plenary session] ▶46
ほんしょしごせん（本初子午線）
[prime meridian] ▶96

【み】

みんしゅしゅぎ（民主主義）
[democracy] ▶40
みんぞくじけつ（民族自決）
[self-determination] ▶160

【む】

むしょうえんじょ（無償援助）
[grant aid] ▶69

【も】

もくひけん（黙秘権）
[the right of silence ; the privilege against self-incrimination] ▶58
もちかぶがいしゃ（持株会社）
[a holding company] ▶解答8

【や】

やけいこっか（夜警国家）
[watchman state] ▶24

【ゆ】

ユーロ
[euro] ▶81
ゆうかしょうけん（有価証券）
[securities] ▶29
ユダヤきょう（ユダヤ教）
[Judaism] ▶7
ゆりかごからはかばまで（ゆりかごから墓場まで）
[from the cradle to the grave] ▶解答55

【よ】

よとう（与党）
[ruling party] ▶解答19

【り】

リコール
[recall] ▶65
りっけんくんしゅせい（立憲君主制）
[constitutional monarchy] ▶解答17
りっぽうけん（立法権）
[legislative power] ▶41
りょういんきょうぎかい（両院協議会）
[a joint conference of the two Houses] ▶46

【る】

るいしんかぜい（累進課税）
[progressive taxes] ▶24

【れ】

れいじょう（令状）
[warrant] ▶58
れいたい（冷帯）
[cold zone] ▶107
れんりつせいけん（連立政権）
[coalition government] ▶解答55

監修者紹介

曽根ひろみ（文学修士）
1985年　一橋大学社会学専攻科博士後期課程単位取得退学
現　在　神戸大学名誉教授

著者紹介

塚原佑紀（日本語教育学修士）
2014年　首都大学東京人文科学研究科博士後期課程単位取得退学
2010年〜2021年
　　　　哈爾濱理工大学外国語学院日本語科　講師
　　　　長沼スクール東京日本語学校　講師
　　　　フジ国際語学院早稲田校　教務
現　在　フリーランスにて日本語を教えている
　　　　https://peraichi.com/landing_pages/view/ev7km/

編者紹介

学校法人長沼スクール東京日本語学校
　所在地　〒150-0036 東京都渋谷区南平台町16-26
　　　　　TEL 03-3463-7261
　　　　　http://www.naganuma-school.ac.jp/jp/
　理事長　長沼一彦
　校　長　小山千恵

NDC 377　191 p　26 cm

長沼式合格確実シリーズ
日本留学試験対策問題集　総合科目

2016年8月9日　第1刷発行
2023年6月5日　第6刷発行

監修者　曽根ひろみ
編　者　学校法人長沼スクール東京日本語学校
著　者　塚原佑紀
発行者　髙橋明男
発行所　株式会社　講談社
　　　　〒112-8001　東京都文京区音羽2-12-21
　　　　　　　販　売　(03)5395-4415
　　　　　　　業　務　(03)5395-3615

KODANSHA

編　集　株式会社　講談社サイエンティフィク
　　　　代表　堀越俊一
　　　　〒162-0825　東京都新宿区神楽坂2-14　ノービィビル
　　　　　　　編　集　(03)3235-3701

本文データ制作　有限会社グランドグルーヴ
印刷所　　　　　株式会社平河工業社
製本所　　　　　株式会社国宝社

落丁本・乱丁本は、購入書店名を明記のうえ、講談社業務宛にお送りください。送料小社負担にてお取替えします。なお、この本の内容についてのお問い合わせは講談社サイエンティフィク宛にお願いいたします。
定価はカバーに表示してあります。

© The Naganuma School, 2016

本書のコピー、スキャン、デジタル化等の無断複製は著作権法上での例外を除き禁じられています。本書を代行業者等の第三者に依頼してスキャンやデジタル化することはたとえ個人や家庭内の利用でも著作権法違反です。

[JCOPY]〈(社)出版者著作権管理機構　委託出版物〉
複写される場合は、その都度事前に(社)出版者著作権管理機構(電話 03-5244-5088、FAX 03-5244-5089、e-mail : info@jcopy.or.jp)の許諾を得てください。
Printed in Japan

ISBN978-4-06-155630-0

日本留学試験対策問題集

長沼式 合格 確実シリーズ

総合科目 解答編

THE NAGANUMA SYSTEM

談社

総合科目 解答編 ● 目次

I. 政治・経済・社会

第1章 現代の社会 ... 2

第2章 現代の経済 ... 6

第3章 現代の政治 ... 16

第4章 国際社会 ... 26

II. 地理

第5章 世界と日本の地理 ... 34

III. 歴史

第6章 近代から20世紀の世界と日本 ... 42

I. 政治・経済・社会

第1章 現代の社会
テーマ01 少子高齢化

これだけはわかってね！（チェックのこたえ）

① 65　② 7　③ 高齢化
④ 高齢　⑤ 合計特殊出生率　⑥ 2
⑦ 保険料　⑧ 給付　⑨ フランス
⑩ アメリカ　⑪ 一人っ子政策

類題1
〈こたえ〉 ④
〈考え方〉

1. まず、人口の増え方に注目しましょう。AとCは人口が増えていますが、Bに比べるとゆっくり増えています。Aは80年で約1,600万人増え、Cは80年で約700万人しか増えません。しかしBは80年で約1億人増えます。
人口は先進国ではあまり増えませんが、発展途上国で増えます。ですからAとCは先進国で、Bは発展途上国だと考えられます。

2. だから、Aはオーストラリアだと考えられます。Bは人口が2000年のとき約1億人です。しかも最近になって急に増えているので、メキシコだと考えられます（マレーシアは2008年のとき約3,000万人）。

類題2
〈こたえ〉 ②
〈考え方〉
★選択肢の内容を確認しましょう。
① 「公的扶助」は、お金がなくて生活できなくて困っている人に、国が経済的に支援する仕組みです。医療については（高齢者も含めて）医療保険があります。だから、公的扶助ではありません。
② そのとおりです。
③ 逆です。総人口に占める65歳以上の人口が7%以上になると高齢化社会、14%以上になると高齢社会です。
④ 介護保険制度はありますが、介護サービスにかかるお金の10%は自分で払わなければなりません。

類題3
〈こたえ〉 ③
〈考え方〉

1. まちがっているものを選びます。
2. 以下、順番に選択肢を確認していきましょう。
① 実際に、神奈川県などたくさんの地域で行われています。
② 実際に、定年（2016年4月から62歳、2025年4月から65歳）後の再雇用（定年退職したあと、同じ会社でもう一度やとうこと）はたくさんの会社で行われています。また、年金をもらうことができる年齢（年金受給年齢）も、60歳から65歳になります。
③ 医療保険に入るかどうかを個人の自由にすると、入らない人も出てきます。すると、お金がかかりすぎて病院に行けない高齢者も出てくると考えられます。だからこれはまちがいです。
④ そのとおりです。

第1章 現代の社会
テーマ02 多文化理解

これだけはわかってね！（チェックのこたえ）

① カルチャーショック（culture shock）
② 自文化中心主義　③ 文化相対主義
④ 多文化主義　⑤ 人種のるつぼ
⑥ サラダボウル（salad bowl）
⑦ フランス　⑧ ケベック（Quebec）
⑨ ドイツ　⑩ 白豪主義
⑪ タイ（Thailand）
⑫ スペイン（Spain）
⑬ コーラン（Koran）
⑭ インドネシア（Indonesia）

類題1

〈こたえ〉　①

〈考え方〉

　イスラム教は7世紀，アラビア半島（Arabian Peninsula）でムハンマド（Mohammed）がはじめました。現在では，アラビア半島を中心に，アフリカやアジアでも多くの人々に信じられています。

　キリスト教はパレスチナ（Palestine）ではじまり，4世紀ごろにはローマ帝国（The Roman Empire）の国の宗教になりました。5世紀ごろになると，ローマ教会がキリスト教の中心になり，ヨーロッパ全体にキリスト教を普及させました。ローマ教会を中心として，ヨーロッパに広まったキリスト教をカトリックといいます。

　16世紀ごろになると，ドイツ（Germany）などで，カトリックの方針に疑問をもつ人たちが出てきました。彼らは聖書（the Bible）をもとにした純粋な信仰をしようとしていました。このようなキリスト教をプロテスタントといいます。プロテスタントはヨーロッパから移住した人々によって北アメリカにも広がりました。プロテスタントがヨーロッパに広がると，カトリックは新しい土地で普及させようとして，南アメリカに進出しました。

　ヒンドゥー教は5世紀ごろにインド（India）でできた宗教です。

　アフリカは，北部はイスラム教が多く，南アフリカなど南部・中部はヨーロッパの植民地だったのでキリスト教が多いです。だから，答えは①だと考えられます。②はヒンドゥー教の割合が多いのでアジア，③はカトリックの割合が多いのでヨーロッパ，④はカトリックもプロテスタントも多いので北アメリカだと考えられます。

類題2

〈こたえ〉　①

〈考え方〉

▶ アメリカ大陸は北アメリカと南アメリカに分けることができます。カナダ（Canada）やアメリカ合衆国（USA）などは「北アメリカ」です。ブラジル（Brazil）やアルゼンチン（Argentine）などは「南アメリカ」です。北アメリカと南アメリカの間にあるメキシコ（Mexico）やグアテマラ（Guatemala），パナマ（Panama）などは「中央アメリカ」と呼ばれます。

▶ ブラジルの公用語はポルトガル語（Portuguese）で，メキシコやアルゼン

- チンなど中央アメリカや南アメリカの多くの国々はスペイン語（Spanish）です。
- アメリカは15世紀にスペイン（Spain）の支援を受けたコロンブス（Christopher Columbus）が発見しました。その後，南アメリカはスペインやポルトガル（Portugal）の植民地になりました。だから南アメリカでは現在でもスペイン語やポルトガル語が公用語になっています。
- スペイン語もポルトガル語も，ラテン語（Latin）から生まれたものです。だから，スペイン語やポルトガル語が使われている中央アメリカと南アメリカは「ラテンアメリカ」と呼ばれます。

類題3

〈こたえ〉 ③

〈考え方〉
Aはフランス語の割合が高いので，カナダだと考えることができます。カナダはもともとフランスの植民地だったので，今もフランス語を話す人たちが多いのです。カナダでは英語とフランス語の両方を公用語としています。Bは英語に次いでスペイン語の割合が高いので，アメリカだと考えられます。これはメキシコ（Mexico）からの移民が多いからだと考えることができます（メキシコはスペイン：Spainの植民地だったので，メキシコではスペイン語が使われています）。だから答えは③です。

MEMO

I. 政治・経済・社会

第2章 現代の経済
テーマ01 価格と市場

これだけはわかってね！（チェックのこたえ）

① 市場　② 均衡価格　③ 上が
④ 減り　⑤ 下が　⑥ 減り
⑦ 価格の自動調節作用　⑧ 超過供給
⑨ 超過需要　⑩ 上　⑪ 下
⑫ 弾力的な財　⑬ 非弾力的な財

類題1

〈こたえ〉 ①

〈考え方〉
- 「消費者の事情に変化がない」ので、需要曲線はそのままです。
- ガソリンに炭素税（Carbon tax）がかかると、ガソリンの値段が上がります。ガソリンの値段が上がるので、供給曲線が上に移動します。だから、新しい均衡点は①になります。

類題2

〈こたえ〉 ④

〈考え方〉

① 需要曲線が下に移動したということは、需要が減ったことを表しています。だから、Xの需要が減るだろうと考えられる選択肢を選びます。

② それぞれの選択肢を考えましょう。

① 「Xと競合関係にある他社の自動車Y」ということは、XとYはよく似ているということです。だから、XよりYの価格が安ければYのほうが売れますし、YよりXの価格が安ければXのほうが売れます。今の場合、Yのほうが高くなりましたから、YよりXは価格が安いはずです。だからXが売れる、つまり需要は多くなるはずです。

② ガソリンが安くなれば、車を買おうと考える人も増えると考えられます。つまり、需要は多くなるはずです。

③ 所得水準が上がったということは、給料が増えたということです。つまりお金をたくさん持っている人が多くなったはずですから、需要も多くなると考えられます。

④ 来年、Xの新しい商品が出て、しかも今のXより安いということですから、Xを買おうと思っていた人も、来年新しい商品が出るまで待とうと考える人が多いだろうと予想されます。だから、Xの需要は少なくなるはずです。これが正しいです。

類題3

(1)

〈こたえ〉 ②

〈考え方〉

① 今は均衡点はXです。需要曲線がD_1からD_2に移動します。均衡点はどれですか、という問題です。ただし、供給曲線はグラフの傾きが急なS_2と、傾いていないS_1があります。

② まず、需要曲線はD_1からD_2に移動するので、賃金は上がります。しかし、賃金が上がると、長い時間働く必要がなくなるので、労働力の供給は減ってしまいます。だから、供給曲線はS_2からS_1に移動します。

3 だから均衡点はYで，雇用量はE₁，賃金はW₁となります。

(2)
〈こたえ〉 ③
〈考え方〉
1 まず，問題とグラフの意味を理解しましょう。
- D₁は会社がほしいと思っている，または雇える社員の数（＝需要曲線）。S₂はこの会社で働きたいと思っている，または働いている人の数（＝供給曲線）。
- いま会社が社員に払っている給料はW₂。
▶ 給料がW₁のとき会社が雇える社員の数は，ほんとうはE₃。しかし，実際にこの会社で働いている人の数はE₂。
▶ つまり，会社は社員を雇いすぎている。会社は何人かの社員に辞めてもらうか，社員の給料を安くしなければならない。

2 給料をW₂のままにする〔安くしない〕場合，何人かの社員に辞めてもらわなければなりません〔＝会社を辞めさせられた社員は失業者になる〕。今の雇用量がE₂なので，E₃まで減らします。だから失業者の量はE₂－E₃です。

類題4
〈こたえ〉 ③
〈考え方〉
1 それぞれのグラフがどのような意味なのかを考えましょう。グラフは縦軸が価格，横軸が需要量です。
① 価格が高くなればなるほど需要が減ることを表しています。
② グラフは横にまっすぐです。つまり，価格は変わりませんが，需要量は多くなったり少なくなったりすることを表しています。
③ グラフが縦にまっすぐです。つまり，需要量は変わりませんが，価格は高くなったり安くなったりすることを表しています。
④ 価格が高くなればなるほど需要量が増えることを表しています。

2 今の場合，政府が制限した（減らした）はずなのに，実際の取引量はまったく変わらず，価格だけが上がりました。つまり，需要量は変わらずに価格だけが変化するグラフ③が答えです。

第2章	現代の経済
テーマ 02	独占・寡占

これだけはわかってね！（チェックのこたえ）
① 市場　② 完全競争市場　③ 下がり
④ 価格の下方硬直性
⑤ プライス・リーダー　⑥ 管理価格
⑦ カルテル　⑧ トラスト
⑨ コンツェルン　⑩ 内閣府

類題1
〈こたえ〉 ③
〈考え方〉
1 正しくないものを選びましょう。
2 寡占市場ではどんなことが起こるか確認しましょう。
- 寡占市場では競争する相手がいない（少ない）ので，価格が高い（＝管理価格）。
- 価格が高くなり，なかなか安くならない（＝価格の下方硬直性）。

- その産業のプライス・リーダーが商品の価格を決めると，ほかの企業も「暗黙の慣行」（はっきりとは決まっていないが，いままでの習慣なのでそのようにしている）でその価格にする。
- カルテル・トラストなどがつくられやすい。

3 寡占市場だと，ふつうより高い価格で商品を買わなければなりません。だから「資源が効率的に配分されやすい」とはいえません。

類題2
〈こたえ〉 ④
〈考え方〉
★選択肢をひとつずつ確認しましょう。
① 「準司法的権限」は裁判（のようなこと）を行うことができる，ということです。公正取引委員会はある会社が独占禁止法に違反したとき，その会社に罰金を払うようにいいます。その会社が「公正取引委員会はまちがっている」と思ったとき，公正取引委員会にもう一度調べなおすようにいうことができます。企業は独占禁止法に違反していないと証明します（裁判のようです）。だから公正取引委員会は準司法的権限をもっています。
② 持株会社は，ほかの会社の株式をもって，その会社を自分の計画どおりにすることを目的とする会社です。1997年に独占禁止法が変わって，持株会社は認められています。
③ 公正取引委員会には大臣はいません。
④ そのとおりです。

類題3
〈こたえ〉 ①
〈考え方〉
★選択肢をひとつずつ確認しましょう。
① そのとおりです。
② 金融再生法は経営ができなくなってしまった銀行を処理するための法律です。金融再生法を運用するのは金融庁です（公正取引委員会ではありません）。
③ 政府は輸出品の価格を監視しません。
④ 証券取引所での取引を監視するのは証券取引等監視委員会（金融庁）です。

類題4
〈こたえ〉 ③
〈考え方〉
1 「反トラスト法」，「独占企業が出現し，様々な弊害が現れた〔独占企業が現れると，いろいろな悪い影響が出てきた〕」に注目しましょう。「反トラスト法」は企業がトラスト（同じような商品をつくっている会社がいくつか集まって，ひとつの大きな会社をつくること）を行うことをふせぐための法律です。

2 独占が原因で起こる悪いことについては，このページの左段の類題1の考え方**2**を読んでください。独占だと，ほかに競争する相手がいないので商品の価格が高くなります。だから答えは③です。

第2章 現代の経済
テーマ03 市場の失敗

これだけはわかってね！（チェックのこたえ）
① 価格の自動調節作用　② 統制価格
③ 公共性　④ 政府　⑤ 高く
⑥ 公共サービス　⑦ 公共財
⑧ 所得分配の不平等　⑨ 外部経済
⑩ 外部不経済

類題1
〈こたえ〉②
〈考え方〉
1. 負の外部効果（外部不経済）とは，ある商品を売ったり買ったりする人たちとは関係のない人たち（＝市場外の第三者）に迷惑をかけることをいいます。この問題を解決するために政府が行う政策を選びます。
2. ①～④のなかで市場外の第三者に迷惑をかけているものは②です。大気汚染は，工場や自動車からの排気ガスが原因です。排気ガスをたくさん出している企業に税金を多く払ってもらい，政府がそのお金を使って対策を行います。

類題2
〈こたえ〉③
〈考え方〉
公共財・公共サービスはもうからないので，ふつうの会社はやりたくありません。だから代わりに政府が行います。

類題3
〈こたえ〉⑤

〈考え方〉
1. Aの場合を考えます。「市場が寡占状態にある」ということは，ある商品をつくっている会社がとても少ないということです。つまり，同じような商品をつくる会社がもっとたくさんできればよいということです。だからウです。
2. Bの場合を考えます。「財の生産に外部不経済が伴う」ということは，ある商品をつくるとき，売り手でも買い手でもない人たち（＝市場外の第三者）に迷惑がかかるということです。よって，その商品をあまりたくさんつくれないようにするなどの制限をする必要があります。だからアです。
3. Cの場合を考えます。「財が公共財の性質をもつ」ということは，もうからないので，ふつうの会社はやりたくない商品やサービスだということです。そこで代わりに政府が行います。だからイです。

第2章 現代の経済
テーマ04 政府と経済政策

これだけはわかってね！（チェックのこたえ）
① ケインズ（John Maynard Keynes）
② 資源配分調整　③ 所得再分配
④ 累進課税　⑤ 社会保障
⑥ 経済安定化　⑦ 減らし　⑧ 財政支出
⑨ 赤字国債　⑩ 増やし

類題1
〈こたえ〉④

〈考え方〉

1 まず「資源の配分機能」とは何かを確認しておきましょう。「資源の配分機能」は政府が公共財をつくったり，公共サービスを行ったりすることです。もうからないのでふつうの会社はしたくありません。だから政府がします。

2 それぞれの選択肢を確認します。

① 社会保障制度は「所得の再分配機能」です。資本主義経済では，お金をたくさん持っている人もいるし，お金がなくて困っている人もいます。お金がなくて困っている人（仕事をなくした人や高齢者）にお金をあげるのが社会保障です。

② 累進課税制度も「所得の再分配機能」です。仕事や会社がちがうと，給料もちがいます。だから給料をたくさんもらっている人，お金をたくさん持っている人から税金を多くとります。給料が少ない人，お金をあまり持っていない人からは税金をあまりとりません。

③ 地方自治体（都道府県や市区町村）も政府です。「資源の配分機能」ではありません〔地方自治体も公共財をつくったり，公共サービスを行います〕。

④ これが「資源の配分機能」です。

類題2

〈こたえ〉 ④

〈考え方〉

★それぞれの選択肢を考えましょう。

① 予算を考えるのは内閣ですが，内閣がつくった予算について検討し，議論する（＝「審議」）のが国会です。国会での審議のあと，内閣は予算を執行（この場合は予算を配分）します。

② 中央政府が集めるのは「国税」，地方自治体が集めるのは「地方税」です。また，「直接税」は税金を納める人と税金を払う人が同じ税です。例えば，所得税は所得の数％を納める税ですが，これは税金を納める人も実際に払う人も同じです。一方，消費税は税金を納めるのはお店ですが，実際に税金を払うのは商品を買った人です（108円の商品を買ったとしたら，商品の価格は100円で，8円は消費税です）。

③ 「市場を通じて供給されないが生活にとって不可欠な財を提供する」のは財政の「資源の配分機能」です《→類題1をみてください》。財政政策（fiscal policy）とは政府が景気の安定のために行うもので，景気が悪いときは公共事業を増やしたり税金を減らしたりし，景気が良いときは公共事業を減らしたり税金を増やしたりすることです。

④ そのとおりです。

類題3

〈こたえ〉 ①

〈考え方〉

1 まず，「所得の再分配」とは何かを確認しましょう。仕事や会社がちがうと，給料などの所得もちがいます。だから，所得がたくさんある人もいますし，あまり所得がない人もいます。所得がたくさんある人からお金を多くとって，あまり所得がない人にお金をあげることを「所得の再分配」といいます。

2 つまり，給料をたくさんもらっている人から多くお金をとる（＝累進課税）タイプの税金を選びます。

3 では，それぞれの税金について確認します。
- **所得税**：所得がたくさんある人から多く税金をとる。累進課税タイプの税金。
- **相続税**：自分の親などが亡くなって，親の家やお金などを自分がもらった（＝遺産相続）ときにかかる税金。たくさん遺産相続すると，税金も多くとられる。これも累進課税タイプの税金。
- **関税**：輸入した商品にかかる税金。自分の国の産業を守るのが目的。
- **消費税**：すべての商品やサービスにかかる税金。2014年4月から8％。

類題4
〈こたえ〉 ③
〈考え方〉
★それぞれの選択肢を考えましょう。
① 赤字国債とは，政府の一年間の収入より支出が多くなってしまったときに国が行う借金のことです。日本は赤字国債の発行を禁止しています。だから，赤字国債を発行しなければならないときは特別に法律をつくらなければなりません。
② ポリシー・ミックスとは，政治の目的を達成するために，いくつかの政策を同時に使うことです。例えば，公共事業を行う（＝財政政策）と同時に公定歩合を引き下げ（＝金融政策），景気を回復させようとすることです。
③ そのとおりです。日本は財政支出の約25％を国債費（国債を返すためのお金）が占めています（2016年度予算）。ですから，ほかのことに使えるお金が制限され，財政政策を自由に行うことが難しいです。これが財政の硬直化です。

④ 消費税は商品価格の8％（2016年7月現在）に決まっていますから，所得が多い人（お金をたくさんもうけている人）より，所得が少ない人のほうが，負担が重くなっています。

第2章　現代の経済
テーマ05　日本銀行と金融政策

これだけはわかってね！（チェックのこたえ）
① 中央銀行　② 発券　③ 日本銀行券
④ 政府　⑤ 銀行　⑥ 公定歩合
⑦ 流通通貨量　⑧ 支払準備率
⑨ 公開市場操作　⑩ 国債

類題1
〈こたえ〉 ②
〈考え方〉
日本銀行の役割は3つあります。
- 「発券銀行」：紙幣をつくる。
- 「銀行の銀行」：ふつうの銀行〔市中銀行〕にお金を貸したり，市中銀行のお金を預かったりする。
- 「政府の銀行」：政府のお金を管理する。

類題2
〈こたえ〉 ④
〈考え方〉
1 まず中央銀行は景気が悪いときや良いとき，どのような対策をするか確認しましょう。
- 不況の〔景気が悪い〕とき＝流通通貨量〔国内にあるお金の量〕が少ない⇒流通通貨量を増やす

- 好況の〔景気が良い〕とき＝流通通貨量が多い⇒流通通貨量を減らす

2 選択肢をひとつずつ調べましょう。
① 預金準備率〔銀行が預金をほかの人に貸すとき，貸さないでもっておくお金の割合〕を下げると，銀行はお金を貸しにくくなるので流通通貨量は減ります。
② 増税する〔税金を増やす〕ことができるのは政府です〔日本銀行はできません〕。
③ 減税する〔税金を減らす〕ことができるのは政府です〔日本銀行はできません〕。
④ これが正しい答えです。

類題3
〈こたえ〉 ①
〈考え方〉

1 まちがっているものを選びます。

2 それぞれの選択肢を考えましょう。
① これが答えです。「グローバル化」ということばが使われるようになったのは1990年代になってからですが，変動相場制になったのは1973年です。それまではドルは金と交換できるようになっていて，金1オンス (ounce ; oz) ＝35ドル (dollar ; $)，1ドル＝360円と決められていました（固定相場制）。しかし，アメリカはベトナム戦争 (Vietnam War) やほかの国への経済的な援助などで，アメリカからどんどん金が減っていきました。これ以上ドルと金を交換すると，アメリカの金がなくなってしまうので，1971年ニクソン大統領 (Richard Milhous Nixon) は金とドルの交換を止めました（ニクソン・ショック；Nixon Shock）。その後，金1オンス＝38ドル，1ドル＝308円にして固定相場制を続けようとしましたが，アメリカの金はやはり減りつづけたため，1973年に金とドルの交換を完全にやめ，固定相場制もやめて，変動相場制になりました。政府の外国為替相場への介入は，もちろん行われています。日本では，財務大臣がいつ介入するか，どれぐらい行うかを決めます。例えば，急に円高になった場合，ドルを買って円を売ることになります。
② そのとおりです。「価格が伸縮的に変化する」とは，価格が価格の自動調節作用で均衡価格に向かって変化することです。
③ そのとおりです。「景気変動」とは，景気が良くなったり（好況），悪くなったり（不況）することです。
④ そのとおりです。

第2章 現代の経済
テーマ06 経済変動と経済成長

これだけはわかってね！（チェックのこたえ）
① 増税（税金を増や）　② 財政支出
③ 売りオペレーション　④ 増える
⑤ 低く　⑥ 原材料　⑦ 減る
⑧ 高く　⑨ 設備投資　⑩ 在庫調整

類題1
〈こたえ〉 ④
〈考え方〉
インフレーションとデフレーションは何かを確認しておきましょう。

- インフレーション：流通供給量が多いので，通貨〔お金〕の価値が下がる＝物価が上がる。景気が良いときに起こる。景

気が悪いのに物価が上がるのはスタグフレーション。
- デフレーション：流通供給量が少ないので，通貨の価値が上がる＝物価が下がる。

類題2
〈こたえ〉 ③
〈考え方〉
景気は良くなったり悪くなったりをくりかえします〔＝景気変動〕。
景気が良くなったり悪くなったりするのは，いくつかの理由があります。
- 在庫調整〔3～4年，キチンの波（Kitchin cycles）〕：売れずに残った商品を売るために価格を安くしたり，商品の生産を少なくしたりする。
- 設備投資〔10年，ジュグラーの波（Juglar cycles）〕：商品やサービスをより多く提供するために，会社が新しく機械を買ったり，工場を建てたりなどすること。
- 建物の建て替え需要〔20年，クズネッツの波（Kuznets cycles）〕：建物が建てられてから約20年で古い建物を壊して新しく建てたり，修理したりすることが必要となる。
- 技術革新など〔50年，コンドラチェフの波（Kondratieff cycles）〕：新しい技術が発見されたりすることが景気変動につながる。

類題3
〈こたえ〉 ①
〈考え方〉
1 高度経済成長期とは
1955年から1973年までの約20年間，日本の経済成長率は平均10％以上でした。この時期を高度経済成長期といいます。経済成長率とは，ある期間に，その国の経済がどれだけ大きくなったかを表します。例えば，GDP（国内総生産）が前の年と比べて何％増えたかで表します。

2 それぞれの選択肢を考えましょう。
① そのとおりです。所得倍増計画とは当時の内閣総理大臣・池田勇人が行った政策で，1961年～1970年の間に国民の所得を2倍に増やすというものでした。実際は7年で増やすことができました。
② 逆です。高度経済成長期には，所得はどんどん増えていたので，消費はさかんでしたし，貯金も増えました。
③ このころは変動為替相場制ではなくて，固定為替相場制（1＄＝350円）でした。変動為替相場制になったのは1976年からです。
④ 高度経済成長期の経済成長率は平均約10％です。

第2章　現代の経済
テーマ07　国民経済

これだけはわかってね！（チェックのこたえ）
① 国富　② 生産国民所得
③ 分配国民所得　④ 支出国民所得
⑤ 三面等価の原則　⑥ 国内総生産（GDP）
⑦ 付加価値　⑧ 国民総生産（GNP）
⑨ 経済成長率　⑩ 実質GDP

類題1
〈こたえ〉 ④

〈考え方〉

1. GDP（国内総生産）は国内で一年間に生産された商品やサービスの合計です。

2. GNI；Gross National Income（国民総所得）／GNP（国民総生産）は国民が一年間に生産した商品やサービスの合計です。ですから，その国の国民が外国で生産した商品やサービスの分＝「海外からの純所得受け取り」も含まれます。

3. GDPやGNI／GNPは付加価値〔＝売り上げ－原材料費：その商品をつくるために使った材料や部品を買うためにかかったお金〕の合計です。

4. ただしGDPには減価償却費／固定資本減耗〔機械・設備などを買ったお金をある期間に分けて少しずつ払っているという考え方〕が含まれています。GDPから減価償却費／固定資本減耗を引いたものがNDP；Net Domestic Product（国内純生産）です。

類題2
〈こたえ〉 ①
〈考え方〉

1. 実質GDPは，今年度の名目GDP÷GDPデフレーター（deflator）×100で計算します。

2. GDPはX国で生産されたものやサービスの合計で，金額で表すものです。今回は，昨年度が1兆ドル，今年度が2兆ドルでした。つまり，昨年と比べると1兆ドル分GDPが増えた（≒経済成長した）といえそうです。

3. しかし，どうして1兆ドル分も経済成長したのでしょうか。もちろん，X国のものやサービスの生産量が増えたとも考えられますが，もしかしたら物やサービスの価格が上がっているだけで，物やサービスの生産量はあまり変わっていないという可能性もあります。そこで，価格の影響を取り除いたGDPつまり「実質GDP」を考える必要があります。価格の影響を取り除いていないGDPは「名目GDP」といいます。

4. GDPデフレーターは基準年（今回は昨年と今年を比べるので昨年）と比べてどれぐらい物価が上がったか（下がったか）を表すものです。GDPデフレーターが100（または1）よりも大きかったら物価が上がっていること（つまりインフレーション）を表し，小さかったら物価が下がっていること（つまりデフレーション）を表します。今回は物価上昇率が25％ですから，基準年（昨年）を100と考えると，デフレーターは125と考えることができます

5. 名目GDPは1兆ドル。物価上昇率が25％なのでGDPデフレーターは125。よって，$2 \div 125 \times 100 = 1.6$。

6. 成長率は（比較年の実質GDP－基準年の名目GDP）÷基準年×100で計算できますから，$(1.6 - 1) \div 1 \times 100 = 60$。つまり答えは60％で，①です。

類題3
〈こたえ〉 ④
〈考え方〉

1. GNI（国民総所得）は国民が一年間に生産した商品やサービスの合計です。だから，価格が高い商品が多く含まれているほうがGNIも高くなるはずです。

2. ふだん買い物するときを考えればわかる

と思いますが，例えば，野菜よりもカレーのほうが，プラスチックのかごよりもノートパソコンのほうが価格が高いということからも，加工したり組み立てたりすることが必要な商品のほうが価格が高いので，GNIも高くなります。

I. 政治・経済・社会

第3章 現代の政治
テーマ01 民主主義の原理

これだけはわかってね！（チェックのこたえ）
① 法の支配　② 王権神授説
③ 社会契約説　④ 自由　⑤ 抵抗権
⑥ 平等　⑦ 三権分立　⑧ 執行権
⑨ 立法権　⑩ 司法権

類題1
〈こたえ〉③
〈考え方〉
★ それぞれの憲法の特徴を考えましょう。
① ドイツ基本法（Basic Law for the Federal Republic of Germany）は第二次世界大戦（WWⅡ）のあとの1949年につくられた憲法です。
② 大日本帝国憲法（Constitution of the Empire of Japan）は天皇に非常に強い権限を与えています。だから民主主義の憲法ではありません。
③ アメリカ独立宣言（United States Declaration of Independence）がまず行われ（1776年），そのあとアメリカ合衆国憲法（Constitution of the United States of America）がつくられました。ロック（John Locke）などの社会契約説から大きな影響を受けて独立宣言がつくられ，それをもとに憲法がつくられました。よって，これが答えです。
④ フランス（France）もルソー（Jean-Jacques Rousseau）などから大きな影響を受けています。まずフランス人権宣言（Declaration of the Rights of Man and of the Citizen）が1789年に出され，そのあと共和国憲法（France Constitution of the Republic of）がつくられました。また，フランス人権宣言はアメリカ独立宣言からも大きな影響を受けています。

類題2
〈こたえ〉④
〈考え方〉
★ それぞれの選択肢を考えましょう。
① 議会の同意なく課税をおこなうことを禁じる，つまり，国王が議会を無視して税金をとってはいけない，ということが決められたのは権利章典（Bill of Rights）ではなくてマグナ＝カルタ（the Great Charter of the Liberties of England）です。マグナ＝カルタは1215年，イギリス（United Kingdom）でつくられました。マグナ＝カルタは国王ができることは法で決められているということを確認するものです。また，権利章典は1688年，イギリスで起きた名誉革命（Glorious Revolution）のあとにつくられました。
② フランス革命（French Revolution）は，全人口の2％しかいない特権階級への疑問から始まりました。このころのフランスでは，国民は第一身分（僧侶）・第二身分（貴族）・第三身分（市民・農民）の3つに分かれていました。第一身分（僧侶）と第二身分（貴族）は税金を納めなくてもよいという特権を持っていました。18世紀のフランス（France）は，戦争への参加や貴族の年金などでもともとお金がない状態でした。しかし，特権階級からは税金をとれないので，第三身分の人たちは非常に多くの税金を払わな

ければなりませんでした。しかも，第三身分の人たちはほとんど政治に参加することができませんでした。フランス革命はこのような状態を変えることを目的に始まったのです。また，フランス革命が行われているなかで，議会で選挙の実施が決まりました。選挙することができるのは男性だけでしたが，これが世界で初めての普通選挙だといわれています。

③ フランス革命のあと国王は死刑にされ，フランスから国王はいなくなりました。選挙で選ばれた国民の代表が政治をする共和制になりました。また，君主制は国王が国の代表だということです。立憲君主制は，君主（国王）も法でできることが決まっているということです。例えば，イギリスやオランダ（Netherlands）などです。

④ そのとおりです。

類題3

〈こたえ〉 ②

〈考え方〉

1 アメリカ独立宣言は，それまでイギリスの植民地だったアメリカがイギリスと戦争して勝ち，イギリスから独立したときにつくられました（1776年）。アメリカ独立宣言は社会契約説に大きな影響を受けています。社会契約説とは，17世紀に出てきた考え方です。王（政府）が国民を支配できるのはなぜでしょう？ それまでは「神が王（政府）に国民を支配する力を与えた（そして国民を支配することを許した）」からだと考えられていました（＝王権神授説。だから王（政府）の力は神の力であり，国民を自由にできる）。しかし，社会契約説では「王（政府）が国民の代わりに政治をすることを契約した」からだと考えました。この考え方だと，もし王（政府）が国民を苦しめるような政治をするのならば，国民は王（政府）を変えることができます。

2 文章を簡単にまとめると，
すべての人は平等。神から生命や自由，幸せになる権利が与えられている。この権利を守るために政府がつくられた。政府がなぜ国民の代わりに政治ができるかというと，それは｜ a ｜されたからである。
……だから，｜ a ｜には被治者の同意（政府に支配される人たちが政府が自分の代わりに政治を行うことに賛成すること）が入ります。

類題4

〈こたえ〉 ①

〈考え方〉

1 まず，「法の支配」は何かを考えましょう。「法の支配」とは，"国王など政治的な権力をもっている者も法にしたがって政治をしなければならない"ということです。この考え方はイギリスで生まれ，発展しました。

2 次に，選択肢の内容を考えましょう。

① そのとおりです。「治める者」＝政治をする者，「法によって拘束される」＝法に従わなければならない，ということです。

② 「治める者も従来の統治の伝統に従わなければならない」というのは，〈政治を行う者も，昔から行われている政治のやりかた（法）に従わなければならない〉ということです。中世のイギリスで生ま

れた考え方で,「法の支配」のもとになりました。
③ 「法の支配」は〈権力者も法に従って政治をしなければならない〉という考え方で,イギリスで発達しました。同じように考えると,④もまちがっていると考えることができます。

第3章 現代の政治
テーマ02 議会と政府

これだけはわかってね！（チェックのこたえ）
① 内閣不信任案　② 教書　③ 拒否権
④ 司法　⑤ 違憲立法審査権　⑥ 上院
⑦ 下院　⑧ 衆議院　⑨ 参議院
⑩ 弾劾裁判所　⑪ 両院協議会
⑫ 衆議院の優越　⑬ 委員会　⑭ 閣議
⑮ 国務大臣　⑯ 政令
Ⓐ 行政　Ⓑ 立法　Ⓒ 司法　Ⓓ 教書
Ⓔ 拒否権　Ⓕ 弾劾裁判　Ⓖ 内閣
Ⓗ 衆議院　Ⓘ 内閣不信任案

類題1
〈こたえ〉 ①
〈考え方〉
★選択肢の内容を考えましょう。
① そのとおりです。内閣での話し合いのことを「閣議」といいます。
② 日本は三権分立制です。行政権は内閣が持ち，立法権は国会が持っています。行政権と立法権がいっしょになる（＝「融合する」）ことはありません。
③ 内閣総理大臣が国会開会中に日本を離れることは，法律で禁止されてはいません（ただし，国会から認められる必要があります）。
④ 衆議院の解散は今までに何度も行われています。

類題2
〈こたえ〉 ②
〈考え方〉
❶ 委員会とは，本会議（衆議院・参議院のそれぞれの，議員全員で行われる会議）のまえに行われる，20〜50人で行われる会議です。それぞれの専門に分かれています（予算委員会，国土交通委員会，経済産業委員会など）。国会議員は必ずどこかの委員会に入らなければなりません。
❷ それぞれの選択肢の内容を考えます。
① 委員会で否決された（その法律案が認められなかった）場合でも，本会議で改めて検討された結果，可決される（法律として認められる）ことがあります。
② そのとおりです。国会議員は必ずどこかの委員会に入らなければならないからです。
③ 委員会は，その分野の専門的な知識をもった議員の集まりです。
④ 本会議では法案の審議（その法律案についての議論）は省略されることは多いですが，いつも省略されるわけではありません。

類題3
〈こたえ〉 ④
〈考え方〉
★選択肢の内容を確認しましょう。
① アメリカの連邦制では，それぞれの州は州ごとに憲法を持っていて，国に近いで

す。連邦政府 (the Federal Government) は（それぞれの州だけではできない）必要なことだけします。だから、中央集権（中央の政府が強い力を持っている）とはいえません。
② 違憲立法審査権（違憲法令審査権）は裁判所が持っています。
③ アメリカの議会には上院と下院があり、上院議員も下院議員も選挙で選ばれます。上院議員は州を代表するので、州から2人選ばれます。下院議員は国民を代表するので、それぞれの州の人口に応じて議員の数が決まっています。
④ そのとおりです。

類題4
〈こたえ〉 ②
〈考え方〉
① 日本には大統領はいません。日本は議院内閣制で、衆議院と参議院があります。衆議院・参議院ともに選挙で選ばれます。内閣総理大臣（首相）は衆議院で最も人が多い党（与党）から選ばれます。ただし、衆議院と参議院で議論の結果がちがったときは、衆議院の結果が優先されます（＝「衆議院の優越」）。しかし、参議院は衆議院が国民の意見を無視して勝手に政治を行うのを抑える役目があります。
② これが答えです。フランスでは、大統領もいますし、首相もいます。そして、大統領と内閣が行政を分担します（だから「半大統領制」といいます）。大統領は国民が直接選挙して選びますから、大統領は強い力を持っています。大統領は議員から首相と閣僚を選びます。
③ イギリスにも大統領はいません。イギリスは議院内閣制です。イギリスには上院と下院がありますが、上院は選挙では選ばれず、国王が首相の意見を聞いて貴族や僧侶などから選びます。下院は選挙で選ばれ、日本とだいたい同じで、最も人が多い党の党首が首相になります。
④ アメリカは大統領制です。

第3章 現代の政治
テーマ03 選挙と政治参加

これだけはわかってね！（チェックのこたえ）
① 25歳以上の男性　② 普通選挙
③ 20歳以上の男女
④ 小選挙区比例代表並立制
⑤ 比例代表　⑥ 有権者
⑦ 拘束名簿　⑧ 改選　⑨ 選挙区
⑩ 非拘束名簿

類題1
〈こたえ〉 ①
〈考え方〉
★それぞれの選択肢を考えましょう。
① そのとおりです。誰に投票したかわからないようにしないと、投票する人が誰に投票するか自由に選ぶことができません。公正な選挙を行うために必要な制度です。
② 平等選挙ではなく「普通選挙」といいます。平等選挙とは、どんな人でも一人一票、投票できるということです。
③ 逆です。比例代表制は政党に投票します。それぞれの政党がどれだけ票を入れてもらったかで議席の数が決まるので、死票（投票した候補者が当選しなかったため

④ 逆です。小選挙区制では当選するのは一人だけなので，大きな政党の支援を受けている人のほうが当選しやすくなります。この結果，議席をとれるのは大きな政党だけになり，二大政党制（2つの大きな政党が政権をとり合う）になりやすくなります。多党化（政党がたくさんある状態）しやすいのは大選挙区制（ひとつの選挙区から当選者が何人か出る）です。

類題2

〈こたえ〉 ④

〈考え方〉

1 まず，与党になるには全体の半数以上であることが必要です。今回の場合，全体で500人なので，少なくとも251人は必要です。足して251人にならなければならないので，②はちがいます。

2 しかし，連立与党全体の人数が増えすぎると，大臣になれる人の割合が小さくなります。だから，できるだけ251人に近い数にしなければなりません。よって，B党＋C党＋E党の④が答えになります。

類題3

〈こたえ〉 ④

〈考え方〉

★それぞれの選択肢の内容を考えます。

① 日本では，投票するときに自分の名前を書くことはありません。

② 日本では，選挙の準備や実行を一般の会社（民営企業）が行うことはありません。

③ 日本では，投票は義務ではありません（権利です）。

④ そのとおりです。その選挙区に住む人が多いと，たくさん投票してもらわないと選ばれません。だから，住んでいる人が多い選挙区は選ばれる人の数を増やしたり，住んでいる人が少ない選挙区は選ばれる人の数を減らしたりします（議員定数の増減）。1986年，1992年，2002年に議員定数の増減が行われました。

第3章 現代の政治
テーマ04 日本国憲法の制定とその原理

これだけはわかってね！（チェックのこたえ）

① 伊藤博文　② プロイセン（Prussia）
③ 自由　④ 法律の範囲内
⑤ 兵役　⑥ 納税
⑦ ポツダム宣言（Potsdam Declaration）
⑧ 象徴　⑨ 固有の権利　⑩ 交戦権

類題1

〈こたえ〉 ②

〈考え方〉

1 明治政府がプロイセン（Prussia）の憲法を参考にした理由

大日本帝国憲法をつくるとき，明治政府はヨーロッパの国の憲法を参考にしようと考えました。憲法などの法についてはヨーロッパがいちばん歴史があったからです。そのなかでもイギリス，ドイツ（プロイセン），フランスの憲法はほかの国にも大きな影響を与えていました。そこで，この3つの国の憲法を参考に，大日本帝国憲法をつくろうと考えたのです。

まず，日本には君主（天皇）がいるので，国王がいないフランスの憲法はあま

り参考にならないと考えました（フランスは18世紀にフランス革命が起こり，国王はいなくなりました）。

　イギリスにもドイツにも国王がいて，憲法もありますが（立憲君主制），イギリスとドイツではかなりちがいがあります。イギリスでは議会の力が強く，国王はほとんど政治的な力を持っていません（＝「国王は君臨すれども統治せず（The King reigns, but does not govern）」）。しかし，ドイツの国王は政治的に大きな力を持っていました。明治政府は日本を天皇を中心とした立憲君主制の国にしようと考えていたので，ドイツの憲法を参考にして大日本帝国憲法をつくることにしました。

2 それぞれの選択肢を考えましょう。

① ドイツ（プロイセン）の憲法では，国王に大きな力が集中していました。議会があり首相もいましたが，行政権は国王が持っていました。また，議会を集めたり解散したりすることも国王しかできませんでしたし，ほかの国と条約を結んだり戦争を始めたりするのも国王しかできませんでした。

② そのとおりです。君主権とは，君主（国王など）が持つ政治的な権力のことです。

③ フランス・イギリス・ドイツはすべて二院制（議会が2つある）です。

④ 社会権とは，人間らしい生活ができるように，国に保障させる権利です。資本主義経済では，不況になると失業者が増え，貧しい人が増えます。これはそれまで個人の責任だといわれてきましたが，20世紀になると，これは国の責任であり，国が何か対策をすべきだという考えが出て

きました。この社会権を世界で初めて憲法に書いたのは1919年につくられたワイマール憲法（the Weimar Constitution）です。

類題2

〈こたえ〉　①

〈考え方〉

★ それぞれの選択肢を考えましょう。

① そのとおりです。第99条で決められています。「天皇又は摂政及び国務大臣，国会議員，裁判官その他の公務員は，この憲法を尊重し擁護する義務を負ふ」（天皇や摂政，国務大臣，国会議員，裁判官などの公務員は，この憲法を大切にして守らなければならない）。摂政とは，天皇が20歳未満のとき，天皇の代わりに国事行為（内閣が確認・許可したうえで，内閣総理大臣を任命したり，条約や条例を公布したり，国会を集めたり衆議院を解散したりなどすること）をする人。

② 逆です。改正が難しい「硬性憲法」だとされています。日本国憲法を改正するためには，衆議院・参議院各議院の全体の3分の2以上の賛成と，国民投票を行って半数以上の賛成を得ることが必要なので，改正は難しいといえます。

③ 「条文」は戦争の放棄ではなく「天皇」から始まっています。戦争の放棄については第9条に書かれています。

④ 憲法は最高法規（国で最も重要な法）なので，憲法に違反する法律をつくることはできません。

類題3

〈こたえ〉　④

〈考え方〉

★ それぞれの選択肢を考えましょう。

① 明治憲法では地方自治はほとんど認められていませんでした。政治については東京の政府が決め、都道府県知事も国から派遣され、国民は都道府県知事を選挙で選ぶこともできませんでした。

② 大日本帝国憲法では「内閣」については決まりがありませんでした。日本国憲法では「内閣」が行政権を持っていますが、大日本帝国憲法では行政権を持っているのは天皇（国務大臣が手伝う）です。

③ 司法権は大日本帝国憲法でも裁判所が持っていました（天皇が裁判所に「任せた」というかたちになっていました）。

④ そのとおりです。

第3章　現代の政治
テーマ05　基本的人権

これだけはわかってね！（チェックのこたえ）

① 侵すことのできない永久の権利
② 公共の福祉　③ 精神　④ 身体
⑤ 罪刑法定主義　⑥ 令状　⑦ 黙秘権
⑧ 経済活動　⑨ 財産権
⑩ 法の下の平等　⑪ 生存権　⑫ 健康
⑬ 文化的　⑭ 教育を受けさせる
⑮ 勤労の権利（勤労権）　⑯ 団結権
⑰ 国民審査　⑱ 住民投票　⑲ 知る権利
⑳ プライバシー

類題1

〈こたえ〉　②

〈考え方〉

★ それぞれの選択肢の内容を考えましょう。

① 黙秘権（何か事件が起こって、それに関わっていると判断され、警察などで話を聞かれているとき、自分にとって都合が悪い情報は話さなくてよい）や財産権の不可侵（自分が持っている物やお金を、勝手に他の人がどこかに持っていくことはできない）は自由権です。黙秘権は人身の自由、財産権は経済の自由です。

② そのとおりです。生存権は、「健康で文化的な最低限度の生活」を保障するものです。

③ 社会契約説とは、「社会（国）はそこに住んでいる人たちの契約（約束）によってできている」という考え方です。16世紀～18世紀のヨーロッパで生まれ、ここから「人権」という考え方が生まれました。このとき生まれた人権は、自由権や平等権です。

④ 社会権は20世紀になってから出てきた考え方で、ドイツ（Germany）で1919年につくられたワイマール憲法（the Weimar Constitution）で初めて保障されました。

類題2

〈こたえ〉　②

〈考え方〉

★ それぞれの選択肢を考えましょう。

① 政治に参加する権利は参政権です。

② これが答えです。団体交渉権は、会社に対して給料を上げるなど要求をすることができる権利です。このほかに、社会権には生存権、教育を受ける権利などがあります。

③ 集会・結社の「自由」なので、これは自

由権です。
④ これは身体の自由なので，自由権です。

類題3
〈こたえ〉 ④
〈考え方〉
① まちがっているものを選びましょう。
② それぞれの選択肢を考えましょう。
① そのとおりです。例えば，2014年の選挙の投票率は，50代〜70代の投票率が60％〜70％程度なのに対して，40代は49％，30代は42％，20代は32％でした。
② そのとおりです。被選挙権とは国会議員や地方自治体の議員，都道府県や市町村の知事などに立候補して，選挙される権利です。公務就任権とは，公務員になることができる権利です。罷免権とは，公務員（最高裁判所の裁判官）を辞めさせることができる権利です。
③ そのとおりです。ニュージーランド(New Zealand)では1893年に女性に参政権が認められました。また，女性参政権はイギリスでは1918年，アメリカでは1920年，フランスや日本では1945年に認められました。
④ 選挙が国民の義務になっている国はあります。「義務投票制」と呼ばれます。選挙をしないと，お金を払わなければならない（罰金）などの決まりがあります。義務投票制の国は，オーストラリア(Australia)，シンガポール(Singapore)，スイス(Switzerland)などです。

類題4
〈こたえ〉 ④

〈考え方〉
① 「新しい人権」とは
現在，経済発展や都市化などによって，今までの人権では対応できない問題がでてきました。それで出てきたのが「新しい人権」です。例えば「日照権」（一定の時間，太陽の光を確保する権利）は，高い建物がなかった時代にはなかった人権です。都市化によって，高い建物がどんどんできて，低い建物には太陽の光が届かなくなるという問題が出てきたため，このような人権が出てきたのです。
② それぞれの選択肢を考えましょう。
① 「新しい人権」は国際条約によって保障されているわけではありません。
② 「新しい人権」は憲法には書かれていません。
③ 健康で文化的な最低限度の生活を営む権利は社会権（生存権）です。日本国憲法の第25条に書かれています。
④ そのとおりです。

第3章　現代の政治
テーマ06　中央と地方

これだけはわかってね！（チェックのこたえ）
① 民主主義の学校　② 団体自治
③ 住民自治　④ 地方公共団体(地方自治体)
⑤ 住民の意思　⑥ 首長　⑦ 条例
⑧ 直接請求権　⑨ 不信任決議
⑩ 10日　⑪ リコール　⑫ 監査委員
⑬ 選挙管理委員会　⑭ 住民投票
⑮ 三割自治　⑯ 地方税　⑰ 地方交付税
⑱ 国庫支出金　⑲ 地方債

⑳　三位一体改革　㉑　市町村合併

類題1

〈こたえ〉　②

〈考え方〉

■1　直接請求権では，地方自治体に対して，下のようなことができます。

▶ 条例の制定・改廃：条例を新しくつくったり，やめたり変えたりすること（住民全体の50分の1以上の署名があればできる。首長に対して要求する）。

▶ 監査：（とくに，住民が税金の使われ方に疑問を感じているとき）地方自治体に払った税金がどのように使われているかを知ること（住民全体の50分の1以上の署名があればできる。監査委員に対して要求する）。

▶ 議会の解散（住民全体の3分の1以上の署名が集まって，そのあとの住民投票で半分以上の住民が賛成すればできる。選挙管理委員会に対して要求する）

▶ 議員や首長を辞めさせること（住民全体の3分の1以上の署名が集まって，そのあとの住民投票で半分以上の住民が賛成すればできる。選挙管理委員会に対して要求する）

▶ そのほかの職員を辞めさせること（議員で4分の3以上の賛成があればできる。ただし，議会には議員全体の3分の2以上が出席していることが必要。首長に要求する）。

■2　所得税は国（中央政府）が集める税金ですから，地方自治体の住民がやめさせることはできません。

類題2

〈こたえ〉　③

〈考え方〉

■1　条例は，地方公共団体が独自につくることができる法です。ただし，法律に合わない条例をつくることはできません。条例は基本的に，議会（都道府県議会・市区町村議会）に出席している議員が半数以上賛成すればつくることができます。

■2　それぞれの選択肢の内容を考えましょう。

① どんな条例をつくるかについては（法律；国が憲法に基づいてつくった法に合わない場合以外は）とくに制限はありません。

② 条例は地方自治体が独自につくるものですから，国会は関係ありません。

③ そのとおりです。

④ 条例は議会（都道府県議会・市区町村議会）に出席している議員が半数以上賛成すればつくることができます。

類題3

〈こたえ〉　④

〈考え方〉

★ それぞれの選択肢の内容を考えましょう。

① 地方自治体の長（都道府県知事，市町村長）はその自治体に住んでいる人たちの選挙で選ばれます。

② 都道府県知事はその自治体に住んでいる人たちの選挙で選ばれます。

③ 解職請求（辞めさせることを要求すること＝リコール）は長だけでなく議員（都道府県議会，市区町村議会）も対象です。

④ そのとおりです。

類題4

〈こたえ〉 ④

〈考え方〉

★ それぞれの選択肢の内容を考えましょう。

① アメリカの連邦政府(Federal government of the United States)は，1776年に最初にイギリス(UK)から独立した東部13州が合衆国憲法に基づいて話し合ってつくったものです。連邦政府ができたのは1787年です。連邦政府はあまり大きな力は持っておらず，州政府のほうが大きな力を持っています（したがって，アメリカは今も昔も地方のほうが大きな力を持っています）。

② イタリアはとくに1920年代から1970年代まで中央集権的（中央の政府が大きな力を持っている）でしたが，1972年に州政府ができ，1990年代から地方分権がすすんでいます。また，イタリア北部は工場が多く経済的に豊かですが，南部は工場が少なく経済的にはあまり豊かではありません。

③ ハンザ同盟：the Hanseatic Leagueは，12世紀〜17世紀のドイツ北部の都市（リューベック；Lubeck・ハンブルク；Hamburg・ブレーメン；Bremenなど）による経済的・政治的なまとまりです。とくにハンブルクやブレーメンは長い間「自由都市」として，政治的に独立していました。これらの都市は，15〜17世紀の神聖ローマ帝国：the Holy Roman Empireや19世紀のドイツ帝国；Germanic Empireのときなどは独立していましたが，1949年にドイツ連邦共和国：Federal Republic Germanyができてからは，ドイツの州のひとつとなっていて，ドイツから独立しているとはいえません。

④ そのとおりです。1999年〜2010年，国が市町村に合併（市町村がいくつか集まって，より大きな市町村をつくること）を呼びかけました。市町村が合併するとコストを減らすことができて（職員の数を減らすことができる，設備を減らすことができるなど）経済的にも安定し，地方分権にも対応できると考えられていました。

I. 政治・経済・社会

第4章 国際社会
テーマ01 国際経済

これだけはわかってね！（チェックのこたえ）
① 中国　② アメリカ　③ 経常収支
④ 資本収支　⑤ 財　⑥ 旅行
⑦ 無償資金援助　⑧ 直接投資
⑨ 配当　⑩ 貿易収支　⑪ 経常移転収支
⑫ 所得収支　⑬ 貿易立国　⑭ 投資立国

類題1
〈こたえ〉②
〈考え方〉

1 「一国が一定の期間におこなった貨幣の受け取りと支払い」とは、例えば日本が、1年の間に、ほかの国から払ってもらったお金の合計と、ほかの国に払ったお金の合計の差です。例えば、日本から商品を輸出すれば、ほかの国からお金を払ってもらうことになります。日本がほかの国から輸入すれば、日本がほかの国にお金を払うことになります。

2 日本がほかの国から買った／もらった財（商品）やサービス、日本がほかの国に売った／あげた財（商品）やサービスはすべてお金（金額）に直して計算します。

3 「資産」は株式・債権（お金を貸して、それを返してもらう権利）・預金などがあります。「債務」は借金のことです。

類題2
〈こたえ〉①
〈考え方〉

1 経常収支とは

経常収支とは、貿易収支＋所得収支＋サービス収支＋経常移転収支のことです。経常収支が黒字だと、日本でつくった物やサービスが外国に買われているほうが、日本が外国の物やサービスを買うよりも多いことを表します。逆に、経常収支が赤字だと、日本が外国の物やサービスを買うほうが多いことを表します。

▶ 貿易収支は輸出額−輸入額で計算できます。黒字ならば日本から外国に輸出しているほうが多いこと、赤字ならば外国から輸入してるほうが多いことを表します。

▶ サービス収支は、日本人が外国へ旅行に行って、そこで使うとマイナス（−）、外国人が日本にきてお金を使うとプラス（＋）になります。サービス収支が黒字だと外国人が日本にきてお金を使うことが多いということ、赤字だと日本人が外国へ旅行してお金を使うほうが多いということを表します。

▶ 経常移転収支は、発展途上国への食料援助や医療援助、国際連合など国際機関に払うお金を表します。日本は発展途上国を援助する側なので、基本的に赤字です。

2 計算のしかた

今回の表で経常収支に関係するのは貿易収支・サービス収支・経常移転収支なので、この3つを足します。貿易収支は輸出−輸入で計算することができるので、経常収支は $150+(-50)+(-10)=90$ になります。よって、経常収支は90の黒字となります。

類題3
〈こたえ〉①

〈考え方〉

1 貿易収支は，輸出が多ければほかの国からたくさんお金を払ってもらっているということなので黒字になりますし，輸入が多ければほかの国にたくさんお金を払っているということなので赤字になります。

2 表では，赤字だとマイナス（例：－1861.1）で表されています。

3 Cは1995年から2008年までずっと赤字なので，アメリカだとわかります。よって，残りの選択肢は①か④になります。

4 Bは2000年以降，黒字が急に増えています。だから中国です。Aは逆に黒字が少しずつ減っているので日本だと考えられます。日本は企業が外国に工場をつくったり，外国に新しく会社をつくってそこで商品を生産しているので，日本でつくったものを外国に輸出する量は減っているのです。

第4章 国際社会
テーマ02 円高と円安

これだけはわかってね！（チェックのこたえ）

① 基軸通貨
② ブレトン・ウッズ体制(Bretton Woods system)
③ ニクソン大統領(Richard Milhous Nixon)
④ ニクソン・ショック（ドル・ショック）: Nixon Shock
⑤ IMF（国際通貨基金） ⑥ 需要
⑦ 供給 ⑧ 輸入 ⑨ 輸出
⑩ 貿易摩擦 ⑪ 投資 ⑫ 高金利
⑬ 観光客

類題1

〈こたえ〉 ①

〈考え方〉

1 1ドル（$）＝200円が1ドル＝100円になるということは，今まで1ドルには200円の価値があったのに，100円の価値しかなくなってしまったということです。つまり，ドルの価値が下がった＝円の価値が上がったということです。円が高くなってドルが安くなったということです。

2 例えば，1台150万円の自動車をアメリカで売る場合，1ドル＝200円のときは7,500ドルですが，1ドル＝100円だと15,000ドルになってしまいます。つまり，円安のときのほうがアメリカでは安く買えるので，たくさん売ることができます。

類題2

〈こたえ〉 ①

〈考え方〉

1 具体的に考えるほうがわかりやすいので，ここでは円が高くなる場合で考えてみましょう。

基本的に，円がほしいと思う人が多くなれば（円の需要が増えれば）円高になります。円ではなくてドルなど外国のお金（外貨）がほしいと思う人が多くなれば（外貨の需要が増えて円の需要が減れば）円安になります。

2 では，それぞれの選択肢を考えましょう。

① 外国から日本に投資するときは，円が必要です。だから，円の需要が増える＝円高になると考えられます。

② お金を預けるときは金利が高いほうに預けるはずです。金利が高いほうがお金が

増えるからです。日本の金利が低くて，アメリカの金利が高い場合は，アメリカの銀行にドルでお金を預けるはずです。だから，円の需要が減る（外貨の需要が増える）＝円安になると考えられます。
③ アメリカの経常収支の赤字が減るということは，アメリカが貿易でお金（外貨）をもうけているということです。アメリカがもうけた外貨を国内で使うにはドルが必要です。ドルの需要が増えるので，円安になります。
④ 日本の企業がアメリカに投資するときはドルが必要です。ドルの需要が増えるので，円安になります。

類題3
〈こたえ〉 ②
〈考え方〉
① 日本が好景気ということは，日本の企業がもうかっているということですから（企業からの配当も増える可能性が高いので），海外からの投資が増えます。日本企業に投資するには円が必要なので，円高になります。
② そのとおりです。海外にものを売ってもらったお金（外貨）を円に換えなければ，日本で使うことはできません。だから，日本から海外への輸出が増えると円の需要が増えて，円高になります。
③ 日本の金利が低くて，アメリカの金利が高い場合は，アメリカの銀行にドルでお金を預けるはずです（金利が高いほうがお金が増えるからです）。だから，円の需要はむしろ減るはずです。
④ 逆です。円の価値が上がるから円高になります。

第4章 国際社会
テーマ03 地域経済統合

これだけはわかってね！（チェックのこたえ）
① 関税　② WTO（世界貿易機関）
③ EPA（経済連携協定）
④ 関税同盟　⑤ 市場統合
⑥ マーストリヒト（Maastricht）条約
⑦ 欧州連合（European Union；EU）
⑧ ユーロ（Euro）
⑨ NAFTA（北米自由貿易協定）
⑩ MERCOSUR（南米南部共同市場）

類題1
〈こたえ〉 ①
〈考え方〉
★ それぞれの選択肢を考えましょう。
① そのとおりです。欧州中央銀行（European Central Bank；ECB）は，ユーロ（Euro）を使う国〔ユーロ圏〕の物価を安定させることを目的につくられました。ユーロ圏の金融政策はECBが決め，各国の中央銀行が公開市場操作などを行います。
② ユーロ圏の金融政策を決めるのはECBですが，実際に公開市場操作などを行うのは各国の中央銀行です。
③ ユーロに参加すると，金融政策はECBが決めるので，自分の国独自の金融政策はできなくなります。これが理由で，イギリス（UK）はユーロに参加していないのです。また，財政的によくない状況でもユーロに参加することはできます。ギリシャ（Greece）が例として挙げられます。
④ これは2013年5月から始まっており，

ツーパック (Two Pack) と呼ばれています。予算案を自分の国の議会に出すまえに欧州委員会 (the European Commission) に出し，欧州委員会がEUの基準に合っているかどうかチェックするのです（つまり，各国の議会に出すまえに，まずEUの承認が必要）。しかし各国の予算をチェックするのは欧州議会 (the European Parliament) ではなく欧州委員会です。

類題2
〈こたえ〉 ①
〈考え方〉
① これが答えです。WTO（世界貿易機関。貿易をするための共通のルールをつくるのが目的）は1995年にできました。EFTA（欧州自由貿易連合）はイギリスが中心となって1960年にできたもので，オーストリア (Austria) やスイス (Switzerland)，デンマーク (Denmark)，ポルトガル (Portugal) などが参加しました。
② 最近はWTOでの話し合いがうまくまとまらないので，関税をお互いに安くするということが決まった国と国でFTAやEPAを結ぶことが多くなっています。例えば日本は，2000年以降もシンガポールやマレーシア，インドネシアなどたくさんの国とFTAやEPAを結んでいます。
③ FTAだけでも2008年現在で120件近くみられます。
④ 日本はたくさんの国とFTAやEPAを結んでいます。

類題3
〈こたえ〉 ①

〈考え方〉
EU，日本，ASEAN，NAFTAでいちばん人口が少ないのは日本です。EU, ASEAN, NAFTAはいくつか国が集まってできています（EUはフランス・ドイツ・イタリア・イギリスなど27か国，ASEANはインドネシア・マレーシア・フィリピン・シンガポールなど10か国，NAFTAはアメリカ・カナダ・メキシコの3か国）。だから，いちばん人口が少ないAが日本になっている選択肢を選びます。

類題4
〈こたえ〉 ③
〈考え方〉
1 EPAとは？

EPAとは何かを考えるとき，どのようにしてEPAが出てきたのかを知るとわかりやすいです。

第二次世界大戦 (WWⅡ) のあと，世界各国で貿易を自由化して経済を活発にするため，1948年にGATT（関税及び貿易に関する一般協定）がつくられました。GATTは数年に一回行われる話し合いでしたが，1995年にWTO（世界貿易機関）がつくられ，自由貿易をさかんにするための中心的な機関となりました。このWTOで行われる各国間の話し合いがラウンド (round) です。ラウンドで何かを決めるには，参加国すべての合意が必要です（2014年時点での参加国は154）。

しかし，WTOに参加する国が多くなってきて，うまくいかないことが多くなってきました。とくに2001年に始まったドーハ・ラウンド (Doha Round) では，農作物をめぐる交渉などでうまくまとまらず，EU・アメリカ・発展途上国の

間で対立が続いています。

そこで，WTOに代わって重要になってきたのがFTAです。FTAは2つ以上の国や地域がお互いに関税などをなくしたり減らしたりして，より自由に貿易ができるようにするものです。EPAは貿易以外でも，投資や人の交流などを促進して，お互いの関係をより強くしようというものです（WTOのラウンド交渉では参加国すべての合意がないと何も決めることができませんが，EPAなら参加国が少ないため，比較的簡単に合意ができます）。

2 日本との間でEPAが発効している国
　　シンガポール：Singapore（2002年），メキシコ：Mexico（2005年），マレーシア：Malaysia（2006年），チリ：Chile（2007年），タイ：Thailand（2007年），インドネシア：Indonesia（2008年），ブルネイ：Brunei（2008年），フィリピン：Philippines：（2008年），スイス：Switzerland（2009年），ベトナム：Vietnam（2009年），インド：India（2011年），ペルー：Peru（2012年），オーストラリア：Australia（2015年），モンゴル：Mongolia（2015年）。

```
第4章    国際社会
テーマ
 04     国連と国際機構
```

これだけはわかってね！（チェックのこたえ）
① 集団安全保障
② ウィルソン（Thomas Woodrow Wilson）
③ 平和原則14か条
④ ローズヴェルト（Franklin Roosevelt）
⑤ 総会（UNGA）　⑥ 中国　⑦ 拒否権
⑧ 平和のための結集　⑨ 事務総長
⑩ 国連平和維持活動（PKO）

類題1

〈こたえ〉　(1) ④　(2) ②
〈考え方〉

(1)

1 「世界平和の維持を図っている」がヒントになります。国連は集団安全保障方式を採用しています。集団安全保障方式は世界の国をひとつの国際機関（国際連合）に参加させて，戦争を始めた国に対していろいろな方法を使って戦争をやめさせる方法です。

2 国連の主要機関は6つあります。総会，安全保障理事会，経済社会理事会，信託統治理事会（現在は活動していない），国際司法裁判所，事務局です。

(2)

★それぞれの選択肢を考えましょう。
① 世界知的所有権機関（WIPO；World Intellectual Property Organization）は，知的財産権（Intellectual property；その人が考えたアイデアを他の人に勝手にとられないための権利：例えば，アニメや小説などの著作権など）を守るために活動しています。1970年につくられ，1974年から専門機関になりました。
② これが答えです。国際刑事裁判所（ICC；The International Criminal Court）は，個人の国際犯罪を裁く裁判所です（国際司法裁判所は国と国の法律的な争いを解決するのが目的）。1998年につくられました。国連と協力していますが，国連の機関ではありません。

③ 世界保健機関（WHO；World Health Organization）は，世界から病気をなくすために研究をしているほか，医療や薬などの普及などを行っています。1948年につくられました。
④ 国連教育科学文化機関（UNESCO；United Nations Educational, Scientific and Cultural Organization）は，教育・科学・文化の発展を目的につくられました。1946年につくられ，1986年に専門機関になりました。

類題2
〈こたえ〉 ①
〈考え方〉
1 集団的自衛権（right of collective self-defense）は何かを理解しましょう。例えば，A国とB国が軍事同盟を結んでいたとします。あるとき，B国がC国に攻撃されたとします。このとき，（B国はもちろん）直接C国から攻撃を受けていないA国もB国のために軍を出します。A国は「集団的自衛権」を使ったといえます。
2 では，それぞれの選択肢を考えます。
① これが答えです。NATO（North Atlantic Treaty Organization：北大西洋条約機構）は冷戦のとき，ソ連（USSR）や東ヨーロッパの社会主義・共産主義の国から資本主義の国を守るためにつくられました。
② ASEAN（Association of South-East Asian Nations：東南アジア諸国連合）は東南アジアの国々の経済的なつながりです。
③ 安全保障理事会は集団的自衛権ではなく，「集団安全保障」を実現したものです。
④ 日米安全保障条約（Treaty of Mutual Cooperation and Security between the United States and Japan）は，日本とアメリカがお互いに安全保障を行うために，アメリカ軍が日本に駐留（stationing）することなどを決めたものです。日本は憲法第9条（どんな理由であっても戦争はしない）があるので，集団的自衛権を使うことはできません。

類題3
〈こたえ〉 ③
〈考え方〉
★ それぞれの選択肢を考えましょう。
① ISO（International Organization for Standardization：国際標準化機構）は国連の組織ではありません。
② 総会と安全保障理事会はちがう組織です。
③ そのとおりです。ILO（International Labour Organization：国際労働機関）は国際連盟の時代につくられました。
④ WTOは貿易のほか，サービスや金融などの世界共通のルールをつくるための機関です。しかし2001年から先進国と新興国（BRICsなど）の対立が起こり，2011年には交渉をやめた状態になっています。しかし，解散はしていません。

第4章　国際社会
テーマ05　地球環境問題

これだけはわかってね！（チェックのこたえ）
① オゾン（ozon）
② フロンガス（freon gas）
③ 温室効果ガス　④ 化石燃料
⑤ 国連環境開発会議（地球サミット。United

Nations Conference on Environment and Development ; UNCED)
⑥ 京都議定書（Kyoto Protocol）
⑦ アメリカ　⑧ 中国
⑨ 排出権　⑩ 持続可能な開発

類題1
〈こたえ〉　④
〈考え方〉

1 排出された二酸化炭素（CO_2）などの温室効果ガスは，熱を吸収します。温室効果ガスがあるので，地球の表面はちょうどよい温度になると考えられています。でも，温室効果ガスが増えすぎると，温度が上がりすぎて，かえって悪い影響が出てきます。これが温暖化です。

2 では，それぞれの選択肢を考えましょう。
① そのとおりです。植物は二酸化炭素（CO_2）を吸収します。よって，森をなくしてしまうとその分だけ二酸化炭素が吸収されずに残ってしまいます。
② そのとおりです。二酸化炭素は自家用車から出る排気ガスにも含まれています。
③ そのとおりです。例えば，クーラーを使って部屋をもっと涼しくしようとすると，その分だけ電気を使います。電気はいろいろな方法でつくることができますが，石油や天然ガスを燃やしてつくることも多いです。電気をたくさんつくろうとすると，二酸化炭素もたくさん排出されてしまいます。
④ 漁業資源（魚や貝など）と温暖化は関係ありません。

類題2
〈こたえ〉　②
〈考え方〉
★ それぞれの選択肢を考えましょう。
① そのとおりです。
② これが答えです。オゾンホールはオゾンの濃度がすごく薄くなって，穴があいているようにみえることです。オゾンホールができてしまうと，そこから強い紫外線が入ってきます。すると，皮膚のガンが増えたりするなど，人間や動物に悪い影響が出ます。オゾン層を壊すのは二酸化炭素ではなくフロンガスです。
③ そのとおりです。
④ そのとおりです。

類題3
〈こたえ〉　①
〈考え方〉
★ それぞれの選択肢を考えましょう。
① これが答えです。自家用車（自動車）が増えると，二酸化炭素の排出量が増えます。だから温暖化につながります。
② そのとおりです。つまりデポジット（deposit）です。例えば，瓶ビールのもともとの価格は295円です。これに瓶のお金（デポジット）5円を足して300円で売ります。客が店に瓶を返すと，5円が客に払われます。瓶を返すと5円がもらえますから，客は瓶を店に返しにくるはずです。つまりデポジット制にするとリサイクルが促進されます。
③ そのとおりです。つまり炭素税です。化石燃料（石油や石炭など）を使うと税金がかかるので，化石燃料の使用量が減るはずです。すると，二酸化炭素の排出量も減ると考えられます。
④ そのとおりです。産業廃棄物とは，企業

が製品をつくるときに出たごみのことです。産業廃棄物の排出量に税金をかけると，（排出量が多ければ多いほど税金もたくさんとられますから）産業廃棄物の量も減るはずです。

類題4

〈こたえ〉　②

〈考え方〉

★それぞれの選択肢を考えましょう。

① これは原子力発電です。原子力発電はウラン（uranium）を核分裂（fission）させて電気をつくります。ウランは（ほかの石油などのエネルギーと比べると）少ない量でたくさんの電気をつくることができるので，コストは安いです。しかし，使ったあとのウランは危険なので，どうやって捨てるか，どこに捨てるかが問題になっています。

② これが答えです。地熱発電は火山などで温められた地面の熱を使うので，何度でも使うことのできる再生可能エネルギーです。しかし，火山は国立公園や温泉など観光地になっているので，発電所をつくるのが難しいのです。

③ これは水力発電です。水力発電は水が流れる力を使って電気をつくります。しかし，水の量が少ないと力も弱くなり，つくられる電気の量も減ってしまいます。

④ これは火力発電です。火力発電では石油や石炭，天然ガスなどを使いますが，どの方法でも二酸化炭素が出るため，地球温暖化の要因になってしまいます。

II. 地理

第5章 世界と日本の地理
テーマ01 地理的技能—時差

これだけはわかってね！（チェックのこたえ）
① 赤道　② イギリス
③ 本初子午線　④ 1時間　⑤ 東京
⑥ 標準時　⑦ 日付変更線　⑧ 西
⑨ 255　⑩ 17

類題1
〈こたえ〉 ②
〈考え方〉

★それぞれの選択肢を考えましょう。

① 太陽は東からのぼって西に沈みますので、基本的に、東側の地域ほど日の出が早く、西側の地域ほど日の入りが遅いはずです。ですから、日本各地で日の出と日の入りの時刻はちがいます。例えば、2015年の初日の出（1月1日の日の出）がいちばん早いのは東京都の南鳥島で5：27、いちばん遅いのは沖縄県の与那国島で7：31です。

② 同じ経度の子午線が通っている国で、南北で隣どうしの国だと、基本的に標準時も同じです（例えば、日本と同じように東経135度の線を標準時子午線にしている国は、韓国や北朝鮮、パラオ（Palau）がありますが、これらの国は日本との時差はありません）。しかし、中国のように、東西に広い国なのに標準時はひとつしかない国と隣どうしのばあい、南北に隣どうしであるのに、時差がある場合があります。例えば、中国は東経120度が標準時子午線で、標準時はこれひとつだけです。しかし、中国は東経75度〜東経135度の間にあるので、実際には時差が4時間ほどあるはずです。したがって、中国の南にあるベトナム（Vietnam）との時差は1時間、インド（India）との時差は2時間30分あります。

③ EU全体で同じ標準時を使っているわけではありません。例えば、イギリス（UK）とギリシャ（Greece）の時差は2時間です（ギリシャのほうが2時間すすんでいます）。

④ アメリカは国の面積が広いので、標準時が4つあります。東部標準時・中部標準時・山岳部標準時・太平洋標準時です。いちばん東側の東部標準時と、いちばん西側の太平洋標準時の時差は3時間です。ただし東部標準時のほうが3時間すすんでいるので、ニューヨーク（New York）が午前10時のときは、ロサンゼルス（Los Angeles）は午前7時です。

類題2
〈こたえ〉 ④
〈考え方〉

① 東京はおよそ東経140度で、キャンベラ（Canberra）はおよそ東経150度なので、キャンベラのほうが時刻はすすんでいます。だからAはまちがっています（＝誤）。

② 三平方の定理（The Pythagorean theorem）で考えます。

▶ 緯度は横の長さ（＝a）、経度は縦の長さ（＝b）であると考えると、東京とキャンベラの距離は斜めの長さ（＝c）なので、$a^2 + b^2 = c^2$ で表すことができます。cは三角形のそれぞれの辺のなかでいちばん長いです。

- 地球の全周，つまり赤道は360度で40,000 km。
- 東京はおよそ北緯35度，キャンベラはおよそ南緯35度なので，その差は70度。360度÷70度＝5.2，つまりaの長さは40,000 kmの5分の1なので，40,000÷5＝8,000 kmになります。
- しかし，cは絶対にaよりも長いはずなので，cは8,000 kmよりも長いはずです。だからBはまちがっています。

類題3

〈こたえ〉 ①

〈考え方〉

日本とアメリカ（ニューヨーク）の時差は14時間です。ただし，1日は日付変更線の西側から始まるので，日本のほうが早く1日が始まります。したがって，時刻は日本のほうがすすみます。したがって，2：00−14：00＝12：00（正午）となります。

また，アメリカが12月31日のとき，日本は1日すすんでいるので，日本は1月1日です。だからアメリカでは12月31日に「1月1日」という日付が入った日本の新聞を読むことができます。

第5章　世界と日本の地理

テーマ02　地形

これだけはわかってね！（チェックのこたえ）

① パンゲア　② 新期造山帯
③ ユーラシア（Eurasia）　④ 環太平洋
⑤ 古期造山帯
⑥ オーストラリア（Australia）

⑦ 赤道　⑧ エベレスト（Everest）
⑨ サハラ（Sahara）砂漠
⑩ アンデス（Andes）山脈

類題1

〈こたえ〉 ④

〈考え方〉

1 アフリカ（Africa）大陸の位置は4つとも同じです。南アメリカ（south-America）大陸のどこを赤道が通っているのかが問題です。

2 南アメリカにはエクアドル（Ecuador）という国がありますが，「エクアドル」はスペイン語（Spanish）で，"赤道"という意味です。

3 エクアドルは南アメリカ大陸の上のほうにありますから，答えは④です。

類題2

〈こたえ〉 ①

〈考え方〉

1 O点はイギリス（UK）のすぐ下にあるので，経度は0度（本初子午線）だと考えられます。本初子午線はロンドン（London）のグリニッジ天文台（Royal Observatory, Greenwich）を通る経線です。

2 O点はフランス（France）にありますが，フランスは北半球にあります。だから，「北緯x度」になります。

類題3

〈こたえ〉 ②

〈考え方〉

1 Aは，高い山が東側にあり，高い山に囲まれた部分が盆地になっています。BとCは高い山が西側にあって，東側には低

い山があります。ただし，Bのほうが大陸の幅が広いのが特徴です。

2 Bは，西側の山と東側の山の間に広い平地があります。また，西側の高い山が終わったあと，さらに西側に山があるのも特徴です。

3 Cは，大陸の東側と西側に山があり，とくに西側の山が海岸まで続いているのが特徴です。

▶ 上の3つの特徴を考えると……

- Aはアフリカ大陸です。東側にある高い山は，アフリカ大陸でいちばん高い山，キリマンジャロ（Kilimanjaro）です。

- Bは北アメリカ大陸です。東側の山はアパラチア（Appalachia）山脈です。大陸の西側はロッキー（Rocky）山脈やシエラネバダ（Sierra Nevada）山脈など，山が多い地域です。この地域の西側はカリフォルニア（California）ですが，カリフォルニアには海岸山脈（California coast Range）があります。また，東側の山と西側の山の間に広い平地がありますが，ここはグレートプレーンズ（Great Plains）やプレーリー（Prairie）と呼ばれ，小麦やトウモロコシなどが多くつくられています。

- Cは南アメリカ大陸です。西側にある高い山はアンデス（Andes）山脈です。

第5章	世界と日本の地理
テーマ 03	世界の気候

これだけはわかってね！（チェックのこたえ）
① 緯度　② 標高　③ 内陸部
④ 上昇気流　⑤ 下降気流
⑥ サハラ砂漠　⑦ 貿易風
⑧ 偏西風　⑨ ステップ
⑩ 地中海性気候

類題1
〈こたえ〉 ②
〈考え方〉

1 気温のグラフ（折れ線グラフ）をよくみましょう。すると，最低気温は4度くらい，最高気温は18度くらいであることがわかります。つまり，ここは温帯です。

2 降水量のグラフ（棒グラフ）をみましょう。すると，冬（11月〜1月）に雨が多く，夏（7月・8月）は雨が少ないことがわかります。

3 温帯にはどんな気候があったか考えましょう。温帯は，冬に雨が少なく夏に雨が多い温暖冬期少雨気候（Cw），冬に雨が多く夏に雨が少ない地中海性気候（Cs），冬に雨が少なくて一年間の気温の差が大きい温暖湿潤気候（Cfa），一年を通して気温の差も小さくて降水量の差も少ない西岸海洋性気候（Cfb）があります。

　このグラフは冬に雨が多くて夏に雨が少ないので地中海性気候ですね。地中海性気候はヨーロッパの地中海（ローマ：Romeなど）やアメリカの西海岸（サンフランシスコ：San Franciscoなど）にみられます。だから，答えは②です。

類題2
〈こたえ〉 ③
〈考え方〉

1 Xはどのような気候でしょう。

　Xの上の海は地中海なので，Xは地中海性気候だとわかるはずです。地中海性

気候は砂漠の上か下にあります。Xの下には砂漠（サハラ砂漠：The Sahara）がありますから，このことからもXは地中海性気候だと考えられます。

地中海性気候はもちろんローマなど地中海のまわりの地域の気候ですが，ほかにもアメリカ大陸の西側の海沿い（サンフランシスコなど）やアフリカ大陸の南西の端（ケープタウン：Cape Townなど）でもみられます。

2 A〜Cはどのような気候でしょう。

地図中のBはナミブ砂漠（Namib Desert）なので，砂漠気候（BW）です。砂漠の上か下に地中海性気候があるということですから，答えはCだとわかるはずです。

また，Bの隣にあるAはステップ気候（BS）となっています。ステップ気候は砂漠の周辺にあり，雨季（雨がたくさん降る季節）のときだけ草が生えます。でも，雨季は短く，雨季が終わってしまうと草は枯れてしまいます。

Dは西岸海洋性気候（Cfb）です。西岸海洋性気候は，偏西風が当たる地域です。偏西風は，南緯30度〜60度くらいの間で，西から吹いてくる風です。いつも西から吹いているので偏西風といいます。この地域では偏西風の影響を受けるので，降水量は一年を通してあまり変化がありません。

類題3
〈こたえ〉④
〈考え方〉
1 熱帯収束帯の位置をみましょう。

赤道付近はいつも暖かいので，上昇気流（上に上がろうとする空気の流れ）が発生して低気圧ができやすい地域（＝低圧帯）になっています。これを熱帯収束帯（ITCZ，赤道低圧帯）といいます。

熱帯収束帯は北半球が夏（6月〜8月）のときは全体が北に移動し，いちばん北に移動したときには日本のすぐ下の海にまできます。逆に，南半球が夏のときには全体が南に移動します。ですから①〜④で選ぶとすると，熱帯収束帯が全体に北にある②か④になります。

2 大陸にある気圧がどうなっているのかをみましょう。

「大陸は海に比べてあたたまりやすく冷めやすい／海は大陸に比べてあたたまりにくく冷めにくい」です。

ですから，夏は海より大陸のほうがあたたまります。暖かい空気は上に上がりますから，大陸で上昇気流が発生して低気圧ができます。7月は北半球では夏ですから，北半球の大陸では低気圧ができているはずです（逆に南半球は冬なので，南半球の大陸では高気圧ができています）。すると，答えは④になります。

第5章	世界と日本の地理
テーマ 04	資源と産業

これだけはわかってね！（チェックのこたえ）

① タイ（Thailand） ② アメリカ
③ オーストラリア（Australia） ④ 小麦
⑤ 家畜の飼料 ⑥ バイオ燃料
⑦ ヒンドゥー ⑧ イスラム
⑨ 食用 ⑩ 羊毛

⑪　エネルギー革命　⑫　石油危機
⑬　中国（China）　⑭　ロシア（Russia）
⑮　日本　⑯　火力　⑰　鉄
⑱　プラスチック
⑲　アルミニウム（aluminum）
⑳　チリ（Chile）
㉑　先端技術工業（ハイテク産業）
㉒　先進国　㉓　インド（India）
㉔　貿易摩擦　㉕　現地生産

類題1

〈こたえ〉　②

〈考え方〉

1 羊は牛や豚よりもあまり多く餌を食べませんし、乾燥に強いので、中国やオーストラリア（Australia）の内陸でたくさん育てられています。

2 豚はアジアで多く生産されていますが、とくに中国でいちばん多く生産されています。なお、イスラム教では豚を食べてはいけないことになっているので、イスラム教の人たちが多い西アジア（サウジアラビア：Saudi Arabiaやイラン：Iranなど）や北アフリカ（エジプト：Egyptやリビア：Libyaなど）ではほとんど育てられていません。

3 牛はインド（India）やブラジル（Brazil）、アメリカで多く育てられています。ブラジルやアメリカでは牛肉がよく食べられています。ヒンドゥー教では牛を食べてはいけないので、インドでは牛肉は食べませんが、牛乳やバターをたくさんつくっています。

類題2

〈こたえ〉　①

〈考え方〉

- Aのグラフは（卵類以外は）自給率が100％より少ないです。主要国では食料自給率がもっとも低い日本だと考えられます。

- Bのグラフはすべての項目でほぼ100％です。人口が多くて、つくった食料を自分の国でほとんど食べてしまう中国だと考えることができます。

- Cのグラフは米の自給率がとても高いです。それに対して、Dのグラフは米の自給率はとても低いです。Cのグラフはイタリア（Italy）で、Dのグラフはフランス（France）だと考えることができます。イタリアはスペイン（Spain）などとともに米を食べる地域で、ヨーロッパのなかでもたくさん米が生産されています。

類題3

〈こたえ〉　①

〈考え方〉

- パソコンをつくっているメーカーは日本やアメリカ、中国など世界各国にあります。パソコンの中の部品は世界のほかの地域でつくられていますが、部品を組み立ててパソコンにする作業はほとんど中国で行われています。

- また、中国は人口も多く、大きな市場でもあるので、アメリカの企業などはアメリカ国内でパソコンをつくるのをやめて、中国に工場をつくってそこで生産するようになりました。だから、パソコンのグラフは①です。

- なお、中国はパソコン以外にも、鉄鋼や自動車、家電製品など多くの工業製品で世界一の割合を占めており（2016年現在）、「世界の工場」と呼ばれています。

類題4

〈こたえ〉 ②

〈考え方〉

- Aのグラフでは石炭の割合が非常に大きくなっています。これは石炭がたくさんとれる国だからです。だから、Aは中国だと考えることができます。石炭がたくさんとれる国は、ほかにインドやオーストラリアなどですが、これらの国でも石炭の割合が大きいです。

- Dのグラフは原子力の割合が高いので、フランス（France）だと考えることができます。フランスは1970年代の石油危機のあと、エネルギー自給率を高くするために原子力発電をすすめました。

- Bはガスの割合が高くなっています。これは天然ガスが多くとれる国だからです。だから、Bはイギリス（UK）だと考えられます。天然ガスが多くとれる国は、ほかにロシア（Russia）やオランダ（Netherlands）などですが、これらの国でも天然ガスの割合が大きいです。

- Cはとくに割合の高いものはありません。それは、自分の国で資源がとれないからです（資源がとれないので、ほかの国や地域から資源を輸入することになります）。したがって、Cは日本だと考えられます。日本のように資源がとれない国は、石油の割合が大きくなる傾向もあります（今回のグラフでも、Cのグラフはほかのグラフより石油の割合が大きいです）。

類題5

〈こたえ〉 ②

〈考え方〉

- 自動車の生産には多くの資本（お金や人、物、工場など）と高い技術、関連する産業（自動車を組み立てるだけではなく、自動車の部品などをつくる工場も必要）が集まっていることが必要です。したがって、自動車の生産はドイツ（Germany）や日本、アメリカなど先進国で行われる傾向があります。

- しかし、今後の成長が期待される市場として、人口が多い中国やインド、ブラジルなどでも自動車の生産が増えています。

- 自動車の生産が最も多い国は、1970年代まではアメリカでしたが、1980年代になると日本が1位になりました。1970年代は石油危機が起こり、小さくて燃費がよい日本車がよく売れるようになったからです。

- しかし、日本がアメリカに輸出しすぎてアメリカが貿易赤字となり（＝貿易摩擦）、また、円高がすすんだため、日本の自動車会社はアメリカに工場をつくり、アメリカで自動車をつくるようになりました（＝現地生産）。したがって、1990年代は再びアメリカが1位になりました。

- 2000年からは、中国やインドの経済成長によって原油の需要が増えたため、あまりエネルギーを使わないハイブリッド車（hybrid car）などの需要が増えました。日本ではハイブリッド車や電気自動車をつくる技術がすすんでいたので、ふたたび日本が1位になりました。

- 2009年からは中国が1位になっています。中国は人口が多く、今後も大きく経済発展すると予想されるので、中国国外の自動車会社がたくさん進出しているのです。中国では、現地の企業と外国の企業が共同で企業をつくるというかたち

（＝合弁企業）が行われています。

第5章	世界と日本の地理
テーマ 05	世界と日本の人口

これだけはわかってね！（チェックのこたえ）

① 1億2,800万　② 地方中心都市
③ 過疎化　④ 高度経済成長期
⑤ 沖縄県　⑥ 人口爆発　⑦ 73
⑧ ヨーロッパ　⑨ アフリカ　⑩ 稲作

類題1

〈こたえ〉 (1) ④　(2) ③

〈考え方〉

(1)

★それぞれの選択肢を考えましょう。

① 三大都市圏計（東京圏・大阪圏・名古屋圏の人口を足したもの）÷全国×100をすると，全国に占める三大都市圏の人口の割合がわかります。すると，1970年・1980年・2000年は約40％ですが，1960年は約30％であることがわかります。

② 三大都市圏以外では，1970年の人口は1960年の人口よりも少ないので，人口が減っています。

③ 1990年は名古屋圏の人口を2倍すると大阪圏の人口より多くなります。だから，名古屋圏の人口がいつも大阪圏の人口の半分未満というわけではありません。

④ そのとおりです。東京圏は40年で14,547千人増えました。大阪圏は40年で5,934千人増えました。名古屋圏は40年で3,325千人増加しました。やはり，東京圏の人口がいちばん大きく増えています。

(2)

❶ 人口密度は，ある一定の面積（例えば1 km²）に人が何人住んでいるか，ということです。人口密度は，人口÷面積で計算できます。

❷ それぞれの選択肢を考えましょう。

① 大阪圏の人口密度は2.17で，三大都市圏の人口密度は2.46なので，三大都市圏の人口密度のほうが高いです。

② 東京圏の人口密度は3.98で，大阪圏の人口密度は2.17ですから，東京圏の人口密度が大阪圏の人口密度の2倍であるとはいえません。

③ そのとおりです。1980年の全国の人口密度を計算すると（日本全体の面積は変わりませんから，2000年の面積の数値を使います），0.310となります。これに×1,000をすると310人となります。

④ 2000年のその他地域の人口密度を計算すると0.202となり，これに×1,000をすると202人となります。つまり，200人以上となります。

類題2

〈こたえ〉 ③

〈考え方〉

- 世界で最も人口が多い地域はアジア（Asia）です。世界で人口が最も多い国である中国（China。13.41億人）や，第2位のインド（India。12.25億人）が含まれていることからもわかりますね。世界の人口の約60％を占めています（41.64億人）。

- 次に多いのはアフリカ（Africa）です。アフリカの人口は10.22億人ですが，世

- 界で最も急激に人口が増えている地域です。つまり、世界で最も人口増加率が高い地域です。1950〜2010年の人口を地域ごとに比べてみると、この60年間で、ヨーロッパは約1.3倍しか増えていませんが、アフリカは約4.4倍も増えています（アジアは約3倍）。
- ヨーロッパ (Europe) の人口は7.38億人、北アメリカ (North America) の人口は3.45億人です。北アメリカ大陸にはアメリカ (USA) とカナダ (Canada) の2か国しかなく、大陸の中央部は山が多く、砂漠が広がっているなどしてあまり人が住んでいません。ヨーロッパは多くの国々があります。だから、北アメリカよりヨーロッパのほうが人口が多いと考えられます。

類題3

〈こたえ〉 ③

〈考え方〉

- 最もわかりやすいのはBです。世界でいちばん人口が多い国は中国です（13.41億人）。次にDですが、世界で2番目に人口が多い国なので、インドだとわかります（12.25億人）。
- Aですが、Aの特徴は人口も第3位ですが、面積も第3位ということです。残りの選択肢はアメリカとブラジル (Brazil) ですが、アメリカの面積とブラジルの面積を比べると、アメリカのほうが広いです（アメリカは北アメリカ大陸のほぼ半分を占めています）。だから、Aはアメリカだとわかります。アメリカの面積は962万 km^2、ブラジルの面積は851万 km^2 です。アメリカの人口は3億人、ブラジルは1.9億人です。

III. 歴史

第6章 近代から20世紀の世界と日本
テーマ01 アメリカ独立戦争

これだけはわかってね！（チェックのこたえ）

① コロンブス（Christopher Columbus）
② ブラジル（Brazil）
③ ケベック（Quebec）
④ ワシントン（George Washington）
⑤ アメリカ独立戦争（American War of Independence）
⑥ トマス＝ジェファーソン（Thomas Jefferson）
⑦ ロック（John Locke）
⑧ フランス（France）
⑨ カリフォルニア（California）
⑩ 奴隷　⑪ 保護貿易
⑫ ホームステッド法（Homestead Act）
⑬ 奴隷解放宣言（Emancipation Proclamation）
⑭ 人民の，人民による，人民のための政治

類題1

〈こたえ〉　②

〈考え方〉

★ それぞれの選択肢を考えましょう。

① イギリス（UK）がアメリカに綿花（cotton）の栽培を義務付けたのではありません。アメリカのプランター（planter。一種類の農産物を大規模に生産する企業）が，イギリスに輸出するために綿花をたくさん生産するようになったのです。アメリカ南部では，16世紀からプランターによるタバコの大規模な生産が行われてきました。18世紀にイギリスで産業革命が起きて，綿布や綿織物の工業生産が行われるようになると，イギリスでは原料である綿花が不足するようになりました。そこで，アメリカのプランターは綿花を生産してイギリスに輸出するようになったのです。
② そのとおりです。
③ フランスの植民地（ヌーベル・フランス：New France）を併合したのはイギリスです。アメリカはイギリス植民地から独立するまえに，イギリスがヌーベル・フランスに対して何回か戦争を行い，フランスが負けたため，1763年，イギリスの植民地になりました。
④ アメリカがイギリスから独立したのは1776年ですが，アメリカは独立したあともイギリスの経済力にたよっていました。アメリカがイギリスから経済的に自立したのは1812年ごろになってからです。

類題2

〈こたえ〉　①

〈考え方〉

★ それぞれの選択肢を考えましょう。

① そのとおりです。「マニフェスト＝ディスティニー（明白な天命）」とは，1840年代から使われはじめたことばで，アメリカの拡大は神から与えられた使命だという考え方です。
② 大陸横断鉄道とは，アメリカ大陸の西と東を結ぶ鉄道です。1869年に完成しました。この鉄道ができた結果，大陸の西部の開拓がすすみました。1890年ごろに太平洋側まで開拓がすすんで，フロンティアがなくなりました。
③ カリフォルニアはメキシコ（Mexico）からもらいました。
④ 太平洋岸に移民が増えたのは，1848年にカリフォルニアで金が発見されたからで

す（ゴールドラッシュ：California Gold Rush）。

類題3
〈こたえ〉 ②
〈考え方〉
「人民の，人民による，人民のための政治 (government of the people, by the people, for the people)」の「人民」を「国民」に変えると，まさに国民主権を表したものだと考えることができます。

類題4
〈こたえ〉 ①
〈考え方〉
★それぞれの大統領について，簡単に整理しておきます。

- ワシントン大統領（初代大統領）：ワシントン（George Washington）はアメリカ独立戦争（1775年〜1781年）のとき，総司令官（commander in chief）として戦いました。1787年に合衆国憲法ができ，1789年に憲法に基づいて連邦政府（federal government）ができると，ワシントンは初代大統領（最初の大統領）になりました。

- マディソン大統領（第4代大統領）：マディソン（James Madison）はアメリカ合衆国憲法をつくり，また，憲法をアメリカの各州に受け入れてもらうための『ザ・フェデラリスト；the Federalist Papers』（合衆国憲法がどのような考え方に基づいてつくられたかを説明した論文）を書きました。ですから，「アメリカ合衆国憲法の父」ともいわれています。

- リンカーン大統領（第16代大統領）：リンカーン（Abraham Lincoln）が大統領になったころの1850〜1860年代は，貿易のありかたや奴隷制度について，北部（共和党：Republican Partyを支持する人たちが多い）と南部（民主党：Democratic Partyを支持する人たちが多い）で対立が起こっていました。

　1860年，共和党のリンカーンが大統領になると，南部の州はアメリカ合衆国から離れてアメリカ連合国（Confederate States of America）をつくりました。1861年，南部の軍が北部を攻撃したことから，南北戦争（Civil War）が始まりました（戦争中の1863年，リンカーンは奴隷解放宣言を出します）。南北戦争は1865年，北部が勝って終わりましたが，リンカーンは暗殺されてしまいました。

- ウィルソン大統領（第28代大統領）：ウィルソン（Thomas Woodrow Wilson）が大統領になったころ，ヨーロッパでは第一次世界大戦が起こっていました。

　アメリカは戦争が始まったころは，ヨーロッパでの問題や戦争には関わりをもたないという考え方〔＝モンロー主義〕に基づいて，この戦争にも参加していませんでした。

　しかし，ドイツがイギリスの客船ルシタニア号（RMS Lusitania）を攻撃し（18分で沈んでしまったので，乗っていた客のうち約1,200名が亡くなる），乗っていたアメリカ人128名が亡くなったことから，アメリカ国民はドイツを敵だと思うようになりました。そして，1917年に第一次世界大戦に参加しました。ウィルソンは第一次世界大戦が終わったあと

の世界について，また，国際連盟についてなどを提案した「十四か条の平和原則」(Fourteen Points) を発表しました。実際に，この十四か条に基づいて第一次世界大戦の講和が行われ，国際連盟がつくられました（しかし，議会が反対したため，国際連盟にはアメリカは参加しませんでした）。

第6章	近代から20世紀の世界と日本
テーマ02	国民国家の形成

これだけはわかってね！（チェックのこたえ）

① フランス革命
② ナポレオン法典／フランス民法典 (Napoleonic Code)
③ 自由主義　④ 国民主義
⑤ ロシア
⑥ ウィーン会議 (Congress of Vienna)
⑦ メッテルニヒ (Klemens von Metternich)
⑧ 正統主義 (Orthodoxy)
⑨ ベルギー (Belgium)　⑩ オーストリア
⑪ ヴィルヘレム1世 (Wilhelm I)
⑫ 社会主義　⑬ 社会保障
⑭ ルイ＝ナポレオン (Louis-Napoléon Bonaparte)
⑮ ティエール (Louis Adolphe Thiers)
⑯ アルザス・ロレーヌ (Alsace, Lorraine)
⑰ パリ・コミューン (Paris Commune)
⑱ ワシントン (George Washington)
⑲ モンロー (James Monroe)

類題1

〈こたえ〉　②

〈考え方〉

★ それぞれの選択肢を考えましょう。

① ナポレオン1世 (Napoleon I) は1812年にロシア (Russia) を攻撃しようとして遠征を行いましたが，ロシアの焦土作戦（穀物など食料を燃やして食料を手に入れることができないようにしたり，建物を壊して体を休めることができないようにしたりすること）と冬の寒さで，遠征を途中でやめてフランス (France) に戻りました。

② そのとおりです。1806年，ナポレオンはヨーロッパの国々に，イギリス (UK) との貿易を禁止しました（そうするとイギリスにお金が入らなくなると考えたのです）。これが大陸封鎖令 (Berlin Decree) です。

③ ルイ16世 (Louis XVI) を処刑したのは立法議会の中のジャコバン派 (Jacobins) です。ジャコバン派はロベスピエール (Robespierre) をリーダーとする政党で，フランスを急いで共和制にしようとしていました。

④ ウィーン会議 (Congress of Vienna) の議長はメッテルニヒ (Klemens von Metternich) です。

類題2

〈こたえ〉　②

〈考え方〉

★ それぞれの選択肢を考えましょう。

① ウィーン会議では，基本的にスペイン (Spain) の体制は変わっていません。スペインはウィーン会議の前も後もフェルナンド7世 (Fernando VII) が治めていました。スペインでは1820年にスペイン立憲革命 (Spain constitutional

revolution）が起こり，国王に憲法をつくることを認めさせましたが，失敗しました。
② そのとおりです。
③ イタリア（Italy）は近代に入ってもひとつではありませんでした。北部はオーストリア（Austria）の領土になっていて，中部はローマ教皇（Holy Father）が支配し，南部のナポリ（Naples）やシチリア（Sicily）島にはそれぞれ王国がありました。ウィーン会議のときもイタリアはまだ統一されていない状態でした。イタリアが独立し，統一されるのは1861年で，ローマ教皇領（papal states）がイタリア王国になるのは1871年です。
④ オランダ（Netherlands）が独立したのは17世紀，スイス（Switzerland）が独立したのは13世紀です。

類題3
〈こたえ〉 ③
〈考え方〉
1 ナポレオン1世が皇帝になったことのほうがビスマルク（Otto von Bismarck）が首相になったことより古いということがわかれば，すぐに答えがわかります。
2 A～Dのできごとを，古い順に確認していきましょう。
● ナポレオン1世は，フランス革命が失敗したあと，フランスの皇帝になりました。
　フランス革命が起こったあと，フランスの政治は議会がすすめていましたが，議会中に対立が起こり，当時のフランス政府は非常に不安定でした。ナポレオンはフランス軍の司令官でしたが，政府を攻撃し，1804年にフランスの皇帝になりました。
● ベルギー（Belgium）王国は1830年にできました。
　ナポレオンがいなくなったあと，ヨーロッパ（Europe）の国々では，フランス革命やナポレオンが出てくるまえのヨーロッパに戻そうとして，ウィーン会議が行われました。その結果，フランスでも王国が復活しました。これに怒ったフランス市民は，再び革命を起こしました〔＝七月革命。1830年7月〕。
　この七月革命の影響はヨーロッパ各地に広がりました。このとき，当時オランダだったブリュッセル（Bruxelles）でベルギーの独立が宣言され，1831年にベルギーはオランダから独立することになりました。
● クリミア戦争（the Crimean War）はロシアとオスマン帝国（Ottoman Empire），イギリス（UK），フランスの戦争です。
　オスマン帝国は14世紀ごろから20世紀にかけて，現在のトルコ（Turkey）のあたりを中心とした，広い地域にあった国です。
　オスマン帝国は16世紀ごろから，ヨーロッパの国々とも関係をもつようになりました。
　このころ，フランス国王はオスマン帝国からエルサレム（Jerusalem）を管理する権利をもらっていました（このころエルサレムはオスマン帝国のなかにありました）。
　しかし，1791年にフランス革命が起きて国王がフランスからいなくなると，ロシアから支援してもらったギリシャ正教会（Church of Greece）がその権利を

もらいました。

　1851年にナポレオン3世がフランス皇帝になると、フランスはオスマン帝国から権利をもらいました。

　そうすると、ロシアはオスマン帝国のなかにいるギリシャ正教徒を守ることを理由に、オスマン帝国に対して戦争をするといいました。オスマン帝国はヨーロッパに助けを求めました。その結果、オスマン帝国・フランス・イタリア・イギリスとロシアが戦争をすることになりました。これがクリミア戦争（Crimean War）です。

- ビスマルクがプロイセン（Prussia）の首相になったのは1861年です。1861年、ヴィルヘレム1世（Wilhelm I）がプロイセンの皇帝になりました。そのとき、ビスマルクがプロイセンの首相になりました。

第6章　近代から20世紀の世界と日本
テーマ03　帝国主義と植民地化

これだけはわかってね！（チェックのこたえ）

① ジョン・ケイ（John Kay）
② ワット（James Watt）
③ 世界の工場（The Workshop of the World）
④ 原材料　⑤ 市場　⑥ 香辛料
⑦ 商品作物　⑧ タイ（Thailand）
⑨ オーストラリア（Australia）
⑩ フィリピン（Philippines）
⑪ 石油　⑫ イギリス
⑬ 奴隷　⑭ アメリカ
⑮ 3C政策
⑯ ファショダ事件（Fashoda Incident）
⑰ ビスマルク（Otto von Bismarck）
⑱ ベルリン会議（Congress of Berlin）
⑲ 3B政策　⑳ エチオピア（Ethiopia）

類題1

〈こたえ〉　①
〈考え方〉

1 aよりも、bやcのほうが考えやすいです。とくに、cから考えるほうが答えを見つけやすいです。

2 イギリスは3C政策に基づいて植民地を広げました。3CとはカイロːCairo（エジプトːEgypt）・ケープタウンːCape Town（南アフリカ）・カルカッタːCalcutta（インドːIndia）のことです。この3つの都市を結ぶように、植民地を広げようとしました。アフリカ（Africa）では、北部（カイロ）と南部（ケープタウン）を結ぶように植民地を広げました。だから、ケープタウンをヒントにして、3C政策だと気づけば、cはカイロでbはイギリスだとわかるはずです。

　なお、フランスはアルジェリア（Algeria）、セネガル（Senegal）、チュニジア（Tunisia）、モロッコ（Morocco）を植民地にして、アフリカを横断するように植民地を広げました。

類題2

〈こたえ〉　④
〈考え方〉
★それぞれの選択肢を考えましょう。
① 3C政策をすすめたのはイギリス（UK）です。ドイツ（Germany）がすすめたのは3B政策です。

② 三国同盟は，1882年にドイツ・オーストリア（Austria）・イタリア（Italy）によってつくられました。この同盟をつくったのはビスマルク（Otto von Bismarck）で，フランス（France）に対抗するためでした。ロシア（Russia）が参加したのは三国協商（Triple Entente。ロシア・イギリス・フランス）です。

③ パナマ運河（Panama Canal）は太平洋と大西洋を結ぶ運河です。パナマ運河を最初につくろうとしたのはフランスですが，完成させたのはアメリカです（1903年に完成）。

④ そのとおりです。フランスはアフリカ大陸を横断するように植民地を東に向かって広げていきました。

類題3
〈こたえ〉 ①
〈考え方〉
★メキシコ（Mexico）の歴史を確認しておきましょう。

1 16世紀にスペイン（Spain）が中央アメリカに進出し，メキシコの植民地化が始まりました。この結果メキシコでは，メキシコ生まれのスペイン人であるクリオーリョ（Creole），もともとメキシコに住んでいたインディオ（Indio），スペイン人とインディオとの混血であるメスティーソ（Mestizo）と呼ばれる人々が出現しました。しかし，政治的に支配していたのはスペイン本国生まれのスペイン人でした。

2 1808年にスペインがナポレオン（Napoléon Bonaparte）に戦争で負けたことがきっかけとなり，メキシコの独立運動が始まりました。1820年にスペインで革命が起きると，メキシコは独立宣言を行い，独立することになりました。しかし，独立したあとはサンタ・アナ（López de Santa Anna）が大統領となり20年近く独裁を行いました。

3 この独裁に対して，民主主義の実現を求めて運動が始まり，民主化を求めるフアレス（Benito Juárez）とサンタ・アナが戦争を始めました。この戦争にはフアレスが勝ち，大統領になりました。フアレスはインディオで，メキシコで初めての先住民族の大統領になりました。

4 しかし，このメキシコの混乱をねらって，フランスのナポレオン3世（Napoleon III）がメキシコを攻撃しました。ナポレオン3世はオーストリア＝ハンガリー（Austria＝Hungary）帝国の皇帝フランツ＝ヨゼフ1世（Franz Joseph I）の弟，マクシミリアン（Maximiliano I）をメキシコの皇帝にしました。しかし，マクシミリアンはフアレスの軍に捕まり，処刑されました。

第6章　近代から20世紀の世界と日本
テーマ04　日本の近代化とアジア

これだけはわかってね！（チェックのこたえ）

① 鎌倉幕府　② 徳川家康
③ オランダ（Netherlands）
④ ペリー（Matthew Perry）
⑤ 関税自主権　⑥ 治外法権
⑦ 薩摩藩　⑧ 長州藩
⑨ 徳川慶喜　⑩ 戊辰戦争

⑪ 廃藩置県　⑫ 徴兵令
⑬ 地租改正　⑭ 民選議院設立建白書
⑮ 伊藤博文　⑯ 15円　⑰ 25歳
⑱ 大隈重信
⑲ 遼東半島（Liaodong Peninsula）
⑳ ロシア

類題1
〈こたえ〉　④
〈考え方〉
★それぞれの選択肢を考えましょう。
① そのとおりです。太陽暦（solar calendar）は，日本では1872年（明治5年）に採用されました。太陽暦が採用されるまでは，中国の暦や，中国やヨーロッパの暦を参考にしてつくられた暦が使われていました。
② 日本銀行をつくったのは大隈重信ではなく，松方正義です。日本銀行ができたのは1881年（明治14年）です。
③ 治安維持法は1925年（大正14年）につくられました。この法律は共産主義が流行するのを抑えたり，天皇を否定するような運動をやめさせたりすることが目的でした。
④ 逆です。造船奨励法（1896年）は民間の会社が船をつくったり，船を使った商売を保護したり育てたりすることが目的でした。

類題2
〈こたえ〉　(1) ①　(2) ④
〈考え方〉
1 伊藤博文は1841年，山口県で生まれました。1857年に吉田松陰がつくった松下村塾に入学し，井上馨や高杉晋作などいろいろな人と知り合い，明治維新にも参加することになりました。伊藤はイギリスに留学していて，英語がよくできたこともあり，明治新政府に参加することになりました。

2 明治政府は，伊藤のほかに西郷隆盛や大久保利通などが中心となっていました。しかし1877年に西郷が西南戦争〔1877年，九州で起こった士族（warrior class）の反乱。西郷がリーダーとなった〕に負けて自殺し，1878年に大久保が暗殺されると，伊藤が明治政府のリーダーになりました。

3 1870年ごろから1880年ごろまで国会の設置を要求する運動が行われ，1881年に政府は10年後に国会をつくるという約束をしました。そこで1881年ごろ，日本にはどのような憲法が合っているかという話し合いが政府内で行われました。そして，1882年に天皇の命令で，伊藤たちはヨーロッパで憲法を調査することになりました。結果，日本の憲法（大日本帝国憲法）はプロイセンの憲法を参考にしてつくることになりました。

4 1885年，憲法が公開されるより先に，まず内閣をつくることになりました。そこで，最初の内閣総理大臣を決める必要がありましたが，今後は外国との交渉が必要となると考え，英語がよくできる伊藤が最初の内閣総理大臣になりました。

類題3
〈こたえ〉　④
〈考え方〉
★日清戦争について確認しておきましょう。
1 日清戦争は，1894年に起きた朝鮮の農民

の反乱をきっかけに始まりました。

2. 朝鮮は18世紀〜19世紀，政治的に混乱が続いており，朝鮮で何か事件などが起きたときはお互いが軍隊を出して解決することを約束していました。

3. 1894年に農民の反乱が起きたときも，日本と清は軍隊を出して反乱を終わらせましたが，日本も清も朝鮮から軍を国に帰さず，そのまま日本と清は戦争を始めました〔＝日清戦争〕。

4. 当時，ロシア（Russia）が冬でも凍らない港を求めて南に向かって進出を始めていた〔＝南下政策〕ので，日本は清から朝鮮を独立させて日本の仲間にして，日本を守ろうと考えていました。一方，清は伝統的に中国が保護してきた朝鮮を日本に渡したくありませんでした。

5. 日本は戦争に勝ち，清から遼東半島，台湾，澎湖諸島をもらい，また朝鮮を独立させることができました。しかし，ロシアは日本が遼東半島に進出すると南下政策をすすめることができないので，ドイツ（Germany）やフランス（France）を誘って日本に対して清に遼東半島を返すように要求しました〔＝三国干渉〕。日本はロシアやフランス，ドイツと戦えるようなお金も軍隊もなかったので，この要求を受け入れるしかありませんでした。

6. ロシアは清から，日本から遼東半島を取り戻した代わりに，遼東半島にある旅順と大連を借りることができました。また，中国の東北部・満州に鉄道をつくる権利を得ることもできました。ロシアは三国干渉がきっかけで満州に進出することができました。

類題4

〈こたえ〉 ③
〈考え方〉

1. 超然主義

　1885年，日本で初めての内閣ができ，伊藤博文が日本で初めての内閣総理大臣になりました。しかし，内閣の閣僚（国務大臣）のほとんどは長州藩（山口県）と薩摩藩（鹿児島県）の出身者でした〔伊藤は長州藩出身〕。これは，江戸幕府と戦って勝ち，明治政府をつくったのは，長州藩や薩摩藩出身の人たちが中心だったからです。だから明治政府ができたあとも政府で重要な仕事をするのはほとんど長州藩や薩摩藩出身の人たちでした〔＝藩閥政治〕。1890年に大日本帝国憲法が公布され，帝国議会が始まると，自由党や進歩党など政党がつくられましたが，内閣は基本的に長州藩や薩摩藩出身の人たちが閣僚になっていました。むしろ政府は，政治からは特定の政党の影響をできるだけなくすほうがよい〔＝超然主義〕と考えていました。

2. 第一次大隈内閣

　1898年，明治政府は第三次伊藤内閣でしたが，当時の議会のいちばん大きなテーマは税金の値上げでした。伊藤は値上げをしたかったのですが，自由党と進歩党は協力して憲政党をつくり，値上げに反対しました。税金の値上げに失敗した伊藤は内閣を解散し，憲政党のリーダーであった大隈重信が内閣総理大臣になりました。大隈は華族（Noble）だったので衆議院にはいませんでしたが〔華族は衆議院議員にはなれない〕，そのほかの閣僚は基本的に憲政党に所属して衆議

院議員だったので,「日本初の政党内閣」といわれます。

3 それぞれの選択肢を考えましょう。

① 大日本帝国憲法では,内閣総理大臣は天皇が決めることになっています。ただし,実際には天皇が元勲〔明治政府をつくるときに重要な役割を果たした政治家。例えば,西園寺公望,黒田清隆,山県有朋など〕に次の総理大臣は誰がよいか推薦させます。天皇はそれを本人に伝え,総理大臣は閣僚を自分で選び,内閣をつくります。

② 内閣総理大臣だけが政党に属していたのではなく,軍部大臣以外の閣僚が政党に属していたからです。

③ そのとおりです。軍部大臣とは,陸軍大臣・海軍大臣のことです。

④ 内閣総理大臣の大隈や,内務大臣の板垣退助は華族だったので衆議院議員ではありませんでした。

第6章 近代から20世紀の世界と日本
テーマ05 第一次世界大戦

これだけはわかってね！(チェックのこたえ)

① パン＝スラヴ (Pan-Slavism)
② ロシア (Russia)
③ パン＝ゲルマン (Pan- Germanic principle)
④ ボスニア・ヘルツェゴビナ (Bosnia-Herzegovina)
⑤ サラエボ (sarajevo)
⑥ フランス (France)　⑦ アラブ (Arab)
⑧ ユダヤ (Judaea)　⑨ 日本
⑩ アメリカ (USA)
⑪ ソビエト (Soviet)
⑫ ソビエト社会主義共和国連邦 (USSR)
⑬ ワイマール (Weimar)
⑭ ウィルソン (Thomas Woodrow Wilson)
⑮ 民族自決
⑯ アルザス・ロレーヌ (Alsace, Lorraine)
⑰ 国際連盟　⑱ ヒトラー (Adolf Hitler)

類題1

〈こたえ〉 ③

〈考え方〉

★ それぞれの選択肢を考えましょう。

① 「光栄ある孤立」(Splendid Isolation) とは,(経済的にも軍事的にもほかの国に頼る必要がないので) ほかのヨーロッパの国との関係を持たない, という外交方針です。イギリス (UK) は19世紀前半からこのような外交方針を持っていました。しかし, 19世紀の終わりごろになるとアメリカ (USA) やドイツ (Germany), 日本などの国が強い力を持ちはじめたため,「光栄ある孤立」を捨てることにしました (1902年の日英同盟: Anglo-Japanese Alliance, 1904年の英仏協商: Entente Cordiale, 1907年の英露協商: Anglo-Russian Entente など)。第一次世界大戦 (WW I) は1914年ですから, イギリスが光栄ある孤立を捨てたのは第一次世界大戦が起こるよりもかなり前です。

② アメリカとロシア: Russia (ソ連: USSR) の対立が深刻になるのは第二次世界大戦 (WW II) が終わってからです。

③ そのとおりです。イタリア (Italy) はローマ帝国 (The Roman Empire) がなくなってからは長い間, 北部・中部・南部の3つに分かれていました。とくに

北部はオーストリア（Austria）が，中部はローマ教皇（Holy Father）が支配していましたが，19世紀ごろになってイタリアを統一しようという運動が起こり，1870年にイタリアの統一がほぼ完成しました。ただし，オーストリアの支配していた地域にイタリア人が住んでいる地域がまだいくつか残されていて，これが「未回収のイタリア」（Italian irredentism）と呼ばれていました。イタリアは1882年にドイツとオーストリアがつくった同盟に参加しますが，第一次世界大戦が起こると「未回収のイタリア」問題でオーストリアと対立していたので同盟から抜けました。

④ ドイツとフランスが資源の共同管理をするようになったのは第二次世界大戦後です。ドイツとフランスの国境付近の地域は石炭や鉄鉱石などの資源がたくさんとれる地域だったので，この地域をめぐってドイツとフランスは戦争をくりかえしてきました。そこで，第二次世界大戦後に資源をめぐる戦争が起きないようにするために，フランスやドイツ，オランダなどヨーロッパの国々がみんなでこの地域の資源を管理するようになりました〔＝ECSC：欧州石炭鉄鋼共同体〕。

類題2

〈こたえ〉 ②

〈考え方〉

★ それぞれの選択肢を考えましょう。

① アメリカは1823年から「ヨーロッパの国々の対立や戦争には関わらない」という外交方針でした（モンロー主義：Monroe Doctrine）。よって，イギリスも基本的にアメリカとは対立もしていませんし，同盟もつくりませんでした。

② そのとおりです。ロシアは18世紀から冬でも凍らない港を手に入れようとして，領土を広げつづけていました。これが南下政策です。19世紀からヨーロッパの各国が植民地を広げはじめ，ロシアは世界各地でヨーロッパの国と対立することになりました。ロシアとイギリスはバルカン半島や西アジアで対立することになりました。また，ロシアは17世紀から東アジアに進出していましたが，とくに日清戦争（Sino-Japanese War）のあとは満州にも進出し，日本と対立しました。このように，日本もイギリスもロシアの南下政策は共通の問題だったので，日英同盟が結ばれました。

③ 先にドイツとロシアが中国に進出してから，イギリスがそれに対抗するかたちで進出しました。1897年，ドイツは山東省に進出して青島に港をつくり，ロシアは遼東半島に進出して旅順と大連を租借しました。ドイツやロシアに負けたくないと思ったイギリスは，山東省の威海衛を租借して海軍基地をつくるなどしました。

④ 日英同盟が結ばれた1902年はまだ第一次世界大戦は始まっていません。第一次世界大戦が始まったのは1914年です。

類題3

〈こたえ〉 ④

〈考え方〉

★ それぞれの選択肢を考えましょう。

① オスマン帝国（Ottoman Empire）は同盟国側（ドイツ，オーストリア＝ハンガリー：Austria＝Hungaryが中心）で戦

② ソ連ができたのは第一次世界大戦中の1917年です。1914年，第一次世界大戦が始まった当時はまだロシア帝国で連合国（フランス，イギリス，ロシア）のひとつでした。ロシアは最初から戦争に参加していました。

③ アルザス・ロレーヌ（Alsace, Lorraine）地方はドイツとフランスの国境にあって，資源が豊かな地域でした。ナポレオン1世（Napoleon I）の時代にはフランスの領土でしたが，1871年に起きたプロイセン（Prussia）とフランスの戦争で，ドイツが勝ったためドイツの領土になりました。しかし第一次世界大戦の結果，ドイツが負けたため，フランスにかえすことになりました。

④ そのとおりです。イギリスは，パレスチナ（Palestine）でのオスマン帝国との戦争に勝つために，またヨーロッパで経済的に大きな力を持っていたユダヤ（Judaea）民族系の資本家ロスチャイルド家（Rothschilds）の支援を得ようとしていたからです。

類題4

〈こたえ〉 ②

〈考え方〉

★それぞれの選択肢()を考えましょう。

① フランスではなくて，ロシア（Russia）です。ロシアでは第一次世界大戦中にロシア革命が起きました（1917年）。ロシア革命のリーダーだったレーニン（Vladmir Lenin）は，「無賠償（戦争に負けた国からお金をとらない）・無併合（戦争に負けた国の領土をとらない）を約束して，すぐに戦争を終わらせよう」と，戦争に参加している国に呼びかけました。これが「平和に関する布告（Decree on peace）」です。

② そのとおりです。日本はイギリス（UK）と同盟を結んでいることを理由にして第一次世界大戦に参加しました。日本は当時ドイツ（Germany）が進出していた中国の山東省や，ドイツの植民地だったパラオ（Palau）やミクロネシア（Micronesia）などの太平洋の島（南洋諸島）を攻撃しました。第一次世界大戦後は国際連盟から管理を任される（＝委任統治：mandate）というかたちで，南洋諸島を日本の植民地にしました。

③ キール軍港はイタリア（Italy）ではなくドイツにあります。1918年，戦争をやめたいと思った海軍の兵が反乱を起こしました。これがきっかけになってドイツ革命が起こりました。

④ 中国で共産党がつくられたのは第一次世界大戦が終わったあとの1921年です。

類題5

〈こたえ〉 ④

〈考え方〉

★それぞれの選択肢の内容を考えましょう。

① 第一次世界大戦後のドイツは，社会民主党（SPD）が中心になってワイマール（Weimar）憲法がつくられ，ワイマール共和国となりました。しかし，大統領のエーベルト（Friedrich Ebert）は社会主義ではなく，どちらにも偏らないバランスのとれた政治（中道）をめざしました。

② 第一次世界大戦後，ドイツのすべてが国

際連盟（League of Nations）の管理下におかれたのではなく，ドイツの西側のザール（Saarbe）地方や，北部のダンツィヒ（Danzig）など一部の地域が国際連盟に管理されることになりました。
③ ドイツが東西に分けられたのは，第二次世界大戦のあと（1945年）です。
④ そのとおりです。ワイマール憲法は世界で最初の民主的な憲法といわれています。

類題6
〈こたえ〉 ④
〈考え方〉
★それぞれの選択肢の内容を考えましょう。
① 第一次世界大戦後，イタリアは不景気になり，たくさんの人たちが失業しました。1917年にロシア革命が成功して，ソ連（USSR）ができたため，イタリアでもイタリア社会党が中心となって革命を起こそうとしましたが，うまくいきませんでした。1921年，もともと社会党だったムッソリーニ（Benito Mussolini）がファシスト党をつくりました。そして1924年，ムッソリーニは内閣をつくり，ファシスト党が与党になりました。
② ドイツが東ドイツと西ドイツに分かれたのは第二次世界大戦のあとです。
③ 第一次世界後になくなった（ひとつだった国がいくつかに分かれた，革命が起こるなどして国のありかたが変わったなど）国は，ドイツ帝国・オーストリア＝ハンガリー帝国・オスマン帝国・ロシア帝国です。

ドイツ帝国は1871年にプロイセン国の国王をドイツ皇帝にしてできた国です。しかし，第一次世界大戦の終わりごろに，ドイツ軍の一部が命令をきかなくなり，ドイツ帝国政府と戦いはじめました。これがドイツ革命です。この結果，当時皇帝だったヴィルヘルム2世（Friedrich Wilhelm II）は皇帝を辞めてほかの国へ逃げることになりました。そして，ドイツ帝国はなくなり，代わりにワイマール共和国という新しい国になりました。

オーストリア＝ハンガリー帝国は，1867年にできました〔皇帝・軍・財政は共有しますが，政治は別々に行います〕。しかし，第一次世界大戦中の1917年に起きたロシア革命の影響で，帝国内のチェコスロバキア（Czech Slovakia）が独立し，これをきっかけに帝国内の民族が次々と独立して，オーストリア＝ハンガリーはなくなりました。

オスマン帝国（Ottoman Empire）は13世紀ごろ，現在のトルコ（Turkey）のあたりにできた国です。第一次世界大戦中にも帝国内の民族が独立しようとオスマン帝国と戦い，また第一次世界大戦に負けると帝国政府はばらばらになり，1923年にはトルコ革命が起こりました。この結果，当時皇帝だったメフメト6世（Mehmed VI）は皇帝を辞めてほかの国に逃げ，オスマン帝国はなくなりました。代わりに，トルコ共和国ができました。

ロシア帝国は1721年にできました。しかし，第一次世界大戦中にロシア革命が起こり，ロシア帝国はなくなりました（1917年）。

④ そのとおりです。ベルサイユ条約（Treaty of Versailles）は第一次世界大戦に負けたドイツに対して，イギリスやフランスなど連合国に賠償金を払うことを求め，

軍や武器を持たないこと，戦争をしないことを求め，ドイツの領土を小さくすることを求めた条約です。この条約は，ドイツが二度と戦争を起こせないようにするためのものでした。

ロカルノ条約（Locarno Treaties）の内容は基本的にベルサイユ条約の内容を確認するものでしたが，この条約によってドイツも国際連盟に参加することになりました。国際連盟はアメリカ大統領ウィルソン（Thomas Woodrow Wilson）によって提案されたもので，国際連盟に参加した国々がお互いに話し合って国際的な問題を解決するための機関です。国際連盟はできるだけ多くの国が参加して，戦争が起こらないようにしようと考えてつくられた機関です。

パリ不戦条約（ケロッグ＝ブリアン協定：Kellogg-Briand Pact）は，国際問題を解決するために戦争をすることはやめよう，と約束した条約です。アメリカ，イギリス，ドイツ，フランス，イタリア，日本，ソビエトなど80か国近くが参加しました。

類題7
〈こたえ〉 ③
〈考え方〉
★それぞれの選択肢の内容を考えましょう。
① 第一次世界大戦で負けたドイツは，1921年に1,320億金マルク（約200兆円）の賠償金を払うことに決まりました。
② 第一次世界大戦中の1917年にロシア革命が起こりました。その結果，ロシア帝国はなくなり，ソヴィエト社会主義共和国連邦（USSR）ができました。

③ そのとおりです。第一次世界大戦後の1923年にトルコ革命が起こりました。そして，当時皇帝だったメフメト6世は皇帝を辞めてほかの国に逃げ，オスマン帝国はなくなりました。代わりに，トルコ共和国ができました。
④ 国際連盟はアメリカの大統領ウィルソンの提案によってできました（1920年）。しかし，アメリカ議会に反対されたため，国際連盟に参加することができませんでした。

類題8
〈こたえ〉 ①
〈考え方〉
★それぞれの選択肢の内容を考えましょう。
① そのとおりです。第一次世界大戦が終わったばかりの1920年ごろ，イギリスはとても不景気で，仕事がない人がたくさんいました。このようなこともあって，イギリス議会では労働党（Labour Party）が大きな力を持つようになりました。1924年には初めて労働党が内閣をつくりました。このときの首相がマクドナルド（James Ramsay Macdonald）です。
② 1918年の選挙法改正でまず成人男子の普通選挙が実現し，1928年の選挙法改正で，21歳以上のすべての女性にも選挙権が認められた結果，第二次世界大戦前にはすべての成人に選挙が認められました。また，比例代表選挙はイギリスでは植民地では多く採用されましたが，イギリス本国では基本的に採用されませんでした。
③ インドがイギリスから独立したのは第二次世界大戦後の1947年です。
④ 第一次世界大戦で負けたドイツは，1921

年に1,320億金マルクの賠償金を払うことに決まりました。しかも，連合国はこの賠償金をマルク〔Deutsche Mark。ドイツの通貨〕ではなく，外貨で払う〔例えば，イギリスに対してはポンド(pound sterling)で払う〕ように要求しました。

しかし，ドイツがこの賠償金を払おうとお金を集めはじめると，どんどんインフレが進み，マルクの価値が下がって〔1922年1月：1ポンド＝5,575マルク⇒12月：1ポンド＝3万4,858マルク⇒1923年1月：1ポンド＝11万マルク〕，賠償金を払うのが難しくなりました。ドイツの賠償金について，アメリカは金額を減らしたり，支払いの期限を延ばしたりすることを何回か提案しました。1932年には賠償金は30億マルクにまで減らされましたが，1933年にヒトラー(Adolf Hitler)がドイツの首相になると，賠償金を払うことそのものをやめてしまいました。

第6章 近代から20世紀の世界と日本
テーマ06 冷戦体制の崩壊

これだけはわかってね！（チェックのこたえ）

① 世界恐慌（World depression）
② ナチス（the Nazis）
③ ヒトラー（Adolf Hitler）
④ 社会主義／共産主義
⑤ 封じ込め政策（トルーマン・ドクトリン：Truman Doctrine）
⑥ マーシャル・プラン（Marshall Plan。ヨーロッパ経済復興援助計画：European Recovery Program）
⑦ COMECON（東欧経済相互援助会議）
⑧ NATO（北大西洋条約機構）
⑨ ワルシャワ条約機構（Warsaw Treaty Organization）
⑩ ネルー（Jawaharlal Nehru）
⑪ 中国　⑫ ホー＝チ＝ミン（Ho Chi Minh）
⑬ ベトナム民主共和国
⑭ ベトナム社会主義共和国
⑮ ゴルバチョフ（Mikhail Gorbachev）
⑯ カストロ（Fidel Castro）
⑰ ペレストロイカ　⑱ グラスノスチ
⑲ マルタ会談（Malta Summit）
⑳ CIS（独立国家共同体）

類題1

〈こたえ〉　③

〈考え方〉

① イタリア（Italy）は基本的に王政でしたが，第二次世界大戦後の1946年に国民投票が行われ，その結果，王政をやめることになり，共和制になりました。共産党も政権に参加しましたが，共産党だけではなく，いくつかの政党による連立政権でした。

② フランス（France）が王政をやめたのは1789年です。

③ そのとおりです。「ゆりかごから墓場まで」とは，医療費の無料化，雇用保険，公営住宅の建設など，生まれたときから死ぬまでの最低限度の生活を保障する総合的な社会保障のシステムのことです。イギリス（UK）では第一次世界大戦の前から社会保障システムの議論や調査が始まり，1945年になって社会保障の実施が始まりました。

④ ハンガリー（Hungary）やルーマニア（Rumania）はアメリカ（USA）ではなく，ソ連（USSR）の経済援助を受けました。第二次世界大戦後は資本主義のアメリカを中心とする世界と，共産主義のソ連を中心とする世界の対立が深刻になり，冷戦が始まりました。1947年，アメリカがヨーロッパを経済的に支援するマーシャルプラン（Marshall Plan）を発表すると，ソ連は1949年にコメコン（Comecon）を発表し，東ヨーロッパの国の支援を始めました。

類題2

〈こたえ〉 ④

〈考え方〉

1 ゴルバチョフ（Mikhail Sergeevich Gorbachev）がペレストロイカ（政治改革）を行ったことがわかれば，答えは④だとすぐにわかります。

2 ソ連がなくなるまでを確認しておきましょう。

- ゴルバチョフが共産党書記長（communist Secretary-General）になったとき（1985年），ソ連は政治的にも経済的にも問題がたくさんありました。そこで，ゴルバチョフはペレストロイカ（perestroika：政治改革）・グラスノスチ（glasnost'：情報公開）・新思考外交〔冷戦を終わらせること〕を目標に改革を始めました。
- ソ連は，国の経済活動を政府が管理していました〔何をどれだけつくり，得られた利益をどのように分けるかは政府が決める〕。しかしゴルバチョフは企業が自由に活動できる範囲を広くして，個人が自由に商売できるようにしました。その結果，ソ連の経済は資本主義経済へと変わりはじめました。
- ゴルバチョフは1988年に「ソ連はほかの社会主義の国のリーダーではない」といいました。それまでソ連はとくにポーランド（Poland）やハンガリー（Hungary）など東ヨーロッパの社会主義の国の政治や経済に大きな影響を与えていました。しかし，ソ連が「社会主義国のリーダーではない」といったので，東ヨーロッパの国々はソ連から離れていきました。また，ソ連のなかにいた民族も独立していきました。
- 1991年，ゴルバチョフはソ連共産党をなくし，ソ連をなくしました。そして，ソ連はなくなり，独立国家共同体（CIS）となりました。

類題3

〈こたえ〉 ④

〈考え方〉

★東西のドイツがどのようにして統一されたか確認しておきましょう。

- 第二次世界大戦が終わると，ドイツはアメリカ・フランス・イギリスがドイツの西側（西ドイツ）を，ソ連がドイツの東側（東ドイツ）を管理していました。
- 1989年のゴルバチョフの新ベオグラード宣言（New Belgrade Declaration）のあと，東ヨーロッパの国々が次々にソ連から離れて独立しはじめました。東ドイツの人たちはほかの国を経由してどんどん西ドイツに逃げるようになりました。
- この影響で東ドイツ政府も海外旅行をするときの条件をゆるくする法律をつくり

ました。しかし，それがテレビなどで「海外旅行の自由化」だとまちがって伝えられたため〔実際には海外旅行をするためにはまず政府に申し出る必要がありました〕，多くの市民が西ドイツとの国境に集まりました。あまりにも多くの市民が集まったため，国境を警備している軍もおさえることができず，結果的に東ドイツと西ドイツの国境は解放されました。
- このあと東ドイツで国民投票が行われ，西ドイツと統一することが決まりました。そして，西ドイツが東ドイツの州を西ドイツに入れるかたちで統一が行われました。

類題4
〈こたえ〉 ③
〈考え方〉
① 平和五原則とは，中国の周恩来とインド（India）のネルー（Jawaharlal Nehru）が話し合いを行って決めた，国際関係上守るべきルールのことです。内容は，自分の国の領土を守ること・政治にはお互いに口を出さない・お互いに領土の取り合いをしない・お互いに平等でメリットがある関係づくり・それぞれの国が平和にともに存在を続けていくことであり，人権については触れられていません。
② アジア・アフリカ会議（Asian-African Conference）が開かれたのは1955年で，「アフリカの年（Year of Africa）」（1970年にアフリカにある17か国が独立）より前です。
③ そのとおりです。このころに独立したアジアやアフリカの国は，アメリカ側にもソ連側にも属していなかったので「非同盟諸国」と呼ばれました。
④ キューバ（Cuba）で革命が起き，カストロ政権ができたのは1959年です。カストロ（Fidel Castro）は共産主義的な政策を行い，アメリカと対立しました。キューバ危機（Cuban Missile Crisis）は，1962年，ソ連がミサイル基地をキューバに建設し，アメリカを直接，核兵器で攻撃できるようにしたことから始まりました。アメリカはこれを知ってキューバを攻撃しようとしたため，アメリカとソ連が直接戦争をする可能性がありました（もしアメリカとソ連が直接戦争を始めると，ふたたび全世界で戦争が起きる危険性がありました）。しかし，ソ連が，アメリカがキューバを攻撃しないのならばソ連もミサイルをキューバから持ち帰るという提案をして，アメリカがその提案を受け入れたので，危機を避けることができました。

MEMO

MEMO

MEMO